WOLFGANG WOLTERS   DER DOGENPALAST IN VENEDIG

Wolfgang Wolters

Der Dogenpalast in Venedig

Ein Rundgang durch Kunst und Geschichte

Deutscher Kunstverlag Berlin München

Umschlagabbildung: Loggia des Dogenpalasts mit Blick auf San Giorgio
Frontispiz: Blick von der Loggia des Westflügels in den Hof

Am 20. Dezember 1577 brannte der Dogenpalast (Abb. 1). Zwei Tage kämpften Arbeiter des Arsenals gegen das Feuer, bis es gelöscht war. Die Verluste wogen schwer. Die weltberühmte Ausmalung des Großen Ratssaals mit Bildern von Giovanni Bellini, Tizian, Jacopo Tintoretto und Paolo Veronese war ein Raub der Flammen geworden. Überlebt hatte, schwer mitgenommen, das *Paradies* des Paduaner Malers Guariento von 1365 an der Stirnseite des Raums. Auch die Wände des Baus standen, durch Alter und Hitze verformt, noch aufrecht. Nachdem sich der erste Schrecken gelegt hatte, musste entschieden werden, was mit den beschädigten Teilen geschehen sollte. Dies war nicht allein ein bautechnisches Problem, sondern ebenso eine politische Herausforderung, und so bat der zuständige Senat neben Architekten auch Fachleute anderer Disziplinen um ihren Rat. Die Vorschläge reichten vom Umbau mit zeitgenössischen Hinzufügungen bis hin zu einem Neubau. Dabei spielten für die Erneuerer Hinweise auf die angeblich unkorrekte Architektur des gotischen Bauwerks, das oben schwerer als unten sei, neben den in ihren Augen irreparabel geschädigten Wänden eine zentrale Rolle. Damals drohten architekturtheoretische und bauphysikalische Argumente Calendarios' Meisterwerk den Garaus zu machen. Wenn der gotische Palast nicht abgebrochen oder umgebaut wurde, so ist dies ebenso traditionsverpflichteten Ratsmitgliedern wie dem gebildeten Architekten Giovanni Antonio Rusconi zu verdanken, der in einer detaillierten Stellungnahme als Architekt und Venezianer die Behauptung, der Bau sei einsturzgefährdet, mit der Bemerkung vom Tisch fegte, der Brand habe dem Bau so wenig wie die berühmte Mücke einem Elefanten anhaben können. Ebensowichtig aber waren politische Überlegungen, die der Literat Francesco Sansovino, Sohn des Architekten und Bildhauers Jacopo, in die Debatte einbrachte und die wohl vom Denken seines Vaters geprägt waren. So solle man den Bau bewahren, da er unter glücklichsten Umständen von den Vätern und Vorvätern errichtet worden sei. Da seit dieser Zeit die Republik stetig gewachsen und zur führenden in der Welt geworden sei,

1 Der Brand des Dogenpalasts am 20. Dezember 1577. Nach Georg Hoefnagel

2 Dogenpalast und Piazzetta von Südosten

schiene es ihm falsch, den Bau aufzugeben, da er als guter, Glück verheißender Geist wirke. Dass man damals in Florenz ähnlich dachte, verraten Überlegungen Giorgio Vasaris, der bald nach der Jahrhundertmitte die Mauern des Palazzo Vecchio in Verbindung mit dem Aufstieg Cosimos I. brachte und deren Erhalt als eine ebenso bautechnische wie ideologische Herausforderung sah. Jeder mittelmäßige Verstand, so Vasari, könne etwas Neues schaffen, der behutsame Umgang mit beschädigten Bauten aber verlange den größten Verstand.

Der Dogenpalast ist weltweit, wie die Rialtobrücke, Wahrzeichen Venedigs. Als Sitz der aristokratischen Regierung und der Verwaltungen, als Ort von Gefängniszellen ebenso wie der Wohnung des amtierenden Dogen, war er, solange die Republik bestand, auch ein besonders bewunderter Teil eines funktionierenden, innerstädtischen Zusammenhangs (Abb. 2). Der Markusplatz und der Rialtobezirk, die Bauten der Laienbruderschaften wie auch die Gebäude der Gesundheits- und Armenfürsorge, die Paläste und nicht zuletzt die Sakralbauten waren und sind noch heute bauliche Zeugnisse einer Republik, in der viele wussten, dass Architekten, Bildhauer und Maler zur Reputation und somit wesentlich zum politischen Gewicht des Gemeinwesens beitragen.

Im 20. Jahrhundert ist der Dogenpalast nach mancherlei Zwischennutzungen zum Museum seiner selbst geworden. Die Biblioteca Marciana, das Istituto Veneto di Scienze, Lettere ed Arti, die Antikensammlung und manche der Verwaltungen, die im 19. Jahrhundert dort untergekommen waren, sind wieder ausgezogen. Der Verlust aller ursprünglichen Funktionen, von wichtigen Teilen der Ausstattung und nicht zuletzt eine museale Erschließung machen es dem unvorbereiteten Besucher heute schwer, den Bau und seine Ausstattung zu verstehen.

Der Dogenpalast bot als Regierungs- und Verwaltungssitz Gelegenheit, auch Themen des sogenannten Mythos von Venedig in Bildern aufzugreifen. Propaganda nicht im modernen, nur noch negativ besetzten Sinn, sondern als ein Instrument der Verbreitung von Idealen, in unserem Fall von einem idealisierten Bild der Republik. Erinnerungen an politische und militärische Erfolge und zugleich an Ziele der Regierung und der Verwaltung wurden durch Bilder und Skulpturen nach innen wie nach außen vermittelt.

Im Mittelpunkt dieses Buchs stehen der Bau und Werke der bildenden Kunst, aber keine anderen Gattungen, die das Städtelob pflegten und mitprägten. Die offizielle Geschichtsschreibung und die Lobrede (Panegyrik oder Enkomiastik), Chroniken sowie die Musik und Prozessionen trugen zum Ruhm Venedigs bei. Dabei waren die Kernaussagen des Mythos bereits formuliert,

Der Dogenpalast

als die Geschichte des Dogenpalasts, so wie er vor uns steht, gerade erst begann. Folgt man den venezianischen Autoren, so wurde Venedig unter göttlicher Vorsehung ›geboren‹, ist seitdem frei von fremdem Joch, im Glauben stark, gerecht und friedfertig, dabei militärisch bestens gerüstet und durch seine Lage in der schwer schiffbaren Lagune auch ohne Mauern aus Stein letztlich uneinnehmbar. Diese einmalige Verbindung garantiert Venedigs Bürgern Freiheit, Sicherheit und Wohlstand.

Venedigs Staatsordnung ist im 16. Jahrhundert unter widersprüchlichen Vorzeichen und mit verschiedenen Zielen erklärt worden. Ein Idealbild formten in ihren Staatsschriften der einflussreiche venezianische Kardinal Gaspare Contarini und der Florentiner Donato Giannotti. In diese Reihe gehört auch Giovanni Botero mit seiner *Relatione della Repubblica Venetiana* (1605), die kurz vor dem römischen Kirchenbann (1606) erschien. Venedig wurde als perfekte Republik gerühmt und deren Reputation auch hierdurch international gemehrt. So wurde der Mythos zu einem formidablen Instrument venezianischer Propaganda. Der nervenstarke Umgang der Republik mit dem Kirchenbann von 1606 hat diese Reputation besonders in protestantischen Landen wie in England noch gesteigert. Kenntnisreiche, zugleich aber auch idealisierende und somit letztendlich realitätsferne Darstellungen verbreiteten Kenntnisse über den Aufbau und das Funktionieren der venezianischen Institutionen. Francesco Sansovinos Venedigkapitel in seinem Buch über die Regierung und Verwaltung von Königreichen und Republiken der Antike ebenso wie seiner Zeit (1583) ist noch heute lesenswert. Daneben schmeichelten Darstellungen des Prokuratorenamts (durch Manfredi, 1602) dem Selbstverständnis dieses besonders einflussreichen Magistrats.

In diesen propagandistischen Zusammenhang gehören auch anspruchsvolle Darstellungen venezianischer Geschichte, die im öffentlichen Auftrag und unter öffentlicher Kontrolle von prominenten Autoren wie Pietro Bembo (1553) veröffentlicht wurden. Den kräftigen Chor rühmender Stimmen begleiteten unüberhörbare kritische Äußerungen wie ein Generalbass. So wurde die vermeintliche venezianische Freiheit etwa in einer anonymen Schrift von 1612 *Squittino della libertà Veneta* scharf aufs Korn genommen und Widersprüche zwischen dem Anspruch und der Wirklichkeit betont. Diese kritischen Äußerungen werden unter dem modernen Oberbegriff des Antimythos gefasst. Im Gegensatz zum Mythos wurden jedoch kritische Äußerungen nicht über einen längeren Zeitraum von interessierter Seite gesteuert und konnten so auch keine nachhaltige Wirkung entfalten.

Wollte man Aufgaben und Entscheidungsabläufe der Räte und Verwaltungen knapp schildern, verirrte man sich schnell im Gestrüpp der tradierten, ständig modifizierten und auch angemaßten Kompetenzen. Diesen zeitweise konfliktreichen Prozess zugunsten scheinbar harmonisch arbeitender Institutionen zu verschweigen hieße, sich jenen anzuschließen, die ein Idealbild der Republik verbreiteten. So müssen im Folgenden wenige, letztlich unpräzise Hinweise genügen.

Zu den öffentlichen Bildprogrammen gehörte auch der Schmuck der Markuskirche. Die Bildprogramme der Eigenkirche des Dogen und die des Dogenpalasts sind komplementär. In beiden finden sich Themen, die für das Selbstverständnis der Republik, ihr Geschichtsbild und ihre Ideale wichtig waren. Auch nach der im 18. Jahrhundert erfolgten Modernisierung der meisten Mosaiken an der Westfassade der Staatskirche blieb dieser Zusammenhang bestehen. So finden sich dort Szenen aus der Vita des Stadtpatrons bis hin zur feierlichen Übertragung seiner 828 in Alexandria geraubten Reliquien in die dem Markus geweihte, seitdem apostolische Kirche. In den Archivolten des Hauptportals von San Marco, ähnlich wie später an Kapitellen des Dogenpalasts, wurden um die Mitte des 13. Jahrhunderts Tugend- und Monatsdarstellungen in qualitätvollen Reliefs gezeigt. Der schreitende Löwe im Giebelfeld und der Stadtpatron auf dem mittleren Giebel (um 1420) waren in Venedig republikanische Symbole. Und so liegt es nahe, auch eine zeitweise über dem Eingangsportal angebrachte Madonna und die Szenen aus dem Leben Christi in den oberen Giebelfeldern im Zusammenhang mit mariologischen und christologischen Bildern im Dogenpalast zu sehen. Ein Versuch, die staatspolitische Dimension der Mosaiken und von Teilen der Einrichtung im Inneren der Kirche zu erklären, würde jedoch den Rahmen dieser Einführung sprengen.

(siehe Grundriss im Umschlag, vorn)

Stationen der Baugeschichte

Über den vorgotischen Dogenpalast ist nur sehr wenig bekannt, die Nachrichten in Chroniken und Archivalien reichen für eine Rekonstruktion nicht aus. Dicke Mauern aus Haustein im Westflügel, umfangreiche Reste eines Turms an der Südostecke und eine einsame Säule im Südflügel sind sichtbare Reste eines mehrfach veränderten Bauwerks, das von einer befestigten Anlage im späten 12. Jahrhundert unter dem Dogen Sebastiano Ziani zu einem Kommunalpalast wurde. Ob der reich mit Marmor verkleidete ›tesoro‹, das Schatzhaus neben San Marco, einmal zum Dogenpalast gehörte, bleibt eine offene Frage.

Die Vermutung, die Fassaden des Ziani-Baus hätten prominenten Privatpalästen des 12. und des frühen 13. Jahrhunderts geähnelt, liegt nah. An deren Fassaden waren zwei übereinander angebrachte, mit Arkaden geöffnete Loggien üblich, wie der im 19. Jahrhundert runderneuerte Palast der Pesaro (erst seit dem 17. Jahrhundert Fondaco dei Turchi) stellvertretend zeigen kann.

Der Südflügel

Als 1342 der Neubau mit dem Südflügel (Abb. 3) begonnen wurde, ging es vor allem darum, endlich einen ausreichend großen Saal für die Versammlung der fast tausend Vertreter der herrschenden Aristokraten, der ›nobili‹, im Großen Rat zu schaffen. Erste Überlegungen für einen Neubau hatte es schon bald nach der Serrata – der Festlegung, welche Familien Mitglieder im Großen Rat stellten, 1297 – gegeben, als man für die nun abschließend ausgewählten ratsfähigen Familien keinen ausreichend großen Versammlungsraum vorfand.

Der mit dem Neubau beauftragte Bildhauer und Architekt Filippo Calendario integrierte wo

3   Der Dogenpalast von Süden

irgend möglich und wie in Venedig üblich bestehende Strukturen. Mit übereinander angeordneten Loggien wählte er ein Motiv für den Kommunalpalast, das in der vorgotischen Zivilarchitektur Venedigs verbreitet war und auch anderenorts bei Kommunalpalästen geschätzt wurde.

In Archivalien wird Filippo Calendario als Steinmetz bezeichnet, spätere Chroniken und der Historiker Marco Antonio Sabellico (1560) schrieben ihm die Errichtung des Dogenpalasts zu und erinnerten daran, dass er als Mitverschwörer des Dogen Marin Falier gegen die Republik 1355 hingerichtet wurde. In den spärlichen Archivalien sind zudem ein Bauleiter Enrico und, seit 1351, ein ›proto‹ Pietro Baseggio genannt. Filippo Calendario wurde 1355 zwischen zwei roten Säulen des Zianipalasts erhängt. Zwei rote Säulen wurden auch nach 1424 an der Fassade des Neubaus zur Piazzetta hin angebracht.

Der Architekt des Südflügels besaß eine herausragende bautechnische Kompetenz. Geht man davon aus, dass innovative bautechnische Lösungen letztlich von einem Kopf verantwortet werden, geht die Vorstellung von einer konzeptionellen Teamarbeit beim Entwerfen an der Wirklichkeit vorbei.

Calendarios Projekt sah von Anfang an einen Süd- und einen Westflügel vor und blieb auch nach 1424 für die Vollendung der Anlage verbindlich. Bei der Bauunterbrechung, vermutlich im sechsten Jahrzehnt des 14. Jahrhunderts, standen nach Westen zur Piazzetta bereits acht Arkaden auf neun Säulen im Erdgeschoss (Abb. 4).

Auf niedrige, stämmige Rundpfeiler ohne Basen setzte der Baumeister prächtige, achtseitige Kapitelle mit vegetabilem und figürlichem Schmuck und darüber kräftig und solide wirkende Spitzbögen. Das abschließende Gesims mit seinen Rosetten variiert einen vorgotischen, vegetabilen Fries, der an der Ostfassade, nicht weit von der Noah-Gruppe, erhalten ist. Darüber errichtete Calendario eine tiefe Loggia mit einer doppelten Anzahl von Rundpfeilern an ihrer Fassade. Dazwischen stellte er Balustraden mit Dreipässen und einfachen Kapitellen auf schlanken Rundpfeilern. Das Maßwerk des Dogenpalasts wurde bis weit ins 15. Jahrhundert ein Leitmotiv gotischer Palazzi. Das vom Maßwerk gebildete Gitter hat ebenso tragende wie aussteifende

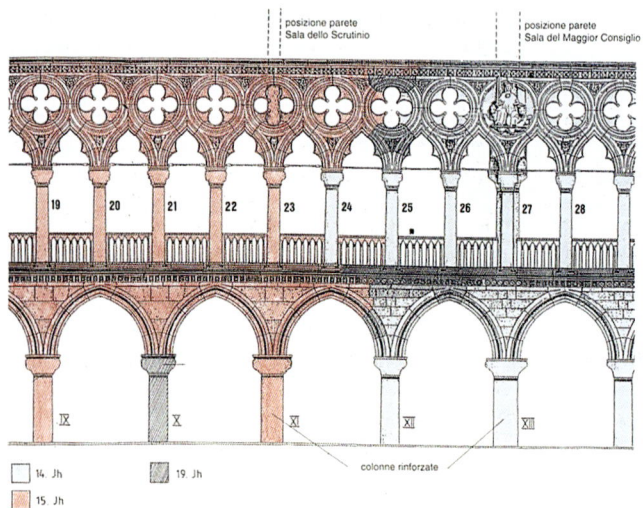

4 Bauphasen
   der Westfassade
   (M. Schuller)

Funktion. Die ungewöhnlich hohen, mit Rauten inkrustierten Wände über den Loggien bergen den riesigen Saal des Großen Rats und, nach Westen, die angrenzende Sala dello Scrutinio. Ursprünglich waren alle Fenster mit Maßwerk vergittert. Maßwerk gliedert noch heute die beiden rechten Fenster der Südfassade und ein Fenster der im 19. Jahrhundert veränderten gotischen Ostfassade. Dort, wo nach dem Brand von 1577 die Reste des geborstenen Maßwerks nicht abgearbeitet wurden, besteht kein Missverhältnis zwischen den unteren, luftig wirkenden Loggiengeschossen und dem geschlossenen, ursprünglich durchgehend von Maßwerkfenstern gegliederten Obergeschoss. Der schon 1873 vorgetragene Vorschlag, das Maßwerk zu rekonstruieren, wurde mit dem guten Argument abgelehnt, das Fehlen des Maßwerks sei seit über vierhundert Jahren Teil der Geschichte des Bauwerks.

Das für den Dogenpalast gewählte Rautenmuster ziert als Bemalung noch heute Bauten auf dem venezianischen Festland. Selten gewordene Fragmente von ähnlichen Fassadenmalereien in Venedig belegen, dass sich der Dogenpalast durch die Wahl der Inkrustation, und somit durch das anspruchsvolle Material, und nicht durch die Wahl des Schmuckmotivs von Fassadenmalereien unterschied. Bei der letzten Restaurierung wurden zudem Farbspuren an den Fenstern des 14. Jahrhunderts im Obergeschoss gefunden, die darauf hinweisen, dass deren Profile ursprünglich mit vegetabilen Ornamenten veredelt waren. Dass der Dogenpalast insgesamt farbiger war und noch werden sollte belegen auch die ›Opus-sectile‹-Einlagen in den Zwickeln zweier Erdgeschossarkaden und die zur Aufnahme eines solchen Schmucks vorbereiteten, ungeglättet gebliebenen Oberflächen in den übrigen Zwickeln.

Die statische Sicherung der gotischen Fassaden im 19. Jahrhundert

1875 bis 1890 wurden unter der Leitung der Ingenieure Giandomenico Malvezzi und Annibale Forcellini Maßnahmen zur Stabilisierung des Bauwerks und, damit verbunden, erhebliche Eingriffe in die Bausubstanz vorgenommen. Nachdem Forcellini den Bau mit einem ingeniösen Gerüst von Holzstützen gesichert hatte, ließ er gut ein Drittel der defekten Kapitelle, aber auch Teile des Maßwerks austauschen. Die ausgetauschten Teile, ein Modell der Abstützung und eine zeichnerische Dokumentation sind im Museo dell'Opera ausgestellt. Die ins Museum verbrachten Teile wurden vor Ort durch gute Kopien ersetzt. Diese stellen, nun ebenfalls abgewittert, die Fähigkeit, Originale aus gotischer Zeit von Originalen des 19. Jahrhunderts zu unterscheiden, auf die Probe. Schon 1731 hatte allerdings der angesehene Bildhauer Antonio Gai ein Kapitell mit Köpfen verschiedener Völker kopiert und dabei das Verhältnis der Köpfe zum Kapitellkorb gegenüber den mittelalterlichen Kapitellen verändert. Forcellini ließ auch die nach dem Brand von 1577 eingefügte, auf Veduten abgebildete Stützmauer der östlichen Erdgeschossarkaden entfernen, um die ursprüngliche Wirkung des Baus wiederzugewinnen.

BILDWERKE AN DEN AUSSENFASSADEN

ECKGRUPPEN UND KAPITELLE

Vermutlich hat Filippo Calendario als Leiter der Bauhütte einige der Skulpturen selbst geschaffen und die Ausführung der übrigen überwacht. Die Anregungen für einzelne Darstellungen stammen, jeweils abhängig vom Thema, aus unterschiedlichen Bereichen. Der bärtige Kopf des Noah an der Südostecke ist ohne den ausdrucksstarken Kopf des Heiligen Simeon von dessen Grabmal in San Simeone Grande (1318 von Marcus Romanus signiert) schwer denkbar, die Szenen am Kapitell mit Darstellungen einer tragisch endenden Liebesgeschichte ähneln Szenen an französischen Minnekästchen aus Elfenbein und Illustrationen der so beliebten Ritterromane. Manches Gewand, so auch das der Venetia im Tondo der Westfassade, erinnert an Gewänder von Tugenden an Andrea Pisanos Bronzetüre des Florentiner Baptisteriums (1330 begonnen). Das wache Auge für modische Details der Kleidung, dazu eine detailverliebte und zugleich prägnante Erzählweise finden sich in Venedig bereits um die Mitte des 13. Jahrhunderts in den Monatsbildern am Hauptportal von San Marco. Dort hatte ein herausragender, für uns namenlos gebliebener Bildhauer einen venezianischen Stil in der Bildhauerei begründet. Vergleichbares findet sich sodann im Werk des um die Mitte des 14. Jahrhunderts führenden Malers Paolo Veneziano. Dessen Figuren wirken jedoch, verglichen mit den Skulpturen am Dogenpalast, eher sprachlos. Die Werktagsseite der Goldenen Tafel im Chor von San Marco (1345, Museo Marciano) zeigt die Nähe, aber auch die Unterschiede.

Unter den Themen der Kapitelle finden sich Tugenden und Laster, Lebensalter, Tierkreiszeichen, die vier Gekrönten als Schutzheilige der Steinmetze, Köpfe von Frauen und Männern verschiedener Herkunft, Tiere und Früchte, dazu eine tragisch endende Liebesgeschichte. Fehldeutungen wurden durch eingemeißelte lateinische Inschriften für eine Minderheit, die diese Sprache der Belesenen verstehen konnte, erschwert. Andererseits sind die lateinischen den italienischen Namen und Begriffen oft so ähnlich, dass es der Kenntnis des Lateinischen nicht immer bedurfte, um die Dargestellten zu identifizieren. Die Auswahl der Themen der Kapitelle steht enzyklopädischen Texten nah, ein Autor für das Bildprogramm konnte jedoch bisher nicht nachgewiesen werden. Manches spricht für Fra Paolino da Venezia (gest. 1344).

Bei der Anbringung der Kapitelle am Bau ist ein inhaltliches System nicht erkennbar. Von Säule zu Säule verschieden sind hingegen die schmalen Halsringe. Gedrehte Taue, reine Profile und Blätter folgen als Bestandteile des architektonischen Entwurfs systematisch aufeinander.

Tugenden und Laster flankieren, einander gegenübergestellt, den Weg vom befestigten Ufer durch die Porta del Frumento, also von der Südfassade in den Palast. Dort, wie am Venetia-Tondo der Westfassade, begegnen dem Eintretenden Personifikationen der auch für Republikaner wohl besonders verabscheuungswürdigen Laster Zorn und Hochmut (Ira und Superbia).

Eine so umfangreiche Aufgabe wie die Herstellung der Säulen, des Maßwerks und der Kapitelle konnte nur durch die Bildung einer Bauhütte bewältigt werden. In Venedig wurde damals unterschieden zwischen Meistern, die eine eigene Werkstatt besaßen und Meistern, die ein solches Privileg nicht hatten und die sich bei Großaufträgen für einen angemessenen Stundenlohn verdingen konnten. So wird es auch auf der Großbaustelle des Dogenpalastes gewesen sein. Erfahrene, aber auch weniger erfahrene Bildhauer übernahmen die Ausführung einzelner Kapitelle, wobei die Absicht, eine stilistische und typologische Einheit zu erzielen, mit beeindruckender Konsequenz verwirklicht wurde. Vermutlich waren die meisten der am Dogenpalast tätigen Steinmetze bei Auftragserteilung in Venedig ansässig. Bei den Restaurierungsarbeiten im 19. Jahrhundert benötigte man etwa sieben Monate, um eines der demontierten Kapitelle zu kopieren, im 14. Jahrhundert wird es nicht anders gewesen sein.

Nur wenige der im 14. Jahrhundert tätigen Bildhauer wurden bisher auch anderenorts identifiziert. Der anonyme Autor des Grabmals für Rizzardo VI. di Camino in Vittorio Veneto könnte das Kapitell mit Vertretern verschiedener Völker geschaffen haben. Damals wurden auch wichtige Aufträge in Städten, die wie Aquileia, Udine oder Forlì zum venezianischen Herrschaftsgebiet gehörten, venezianischen Bildhauerwerkstätten anvertraut.

Südostecke: Die Trunkenheit Noahs (Abb. 5)

Noah hat der Versuchung durch den Wein nicht widerstanden und liegt trunken unter einem Rebstock. Der Griff nach der Traube und der aus einem Becher achtlos vergossene Wein illustrieren Noahs Hilflosigkeit. Seine Söhne Sem, Ham und Japhet reagieren verschieden auf die Schwäche ihres Vaters. Sem (?) zieht liebevoll ein Tuch vor dessen knochigen Leib, Ham zeigt mit spitzem Finger auf den Gestrauchelten und Japhet (?) hat seine Hände wie in Abwehr erhoben. Im Ersten Buch Moses wird Ham später von seinem Vater verdammt und Sem und Japhet werden gesegnet.

Die Erzählung überbrückt den Bogen des Portikus zum Rio della Canonica. Bei Schrägsicht vom Ponte della Paglia (auch diese Brücke stammt im Kern aus dem 14. Jahrhundert) erschließt sich die Handlung auf einen Blick. John Ruskin, der in Venedig genauer und auch liebevoller als andere hinsah, rühmte 1854 in seinen *Stones of Venice* die Noahgruppe auch wegen der meisterlichen Widergabe des Weinlaubs und der darin hausenden Vögel. Wind und Wetter haben seitdem viel davon weggewaschen. Was bleibt, ist immer noch ein herausragendes Werk der italienischen Skulptur der Mitte des 14. Jahrhunderts.

5 Filippo Calendario (?): Die Trunkenheit Noahs (Detail)

Die prägnante Wiedergabe menschlicher Affekte wurde, unabhängig von allen theologisch-politischen Implikationen, auch vom Unbelesenen verstanden. Der Bildhauer, vermutlich Filippo Calendario selbst, hielt sich dabei eng an ein Mosaik des 13. Jahrhunderts in der westlichen Vorhalle von San Marco. Für ihn scheint das Mosaik die Qualität einer beispielhaften Interpretation des biblischen Textes besessen zu haben.

Über Noah und seinen Söhnen geleitet der Erzengel Raphael den kleinen Tobias. Raphael wurde nicht nur in Venedig als Beschützer der Reisenden verehrt. Die Inschrift bittet Raphael, das Meer zu beruhigen (EFICE QUESO FRETUM RAPHAEL REVERENDE QUIETUM).

Tobias und sein Fisch wurden aus einem separaten Marmorblock gearbeitet. Er ist fast ganz zerstört, ein Schicksal, das all den anderen, aus dem widerstandsfähigen istrischen Kalkstein geschaffenen Bauteilen und Figuren erspart blieb.

Südwestecke: Adam und Eva unter dem Feigenbaum (Abb. 6)

Adam und Eva stehen unter einem Feigenbaum, um den sich eine Schlange mit menschlichem Kopf windet. Eva zeigt uns eine Feige und verweist zugleich, mit spitzem Finger, auf Adam, der im Begriff ist, eine Frucht zu pflücken und so das göttliche Gebot zu missachten. Adams Körpersprache und die abwehrende Gebärde verraten sein Zögern, ein leicht geöffneter Mund und der elegische Blick seine Unsicherheit.

Wind und Wetter haben auch hier viel von der Lebendigkeit des Blattwerks weggewaschen, die Oberflächen der Figuren sind korrodiert. Und dennoch: Die sprechenden Gebärden und Haltungen, die Charakterisierung der so verschiedenen Gesichter und die der Natur abgesehene Modellierung der Körper machen diese Gruppe zu einem Hauptwerk der italienischen Skulptur um die Mitte des 14. Jahrhunderts.

Das Kapitell unter Adam und Eva (Original im Museo dell'Opera) zeigt die Erschaffung Adams sowie Planeten und Tierkreiszeichen.

Über dem Sündenfall steht der Erzengel Michael. Das Kapitell zu seinen Füßen zeigt vier Winde und somit vier Himmelsrichtungen aus denen, so die Offenbarung, das Jüngste Gericht angekündigt werden wird. Michaels Nähe zu den beiden Säulen auf der Piazza war wohl kein Zufall. Zwischen ihnen wurden Hinrichtungen öffentlich vollzogen, ein Ort, der bis ins 18. Jahrhundert in der Pflasterung noch zusätzlich markiert war.

6   Filippo Calendario(?): Adam und Eva unter dem Feigenbaum

Michaels riesiges Richtschwert erinnert an die Vertreibung aus dem Paradies und die Verbindung von Vergehen und Sühne. Eine lateinische Inschrift unterstreicht diese Deutung: »Mit dem Schwert schütze ich die Guten und strafe die Verbrechen der Missetäter« (ENSE BONOS TEGO MALORUM CRIMINA PURGO). Mit dem ruhig fallenden Gewand des Engels, seinem milden Blick und dem großen, aber nicht bedrohlich gezückten Schwert signalisierte der Bildhauer eine von Affekten freie Rechtsprechung.

Venetia-Tondo

Bei der Venetia in einem Tondo der Westfassade (Abb. 7) wird man zwischen der beabsichtigten Aussage und denkbaren Deutungen unterscheiden müssen. Da schriftliche Festlegungen, so diese überhaupt existierten, nicht gefunden wurden, bleibt jeder Deutungsversuch eine Gratwanderung, gerade vor dem Hintergrund, dass es schon immer legitim war, sich eine eigene Deutung solcher Bildwerke auszudenken. Dies reicht von der Bezeichnung der Personifikation der Gerechtigkeit auf der Porta della Carta durch einen erbosten Bürger als Ungerechtigkeit (»inzustixia«) bis zur Deutung der Blickrichtung des Bronzelöwen auf der östlichen Säule der Piazzetta nach Osten und somit auf das Meer als ein angeblich verpflichtender Hinweis auf die zentrale Rolle des Seehandels für Venedigs Zukunft. Da fast alle Kernaussagen des Mythos von Venedig um die Mitte des 14. Jahrhunderts bereits formuliert waren, wurden vermutlich schon damals gebildete Zeitgenossen beim Betrachten der Venetia angeregt, ihrem eigenen Bildungsstand entsprechend, zu assoziieren. Dies Vergnügen verbindet sie mit nicht wenigen modernen Interpreten.

Mit der Inschrift wurde die thronende Figur weithin sichtbar als »Veneçia« identifiziert. So sollte die naheliegende Verwechslung mit einer Personifikation der Justitia (Gerechtigkeit) ausgeschlossen werden. Dass Vene-

7 Venetia als Beherrscherin des Meeres an der Westfassade

tia thronend ihre Stärke und Gerechtigkeit darstellt und die Laster des Zorns und des Hochmuts unterwirft, konnte ebenso im Hinblick auf innen- wie außenpolitische Bedrohungen verstanden werden. Hinzu kommt der durch das Wasser im unteren Segment veranschaulichte Anspruch, über das Adriatische Meer und somit auch die angrenzenden Territorien zu herrschen. All dies wurde durch den Text auf der offenen Pergamentrolle in ihrer Linken bekräftigt: »Stark und gerecht throne ich und halte die Furien [= Laster] und das Meer unter meinen Füßen« (FORTIS IUSTA TRONO FURIAS MARE SUB PEDE PONO). Die Begabung des Bildhauers, durch Formen Inhalte mitzuteilen, zeigt sich im festen Umriss der Schulterpartie und im kräftigen Hals. Stärke als eine Qualität der Gerechtigkeit wird so, auch ohne die erklärende Inschrift, unmittelbar anschaulich.

Kapitell mit Liebesgeschichte

Unter den vor Ort belassenen Kapitellen des 14. Jahrhunderts verdient das achte Kapitell auf der Westseite zur Piazzetta mit einer tragischen Liebesgeschichte besondere Aufmerksamkeit (Abb. 8). Vielleicht war es Filippo Calendario selbst, der mit sprechenden Gebärden und prägnanter Körpersprache eine Geschichte erzählte.

1. Ein junger Mann macht seiner Angebeteten den Hof. Seine Linke liegt beteuernd auf dem Herzen, mit der Rechten unterstreicht er seine Werbung. Sie schaut vom Söller ihres Hauses.
2. Beide stehen sich nun nahe gegenüber, die Angebetete hat sich in ein neues, besonders elegantes Kleid geworfen. Er redet auf sie ein, die Arme über den Leib gekreuzt, und lässt sein gro-

8 Das Werben um die Braut am Kapitell mit dem Zyklus des menschlichen Lebens an der Westfassade

ßes ritterliches Schwert sehen. Ihre Gebärden erinnern an jene der zaudernd die Botschaft akzeptierenden Maria bei der Verkündigung. 3. Die junge Frau bekränzt ihren Verehrer mit Blumen, er übergibt ihr ein Geschenk, vielleicht als Pfand seiner Liebe. Aus der gesellschaftlich geforderten Distanz ist nun Nähe geworden. 4. Es folgt eine innige Umarmung. 5. Im nächsten Relief liegen die Liebenden, eng umschlungen, unter der Decke auf ihrem Lager. 6. Beide sind nun älter geworden. Ihr Kind ist geboren und in Tücher gewickelt. 7. Vater und Mutter stützen und bändigen das älter gewordene Kind, eine einleuchtende Darstellung davon, worin Erziehung bestehen kann. 8. Das Kind ist gestorben und aufgebahrt. Seine Mutter berührt klagend dessen Arm, sein Vater ringt verzweifelt die Hände.

Nach Abschluss der Arbeit an den Kapitellen, spätestens im sechsten Jahrzehnt des 14. Jahrhunderts, mussten sich die Bildhauer neue Aufträge suchen. Einer von ihnen arbeitete in Aquileia an Kapitellen der Basilika, ein anderer schuf, zusammen mit seiner Werkstatt, das Grabmal des Heiligen Nazarius für den Dom von Koper (Capodistria, Slowenien). Wieder andere werden sich den zahlreich erhaltenen, untereinander in Typus und Stil engverwandten Sarkophagen für Venezianer gewidmet haben.

Nach dem Abschluss der Bauarbeiten wurde in der Sala del Maggior Consiglio, dem Großen Ratssaal, mit der Ausmalung begonnen. Man entschied sich für Ereignisse aus dem 12. Jahrhundert, als, so die venezianische Version der Überlieferung, der Doge Sebastiano Ziani den nach Venedig geflüchteten Papst Alexander III. gegen Kaiser Barbarossa unter anderem erfolgreich in einer legendären Seeschlacht bei Punta Salvore verteidigt hatte. Die 1177 beim Frieden von Venedig angeblich vom Papst dem Dogen verliehenen Insignien, wie ein Zeremonialschwert, Fahnen, der Ring und andere Symbole, wurden bald zu Reliquien des republikanischen Selbstverständnisses. Was diese Geschichtsfälschung im 14. Jahrhundert für die Selbsteinschätzung der Republik bedeutete, zeigte ein verlorener Zyklus der gleichen Thematik, der nicht lange nach 1319 eine Kapelle des Palasts, die 1525 abgerissene Cappella di San Niccolò am Rio della Canonica, schmückte. Neben den Historienbildern fand sich auf der Stirnwand der Sala del Maggior Consiglio über dem Dogenthron eine *Marienkrönung* von Guariento, verbunden mit der *Verkündigung an Maria*. Ein Teil der damals ausgewählten Themen wurde auch nach dem Brand von 1577, der bis auf Guarientos *Paradies* alle Bilder zerstörte, erneut für die Maler verbindlich.

An den Fassaden des Palasts über den großen Fenstern der Balkone und am Hauptportal, der Porta della Carta, wurde der jeweils amtierende Doge kniend porträtiert. Diese für Fremde wohl erklärungsbedürftige Darstellungsweise erfordert einige Zeilen über den Dogen und seine Rolle im Staatsgefüge.

Der Doge

Der Doge repräsentierte den Staat ebenso nach innen wie nach außen, besaß dabei aber nur eingeschränkte Macht. Im Verlauf der hier besonders interessierenden Jahrhunderte wurde er in ein immer feinmaschiger geflochtenes

Außenfassaden

Netz von Einschränkungen seiner persönlichen und politischen Freiheiten eingebunden. Dabei wurden meist Persönlichkeiten, die durch ihr hohes Alter und vielfältige politische und nicht selten auch militärische Erfahrungen geprägt waren, ins Dogenamt gewählt. Ergänzungen der Wahlkapitulation, auf die er beim Amtsantritt durch Eid verpflichtet wurde, dokumentieren den Wandel. Diese Restriktionen mögen dazu beigetragen haben, dass der nicht unerhebliche Einfluss der Dogen in Räten und Verwaltungen im Vergleich zu der ›Richtungskompetenz‹ eines Fürsten eher gering war. Daran änderte sich über die Jahrhunderte wenig. Nur entscheidungsfreudige, machtbewusste Persönlichkeiten wie Agostino Barbarigo (1486–1501) oder Andrea Gritti (1523–1538) bemühten sich – mit Erfolg –, den ihnen belassenen Spielraum nicht nur bis zum letzten Winkel auszunutzen, sondern auch, wo immer es ging, auszuweiten. Dabei mag die Leistung, die der Doge in jüngeren Jahren für den Staat, etwa als Feldherr, erbracht hatte, eine nicht geringe Rolle gespielt haben. Einer der illustren Persönlichkeiten zu sein, deren militärische Leistungen es wert schienen, im Dogenpalast in Bildern gewürdigt zu werden, erweiterte den Handlungsspielraum des Dogen zwar nicht formal, aber doch durch das Gewicht, das andere seinen Urteilen und Vorhaben beimaßen. Hinzu kamen öffentliche Auftritte – vom Tag seiner Wahl über die häufige Präsenz bei den rituellen Umzügen, bei denen ihm die zentrale Position innerhalb einer strengen zeremoniellen Ordnung zustand. So war es im Interesse der ›nobili‹ und der Republik, dem Dogen nach außen hin ein Höchstmaß an Würde zuzumessen, ihn nach innen aber über die Wahlkapitulation an die Ketten der ungeschriebenen Verfassung zu legen. Staatstheoretiker vor allem des 16. Jahrhunderts haben diese Spannung zwischen einer nahezu königlichen öffentlichen Erscheinung und der realen (Ohn-)Macht des Dogen thematisiert. Spötter machten aus ihm gar ein Wirtshausschild. Gasparo Contarini, Donato Giannotti und Jean Bodin sahen im 16. Jahrhundert in ihren Staatsschriften die venezianische Staatsform, den ›stato misto‹, als erfolgreiche Verbindung zwischen einer Volksherrschaft (Demokratie) und der Herrschaft eines Einzelnen (Prinzipat). Der Literat Giuseppe Betussi und der Maler Giambattista Zelotti setzten, ebenfalls im 16. Jahrhundert, bei der Ausmalung der Villa der Obizzi (Il Cataio) bei Padua andere Akzente. Dort war die venezianische Republik als Aristokratie zwischen der römischen Demokratie und Monarchie als Repräsentantin einer erfolgreichen Staatsform, nicht aber als Synthese unterschiedlicher Systeme dargestellt. Im Dogenpalast wurde die venezianische Staatsordnung nicht thematisiert. Auch hier zeigt sich, dass zwischen den Schriften der Staatstheoretiker und den Bildern am öffentlichen Ort unüberbrückbare Unterschiede bestehen. Die Versuchung, mit einer Blütenlese aus staatstheoretischen Schriften eine Interpretation der Bilder im Dogenpalast zu garnieren, ist groß, macht aber in der Regel den Kontext vergessen, aus dem diese Zitate stammen.

Waren die Mitglieder der venezianischen Räte und Verwaltungen mit den Realitäten vertraut, so werden den Besuchern der Stadt gedruckte Erläuterungen der venezianischen Verfassungswirklichkeit willkommen gewesen sein. Nur so war es dem Fremden möglich, Darstellungen des vor dem Markuslöwen knienden Dogen zu verstehen.

Im übrigen Italien wurden Territorialfürsten damals mehrfach durch Standbilder auf öffentlichen Plätzen geehrt. Dazu gehören auch Sitzstatuen von Herrschern und Päpsten. Überlegungen Cosimos I., wie er sich während seines sorgsam geplanten Aufstiegs zum Alleinherrscher der Toskana darstellen lassen wollte, vermitteln einen Einblick in seinen dornigen Weg von der Republik zum Prinzipat. Sie zeigen aber auch, wie klug und immer wieder auch zurückhaltend Cosimo I. die Macht der Bilder als Instrument der Selbstdarstellung am öffentlichen Ort zu nutzen verstand.

Zu den Rechten und Pflichten des amtierenden Dogen gehörte es, sein Wappen in der T-förmigen Sala dello Scudo, dem Wappensaal, nahe bei seinen Privatgemächern anzubringen. Dieses wurde nach seinem Tod durch das Wappen des Amtsnachfolgers ersetzt. Wappenschilde der verstorbenen Dogen wurden zudem bei besonderen Ereignissen in San Marco aufgehängt. Erst als deren Zahl zu groß geworden war, wurden sie 1730 entfernt. Man konnte so die dichte Folge der Amtsinhaber auch da vor Augen führen, wo für Darstellungen an den mit Mosaiken bedeckten Wänden kein Platz vorhanden oder vorgesehen war. So wuchs im Lauf der Zeit auch die Reihe der Dogenporträts im Fries unterhalb der Decke der Sala del Maggior Consiglio und der angrenzenden Sala dello Scrutinio. Sie zeigt eine ununterbrochene Folge von Porträts, deren Beischriften an den einzelnen und dessen Verdienste für den Staat erinnerten und die zugleich die weltweit bewunderte Kontinuität des Systems dokumentierte. So entschied man sich für ein schwarzes Tuch anstelle eines Porträts des Dogen Marin Falier, weil dieser 1354 als Verschwörer gegen die Republik öffentlich hingerichtet worden war (Abb. 116). Die Inschrift auf diesem Tuch nennt das ihm vorgeworfene Vergehen und die kapitale Strafe, so dass keine Lücke in der Dogenreihe zu Fehldeutungen Anlass hätte geben können. Zugleich konnte der Staat auf diese Weise an die unnachsichtige Verfolgung derer erinnern, die die persönlichen Ambitionen über die Pflichten, die das Dogenamt mit sich brachte, stellten.

Mit ihrer Entscheidung für Dogenreihen bediente sich die Republik einer in Konventen und auch bei der Selbstdarstellung des Papsttums verbreiteten genealogischen Darstellungsweise. Mit den oft realitätsfernen Genealogien, wie sie Herrscher schätzten, und den beliebten fiktiven, oft bis ins alte Rom zurückreichenden Stammbäumen venezianischer Familien, die an ihre angeblich antiken Ahnen in den gemalten Dekorationen auf den Fassaden ihrer Paläste erinnern wollten, gab es hingegen keine Gemeinsamkeiten.

Die naheliegende Vermutung, die Dogen hätten die einschränkenden Kapitel der Wahlkapitulation als selbstverständlich hingenommen, lässt sich aus den Archivalien nicht bestätigen. Vor diesem Hintergrund erhalten die Porträtmedaillons des Dogen Leonardo Loredan (1501–1521) am mittleren der Fahnensockel auf der Piazza vor San Marco, die wohl von Antonio Lombardi entworfen und von Alessandro Leopardi um 1505 gegossen wurden, eine provozierende Qualität. Unbekannt ist, wer für diesen Regelverstoß verantwortlich war. Dokumentiert ist allein, dass beschlossen wurde, diese Medaillons nach dem Tod des Dogen wieder zu entfernen. Dass dies nicht geschah, scheint dafür zu sprechen, dass man vergleichbare Ansprüche späterer Dogen, die von einer solchen Darstellung möglicherweise hätten hergeleitet werden können, glaubte beherrschen zu können. Vielleicht hatte es sich herumgesprochen, dass es der Bildhauer war, der dem Dogen gehuldigt hatte, indem er auf eminent künstlerische Weise das Porträt als aufgehängte, ungewöhnlich große Medaille in den ornamentalen Zusammenhang des allseits bewunderten Werks integriert hatte. Fünfzig Jahre später wurde am Brunnen im Hof abermals ein Porträtrelief, diesmal des Dogen Sebastiano Venier, in den schmückenden Zusammenhang integriert. Was die Methode betrifft ist es fast ein Zitat, diesmal jedoch an einem unverfänglichen Ort.

Nach dem Tod des Dogen wurde er in seiner Amtstracht auf einem Katafalk zuerst in seiner Wohnung, dann in der Sala del Piovego aufgebahrt. Dabei wurde sein Wappenschild aus der Sala dello Scudo gezeigt und dieses später, als Teil einer langen Folge der Dogenwappen, in San Marco aufgehängt. Alsbald wurden auch die ›inquisitori sopra il Doge defunto‹ und die ›correttori della promissione‹ tätig. Die eigens beauftragten Inquisitoren zogen eine Bilanz seines Handelns, während letzteren neue Passagen für den Amtseid des neu zu wählenden Dogen auf der Basis von Erfahrungen formulierten. Der Siegelring des Dogen wurde zerschlagen und die Wahl seines Nachfolgers vorbereitet. Bei der öffentlichen Zurschaustellung vor dem Begräbnis konnte seit dem 17. Jahrhundert eine Maske den Verstorbenen vertreten. Auch wenn ein Doge starb, lebte die Signoria weiter.

Balkon der Südfassade

Als der Steinmetz Pierpaolo dalle Masegne im Oktober 1400 den Entwurf lieferte, bestand noch die Absicht, den damals amtierenden Dogen Antonio Venier kniend, mit dem Banner des Stadtpatrons in den Händen, vor dem Markuslöwen darzustellen. Dies Banner wurde dem Dogen zum Zeichen rechtmäßiger und ewiger (venezianischer) Herrschaft bei seiner Einsetzung in San Marco feierlich übergeben. Die heute übliche Bezeichnung Investiturbild erinnert daran. Nach dem Tod Veniers im Dezember 1400 trat das Bildnis des neugewählten Dogen Michele Steno, der kurz zuvor noch im Vertrag als Prokurator genannt worden war, an dessen Stelle.

Bis zur Zerstörung der Gruppe nach dem Untergang der Republik kniete ein klein wirkender Doge vor einem riesigen Markuslöwen. Die zentrale Position des thronenden Stadtpatrons zwischen den Aposteln Petrus und Paulus in den Nischen der bekrönenden Haube entsprach venezianischem Selbstverständnis. Dass die das Fenster bekrönende Figur auch vor dem Brand von 1577 eine Personifikation der Justitia war, wird durch ihren Ersatz durch eine Justitia aus der Werkstatt des Alessandro Vittoria wahrscheinlich.

Mit der Chorschranke von San Marco hatten Pierpaolo dalle Masegne und sein Bruder Jacobello nach 1394 mit Hilfe von Mitarbeitern eine figurenreiche Architektur in wenigen Jahren fertiggestellt. Anders als bei den zweiundzwanzig fast lebensgroßen Figuren in San Marco ist jedoch bei den Figuren der Fensterumrahmung eine Annäherung der Mitarbeiter an den Stil der Brüder nicht zu erkennen. Die meisten der Figuren um das Fenster werden derzeit restauriert und im Palast für Besucher unzugänglich aufbewahrt. Vor Ort sind allein der Heilige Theodor (l.) (Pierpaolo dalle Masegne zugeschrieben) und der Heilige Georg (r.) (von Alvise Pellegrini, 1767), eine Personifikation der Liebe (Caritas) im Tondo und die bekrönende Venetia, beide aus den Jahren nach dem Brand von 1577, verblieben. Die Personifiaktion der Hoffnung (Spes) ist eine Kopie nach einem Verkündigungsengel vom Florentiner Dom (heute im Florentiner Museo dell'Opera del Duomo) und stammt vermutlich von einem Florentiner, andere Figuren lassen sich mehreren, unterschiedlich geprägten, unterschiedlich begabten Bildhauern darunter auch Toskanern zuordnen. Die Ähnlichkeit der architektonischen Elemente der Fensterrahmung mit den beiden, den Brüdern dalle Masegne zugeschriebenen figurenreichen Tabernakeln in San Marco ist immer gesehen worden.

Porta della Carta

Das Hauptportal zum Dogenpalast (Abb. 9), wurde von Bartolomeo Buon 1442 in großen Lettern signiert (»Opus Bartholomei«), um klarzustellen, dass der 1438 an den Familienbetrieb gegebene Auftrag von ihm und nicht von seinem Vater Giovanni bewältigt wurde. Die ursprünglich einmal reiche Vergoldung und Polychromie ist noch in Spuren erhalten und auf dem Prozessionsbild Gentile Bellinis (heute in der Gallerie dell'Accademia) zu sehen. Bartolomeo zitierte das Motiv der Nischen und der bekrönenden Fialen von der Fensterumrahmung der Südfassade (von 1400). Das aufwendige Maßwerk entwickelte er aus dem der Fenster im Obergeschoss. Zur Darstellung des Stadtpatrons wählte Bartolomeo den in der christlichen Antike in Byzanz sowie bei venezianischen Dogengräbern verbreiteten Typus der ›imago clipeata‹, wobei der Tondo mit der Büste des Heiligen von Engeln getragen wird. Bei der bekrönenden Justitia vermied Bartolomeo Verwechslungen mit der Stadtpatronin durch die weithin sichtbare Inschrift »Justitia« an ihrem Sockel. Diese Präzisierung hinderte einen erzürnten Bürger nicht, diese Figur schon früh als Ungerechtigkeit und somit als Verkörperung eines ungerechten Systems zu bezeichnen. Vermutlich sollte am Eingang zum Dogenpalast eine zentrale Qualität des Regierungs- und Verwaltungshandelns gezeigt werden. Schließlich waren im Palast auch die Organe der Rechtsprechung tätig, die damals weit über Venedigs Grenzen hinaus als vorbildlich angesehen wurden.

9   Die Porta della Carta des Bartolomeo Buon

Der kniend dargestellte Doge Francesco Foscari (1373/74–1457) war ein ambitionierter, Widersprüche und Gegnerschaften provozierender Politiker. Die Entscheidung des Bildhauers, dem auf dem Türsturz Knienden gegenüber dem Markuslöwen, der den Staat verkörperte, durch Größe und Position Gewicht zu verleihen, entsprach wohl Foscaris Selbstbewusstsein und Erwartungen. (Die heute sichtbare Gruppe wurde von Luigi Ferrari 1885 auf der Basis wenig detaillierter Abbildungen des 1797 zerstörten Werks geschaffen.)

Bildhauer wurden in Venedig fast nie vertraglich auf eine eigenhändige Ausführung festgelegt, was einer auf Zuschreibungen fixierten Kunstgeschichte erhebliche, zu oft exzessiv genutzte Spielräume verschafft hat. Vermutlich übernahm Bartolomeo das Bildnis des Francesco Foscari und die qualitätvolle, eine milde Rechtsprechung verkörpernde Justitia. Der eindrucksvolle Kopf des Dogen (Abb. 20) (heute im Museo dell'Opera) ist das einzige erhaltene Fragment der 1797 von Bilderstürmern zerstörten Gruppe.

Dass der oberste gewählte Repräsentant der Republik kniend mit dem Banner des Stadtpatrons vor dem Markuslöwen, Sinnbild der Republik, dargestellt wurde, erinnert an Reliefs, die außen an Bruderschaftsgebäuden angebracht waren. So knien an der Seitenfassade der Scuola Grande di San Giovanni Evangelista (auf einem Relief von 1348) und über dem Portal der Scuola Grande di San Marco (in einer fast rundplastischen Gruppe von um 1440–1450) Mitglieder der Bruderschaft, angeführt vom Guardian Grande, vor dem Patron. Älter aber als all diese Beispiele sind venezianische Münzen, die den Dogen kniend vor dem Stadtpatron zeigen.

Wenn Francesco Sansovino (1581) in den Tugendfiguren der Nischen Eigenschaften des Dogen Foscari zu erkennen glaubte, identifizierte er vermutlich den Anspruch und ein Versprechen des Staats mit den Eigenschaften seines obersten Repräsentanten. Caritas (Liebe) und Prudentia (Klugheit) stehen in den oberen, Fortitudo (Stärke) und Temperantia (Mäßigung) in den unteren Nischen.

Fortitudo, die Verkörperung der Stärke, ruht gelassen in sich selbst (Abb. 10). Ruhig hält sie den reichverzierten, auf seine Spitze gestellten Schild, der sie birgt wie eine Schale den Kern. Das Schwert in ihrer Rechten ist verloren. Ihre gelöste Haltung und ihr Blick harmonieren. Der von ihrer rechten Fußspitze aufsteigende, über der linken Hüfte zusammenlaufende Faltenwurf umspielt den Unterleib und endet über ihrer linken Schulter. Die Rüstung entspricht dem damaligen Verständnis von einer Rüstung ›all'antica‹. Ähnlichkeiten mit Tugendfiguren am Grabmal des Dogen Francesco Foscari (Santa Maria dei Frari; gest. 1457) könnten eine Zuschreibung an Antonio Bregno rechtfertigen, der im 18. Jahrhundert, wohl aufgrund von Archivalien, als einer der Autoren des Grabmals genannt wurde.

10 Antonio Bregno (?): Fortitudo an der Porta della Carta

11 Temperantia an der Porta della Carta

Temperantia, die Verkörperung der Mäßigung, erinnert, anders als Fortitudo, an die Tradition gotischer Gewandfiguren (Abb. 11). Sie gießt behutsam und konzentriert Wasser in eine Schale mit Wein, der, unverdünnt getrunken, hitziges Verhalten fördert. Ein überzeugendes Sinnbild maßvollen, zur Mäßigung ratenden Handelns.

Mit dem künstlerischen Rang dieser schönen, dabei grundverschiedenen Figuren konnten die ebenfalls anonymen Bildhauer der Tugenden in den oberen Nischen nicht wetteifern. Weder in der Veranschaulichung der Themen Caritas (Liebe) und Prudentia (Klugheit), noch in der Ausgestaltung der einfallslosen Draperien und sprachlosen Physiognomien.

Die Gerechtigkeit Salomos

Gerechtes Handeln und die Personifikation der Gerechtigkeit wurden mehrfach an und im Dogenpalast dargestellt. Dazu gehören auch Bartolomeo Buons *Gerechtigkeit Salomos* an der Nordwestecke neben der Porta della Carta (Abb. 12), die das weise Urteil par eccellence symbolisierte, sowie das darunter befindliche Kapitell, das um eine Justitia sieben Gerechtigkeitsbilder aus der Antike und dem Alten Testament versammelt. Gerechtigkeit wurde dem Eintretenden versichert, ein Versprechen, das der Bildhauer der *Gerechtigkeit Salomos* wohl ganz im Sinne seiner Auftraggeber präzisierte.

12 Bartolomeo Buon: Die Gerechtigkeit Salomos

Das Versprechen, Gerechtigkeit üben zu wollen, gehörte nicht nur in Venedig zum Bildprogramm öffentlicher Gebäude. Rechtshistoriker haben an der venezianischen Rechtskultur hervorgehoben, dass sie dem Verdächtigten oder Angeklagten ungewöhnlich weitgehende Rechte einräumte. Politische, seltener religiös begründete Urteile, auch gegen Gegner in den eigenen Reihen, wurden dennoch unerbittlich gefällt. Oft sind es diese Urteile, die, nach dem Ende der Republik, das negative Bild von der venezianischen Justiz bestimmt haben.

Die *Gerechtigkeit Salomos* ist am besten vom vordersten der beiden vor der Südfassade der Markuskirche aufgestellten Pfeiler aus zu betrachten. Diese wurden nicht, wie der traditionelle Name vorgibt, den Genuesen vom Portal einer Festung in Akkron im heutigen Syrien als Trophäen abgenommen, sondern stammen aus der Polyeuktoskirche in Istanbul und sind somit, ebenso wie die Gruppe der Tetrarchen am Tesoro, vermutlich aus der Beute des Vierten Kreuzzugs.

Anders als bei den trecentesken Reliefs hat Bartolomeo Buon die Akteure aus der Bindung an die Wandflächen gelöst und sie um den in der Mitte aufwachsenden Feigenbaum freier, fast reliefartig, vor die Kante des Bauwerks gestellt. Dieser Feigenbaum wächst aus der Basisplatte, seine Krone steht vor der Andeutung einer Gerichtsloggia, in der Salomo Recht spricht. Soeben hat der gerüstete Henker den schwertführenden Arm erhoben, um das Urteil zu vollstrecken. Jede der streitenden Frauen sollte eine Hälfte des lebendgeborenen Kindes behalten dürfen. Dies Kind hängt widerstandslos im Griff der fest zupackenden Hand, ein schmerzvoller Kontrast zwischen Entschiedenheit und Hilflosigkeit auf engstem Raum. Die Mutter des Kindes drängt sich, mit stockendem Atem, eng an den Henker und schaut voller Angst zum thronenden, jugendlich wirkenden Salomo. Dieser fällt mit ruhiger, zugleich machtvoller Gebärde dem Henker in den Arm. Salomos Blick ist in die Ferne gerichtet, sein Richtspruch folgt göttlicher Eingebung ohne Weisung und ohne Ansehen der Person. Abseits, unberührt, wie mit der Wand verwachsen, steht die Mutter des totgeborenen Kindes.

Als tragender Bestandteil des Bauwerks dürfte die Gruppe nur wenige Jahre nach Baubeginn angebracht worden sein. Geht man, wie für den Südflügel nachgewiesen, von einer Bauzeit von etwa sieben Jahren aus, so könnte diese Gruppe schon um 1430 oder sehr bald danach entstanden sein. Lange zu Recht als Hauptwerk des venezianischen Bildhauers und Architekten Bartolomeo Buon angesehen, wurde sie jüngst einem toskanischen Bildhauer zugeschrieben. Der formale Erfindungsreichtum und die Präzision bei der Wiedergabe von Gemütsregungen und Affekten geht jedoch weit über das hinaus, was ein Nanni di Bartolo, genannt ›il Rosso‹, leisten konnte.

Unterhalb der *Gerechtigkeit Salomos* findet sich das sogenannte Justitiakapitell. An diesem sind biblische und antike Persönlichkeiten als Beispiele für gerechtes Handeln und als Gesetzgeber um eine Justitia gruppiert.

Eine Gesetzmäßigkeit bei der Themenauswahl ist nicht zu erkennen. Zu den umgangssprachlichen, die Themen nennenden Inschriften wurde 1858 während der Restaurierung des Kapitells eine zwischen den Blättern eingeritzte lateinische Inschrift »Duo sotii Florentini inciserunt« veröffentlicht, die als ursprüngliche Signatur zweier Florentiner Bildhauer, aber auch als Beitrag des Restaurators gedeutet wurde und wird. Der Florentiner Campanile in der Szene mit Numa Pompilius kann als Indiz für die Florentiner Herkunft des Bildhauers beziehungsweise der Bildhauer verstanden werden.

1. Justitia. 2. Aristoteles (384– 322 v. Chr.) setzt Recht und übergibt zwei Begleitern jeweils einen Kodex (Abb. 13). 3. Mose

13 Aristoteles setzt Recht und Gesetz

14 Mose empfängt die Gesetzestafeln

verpflichtet zwei kniende Israeliten auf die Bundesurkunde. 4. Solon (640–560 v. Chr.), einer der Sieben Weisen Griechenlands, sitzt als Gesetzgeber auf einem Faltstuhl. Vor ihm ein Alter mit offenem Buch und ein sitzender Zuhörer. 5. Die Enthaltsamkeit des Scipio. Der Feldherr Scipio Africanus Maior (235–183 v. Chr.) steht nach der Eroberung Karthagos vor dem Thron des keltiberischen Fürsten und Verlobten des Mädchens, das Scipio als dem Sieger zugesprochen worden war und das er unberührt zurückgab. Numa Pompilius (715–672 v. Chr.) als Erbauer von Tempeln und Kirchen (!). 7. Moses empfängt, kniend vor Gott, die Gesetzestafeln (Abb. 14). 8. Kaiser Traian (98–117 n. Chr.) unterbricht einen Kriegszug, um einer vor ihm knienden Witwe ihr Recht zu sprechen.

Über der *Gerechtigkeit Salomos* steht der Erzengel Gabriel (Abb. 15). Dieses herausragende Werk gehört zu einer Gruppe anonymer venezianischer Skulpturen, deren Autoren die Heiligenfiguren vom Altar der Mascoli-Kapelle in San Marco (um 1430) gründlich studiert und ihre Haltungen und Gewandformationen genutzt hatten. Dabei verwandelten die einheimischen Bildhauer die metallische Schärfe der wohl aus Florenz importierten, aus dem Umkreis des Lorenzo Ghiberti stammenden Altarfiguren: Die Figuren sind fülliger, die Gewänder fallen schwerer und die Gesichter sind lieblicher gerundet. Auf die Frage, wem sich der Engel mit der Gebärde der Verkündigung zuwende, sind einander ausschließende Antworten gegeben worden.

Der Dogenpalast ist heute Museum seiner selbst, wobei allerdings mehrere Raumfolgen und Räume im Erd- und im ersten Obergeschoss von der Museumsverwaltung und der staatlichen Denkmalpflege genutzt werden. So ist der im 15. Jahrhundert klug inszenierte Weg von der Porta della Carta in den Hof des Palasts dem Fuß des Touristen, nicht aber seinem Blick versperrt.

Ursprünglich passierten die Nutzer und Besucher einen kreuzrippengewölbten, sechs Joche

15 Der Erzengel Gabriel (N.-W.-Ecke)

langen Gang, den Andito Foscari, um in den Hof und von dort zu den Verwaltungen und Räten zu gelangen. Später führte dieser Gang direkt auf die nach 1483 errichtete Scala dei Giganti und umgekehrt vom Hof zur Piazza, auf eine Loggia am Fuß des Campanile, die 1537 durch Sansovinos Loggetta ersetzt wurde. So war schrittweise, die topographische Situation klug nutzend, ein venezianischer Prozessionsweg entstanden. Bei öffentlichen Prozessionen ging der Doge, begleitet von Würdenträgern, vom Palast durch einen heute verschlossenen Seiteneingang in das Querhaus von San Marco oder aus dem Palast auf die Piazza.

Der Andito Foscari wurde ab 1442 wohl nach Plänen des Bartolomeo Buon errichtet. Wie schon an der Porta della Carta machte der Architekt durch formale Zitate den funktionalen Zusammenhang anschaulich. Die mit der Wand verbundenen, für

16 Balkon der Sala dello Scrutinio (Westfassade)

das Auge jedoch aus dieser engen Bindung scheinbar gelösten Säulen erinnern an die mittelalterlichen, in ihrem Inneren von Säulen begleiteten Atrien von San Marco. Vermutlich wollte Bartolomeo an den seinerzeit noch nicht geschlossenen Südeingang von San Marco erinnern, der direkt in das westliche Atrium führte. Diese Porta da Mar verschwand erst 1501, als mit dem Einbau der Grabkapelle für den Kardinal Giovanni Battista Zen ein wichtiger Eingang zur Staatskirche geschlossen wurde.

Balkon der Sala dello Scrutinio

Im Zusammenhang mit Umbauten der riesigen Sala dello Scrutinio im Westflügel wurde im Dogat Andrea Grittis, vielleicht schon seit 1536, der gotische Balkon zur Piazzetta durch gotisierende Nischen und Fialen bereichert und so dem 140 Jahre älteren Fenster zum Molo angenähert (Abb. 16). Ein vergleichbarer ›Anpassungsstil‹ wurde damals auch für die Verkleidung der gotischen Fassade von San Petronio in Bologna von bedeutenden Architekten in Erwägung gezogen. Auch wenn Zuschreibungen mit Hilfe der Stilkritik wegen der Wahl historisierender Formen nur schwer begründbar sind, sollte

Sansovinos Autorschaft nicht a priori ausgeschlossen werden. Weitere Beispiele für eine harmonische Kombination stilistisch heterogener Bauteile finden sich im Hof des Dogenpalasts.

Die Nischen um das Fenster werden von Mars (von Pietro da Salò) und Neptun (Danese Cattaneo zugeschrieben) sowie von Merkur (von Alessandro Vittoria) und Jupiter (Danese Cattaneo zugeschrieben) eingenommen. Alle drei Bildhauer waren bei späteren Werken geschätzte Mitarbeiter Sansovinos.

Götterfiguren begegnen uns, vielleicht ein wenig später, an Sansovinos Loggetta und nach 1553, im Palast, in mythologisch-allegorischen Programmen. Oberhalb des Fensters kniet Andrea Gritti vor dem riesig wirkenden Markuslöwen, ein Investiturbild, das an den Außenfassaden des Palasts bereits Tradition hatte. (Doge und Markuslöwe sind Nachschöpfungen der Bildhauer Urbano Botasso und Giuseppe Torres von 1895 bis 1898). Eine nach dem Brand von 1577 zusammen mit Teilen des oberen Abschlusses geschaffene Venetia bekrönt die Zierarchitektur.

Was auf der Piazza um 1505 mit den Sockeln der Fahnenmasten vor San Marco begann, wurde in den Jahren nach dem erlösenden Frieden von Bologna (1529) zur Regel. Mit Jacopo Sansovinos Bauten der Staatlichen Münze (Zecca; ab 1536), der Loggetta (ab 1537) und der Libreria (Bibliothek; ab 1537) begegnen wir einem neuen Baustil und einer bis dahin ungewohnten Art, sich mit antiken Personifikationen an die Öffentlichkeit zu wenden. Interessierte konnten versuchen, die Darstellungen zu verstehen und den auf die Republik bezogenen Sinn zu entschlüsseln. Die Kenntnis staatstheoretischer und den Staat rühmender Schriften war dabei hie und da hilfreich, aber niemals ausreichend. Die meisten Betrachter werden bewundernd und zugleich sprachlos die gelehrte Bilderwelt wahrgenommen haben, ohne Erklärungen zu finden. Das Schweigen gebildeter und wohlinformierter Autoren wie Francesco Sansovino schließt die gotischen Bildwerke an den Fassaden und die späteren Allegorien ein. Auch der reiche Figurenschmuck der von seinem Vater gebauten Libreria blieb unerklärt. Was in seiner *Venetia città nobilissima et singolare* von 1581 als Erklärung der Figuren der Loggetta ausgegeben und von den meisten auch so verstanden wurde, sollte wohl eher einem einprägsamen Rekapitulieren von Kernaussagen des Mythos nach den Regeln der damals gepflegten Kunst des Memorierens dienen.

DAS MUSEO DELL' OPERA (Plan S. 27)

Der Weg über den derzeitigen Besuchereingang, die Porta del Frumento, führt entweder direkt zum Hof oder links über den Buchladen und die Kasse in das sehenswerte Museo dell'Opera, das seit 1995 auch dank der finanziellen Hilfe der britischen Organisation Venice in Peril wieder zugänglich ist. Im Durchgang zum Hof wurden an den Wänden vier Inschrifttafeln angebracht, die in kapitalen Lettern an Verstöße venezianischer Beamter gegen korrektes Verwaltungshandeln erinnern. Ein barockes ›capitello‹ mit einem

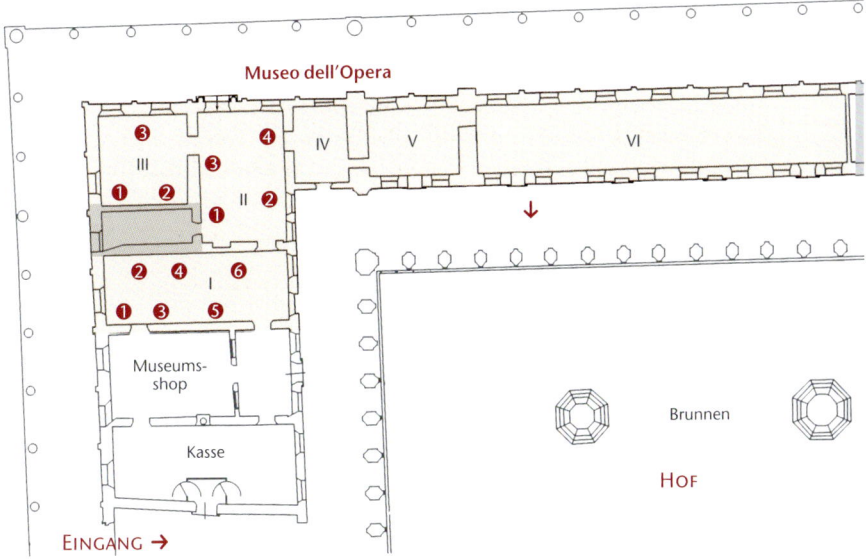

Andachtsbild, vor dem nachts eine Kerze brannte, begleitete, so wie an vielen Wegen der Stadt, die Eintretenden.

Die im Museo dell'Opera ausgestellten Stücke wurden bei den Konsolidierungsmaßnahmen im 19. Jahrhundert ausgebaut. Die Diskussion, ob empfindliche Skulpturen nicht in Innenräumen vor weiteren Schäden in Sicherheit gebracht werden sollten, wird derzeit auch in Venedig geführt. Die Denkmalpflege hat sich unter Hinweis auf die in den letzten Jahren erheblich verbesserte Luftqualität für ein Verbleiben der Originale vor Ort entschieden. Sie hofft über Wartungsverträge mit Restauratoren (die jedoch nur selten geschlossen werden), die Pflege zu sichern und so den sonst unvermeidbaren Verfall aufzuhalten. Ins Innere verbracht wurden allein die antiken Bronzerosse, Reliefs des 13. Jahrhunderts, von der Nordfassade von San Marco und einige der Tugenden des Steno-Erkers vom Dogenpalast.

Raum I

Im ersten Raum, an der Wand zum Hof, dokumentiert ein Modell die Vorkehrungen, die 1875 vom Ingenieur Annibale Forcellini zur statischen Sicherung des Bauwerks während der Arbeiten getroffen worden waren. Damals wurden zahlreiche Säulen sowie beschädigte Kapitelle und andere Bauelemente ausgetauscht. Die Orientierung des Besuchers erleichtern Diagramme an den Wänden, auf denen der ursprüngliche Ort der ausgestellten Stücke verzeichnet ist.

Die Kapitelle wurden für die derzeitige Aufstellung gereinigt, Farbspuren wurden dabei von den Restauratoren nicht gefunden.

Kapitell I, 1. Antike Herrscher

Die Inschriften nennen Herrscher von Rom, Troia, Persien Makedonien und Babylon. Im Stil der Figuren aber ist die antike Welt fern, Augustus mit dem Erdball ist bärtig, ganz anders als ihn spätere Generationen, von antiken Porträts oder Statuen inspiriert, dargestellt haben. Auch der schwerbeschädigte Alexander ist nach der Mode des mittleren 14. Jahrhunderts gekleidet.

Kapitell I, 2. Weibliche Köpfe

Frauen schauen zwischen den Blättern heraus, junge wie alte, das Haar nach der letzten Mode geschmückt oder von einer Haube fast ganz verhüllt. Wer dargestellt wurde, bleibt ein Rätsel. So bleiben auch die gekrönte Frau mit sprechend geöffnetem Mund sowie eine andere mit einem Blumenkranz im Haar namenlos. Die präzise modellierten Formen der Gesichter ähneln denen der Eckgruppen am Außenbau, Sem, der junge Sohn Noahs, scheint ein naher Verwandter.

Kapitell I, 3. Die Familie des Kreuzfahrers

Figuren, die nicht durch Beischriften identifiziert wurden, regen die Phantasie an und laden zu Erklärungen ein. Junge und Alte um einen Behelmten wurden soin der Deutung zur Familie des Kreuzritters. Ein Jugendlicher wendet sich zu seiner in die Ferne blickenden Nachbarin. Der in einen Helm eingeschlossene Ritter blickt unbeirrt nach vorne.

Kapitell I, 4. Männer unterschiedlicher Herkunft

Venedig war eine kosmopolitische Stadt, in der Menschen aus vielen Ländern arbeiten oder als Besucher die Weltoffenheit erfahren konnten. Der anonyme Bildhauer, der zuvor das Grabmal für Rizzardo VI. di Camino, Herrn von Vittorio Veneto, geschaffen hatte, hob physiognomische Eigenarten hervor. Der schlitzäugige, schnauzbärtige Tartar, der breitlippige Schwarze mit dicken Brauen und platter Nase sind leicht zu identifizieren. Ein ernst dreinblickender Mann mit ausgeprägten Nasolabialfalten und einem Markuslöwen an seiner Kopfbedeckung stand wohl für die Bürger Venedigs (Abb. 17). Seine individuellen Züge lassen an ein Selbstporträt des Bildhauers denken.

17   Kopf eines Venezianers am Kapitell I.4 im Museo dell'Opera

Kapitell I, 5. Vögel

Der Bildhauer unterschied die Vögel nicht durch ihr Federkleid, sondern durch die Form der Schnäbel und die Beutetiere wie Fische und Schlangen. Auch wenn Tiere im Mittelalter gerne als Beispiele für christliche Überzeugungen ausgewählt wurden, scheinen sie an diesem Kapitell vor allem eine schmückende Funktion gehabt zu haben.

Kapitell I, 6. **Salomo und Vertreter der freien Künste**

Den freien Künsten wurde im Rahmen der republikanischen Staatsordnung eine wichtige Rolle zugemessen. Der Bildhauer überzeugt bei der Wiedergabe der Tätigkeiten, wie dem Lautenspiel, machte es sich jedoch bei den stereotypen Gewändern der sitzenden Figuren sehr einfach. Besonderes Interesse hat die Jahreszahl 1344 auf der Schreibtafel des Pythagoras gefunden, die als Datierung des Kapitells gedeutet wird.

RAUM II

Kapitell II, 1. **Tiere mit ihrer Beute**

Einer der besonders begabten Bildhauer der Bauhütte porträtierte verschiedene Tiere mit ihrer bevorzugten Beute. Der Bär hält eine Bienenwabe im Maul, der Löwe den Lauf eines Tiers, der Wolf eine Ente, der Fuchs einen Hahn, das Wildschwein eine Pflanze, der Hund trägt einen Knochen und die Katze eine Ratte, wozu ihren heutigen Nachfahren in Venedig leider das Geschick fehlt. Präzise Charakterisierungen als Ergebnis scharfer Beobachtung machen das Wiedererkennen leicht.

Kapitell II, 2. **Monatsbilder**

Wie schon in den Archivolten (13. Jahrhundert) am Hauptportal von San Marco galt es, vertraute Tätigkeiten einprägsam und mit Sachkenntnis darzustellen. Die Konzentration der Handwerker bei der Arbeit, die richtigen Utensilien und Handgriffe haben den Bildhauer gefesselt. Oft schwer beschädigt, sind diese Personifikationen nicht immer leicht zu erkennen, auch wenn Beischriften, wie üblich an der Deckplatte, helfen. Ein zweigesichtiger Alter (Januar), der sich am Feuer wärmt, ihm gegenüber ein Junger mit einem großen, frisch gefangenen Fisch (Februar) bilden das erste Paar. März, ehemals mit einem Doppelhorn für die Frühlingswinde und mit vom Wind zerzaustem Haar, besetzt eine Seite allein. April und Mai sind bekränzt, April hält einen kleinen Stier für das Tierkreiszeichen in Händen. Juni greift an einen Korb mit den beliebten Kirschen, Juli schneidet Getreide, August fertigt ein Fass. September erntet Trauben und Oktober und November sind mit Feldarbeiten beschäftigt. Dezember schlachtet ein Schwein.

Kapitell II, 3. **Die Vier Gekrönten und ihre Lehrlinge**

Die Vier Gekrönten als Patrone der Steinmetz-Zunft waren schon vom Selbstverständnis der Bildhauer her eine besondere Aufgabe. Die Reliefs zeigen deren vielfältigen Aufgaben. Dazu gehören ebenso Bauzier und Bauelemente wie Figuren. Es sind Aufgaben, für deren Bewältigung der Leiter der Hütte, die zur Errichtung des Dogenpalasts gebildet wurde, verantwortlich

18 Bildhauer bei der Arbeit am Kapitell II, 3 im Museo dell'Opera

war. Die hohe Qualität der bildhauerischen Arbeit, bei der sich eine scharfe Beobachtung mit prägnanter Wiedergabe verbinden, spricht für eine Zuschreibung an den leitenden Bildhauer. Die ausdrucksstarken Gesten und die professionellen Handgriffe werden auch damals den Beifall der Zunft und der an Kunst interessierten Bürger gefunden haben.

Kapitell II, 4. **Berufe**

Unter den ausgewählten Berufen findet sich abermals, wen wundert's, der Steinmetz. Im Vergleich mit dem Kapitell der Vier Gekrönten (II, 3) werden die bildhauerischen Qualitäten, aber auch die Defizite erkennbar. Die Gegenstände und die Körpersprache sind sprechend und dennoch scheinen der Bauer und der Waagemeister wie nach derselben Seite eines Musterbuchs gearbeitet. Solche Vorlagensammlungen dürfte es damals in der Bauhütte gegeben haben, auch wenn bisher nicht eine Seite gefunden wurde. Gesellschaftliche Unterschiede im öffentlichen Ansehen, etwa zwischen Notar und Schuster, waren für den Bildhauer kein Thema. Die Auswahl der Berufe konnte so auch als Hinweis auf ein harmonisches Miteinander der Bürger Venedigs verstanden werden.

Die in der Bauhütte des Dogenpalasts tätigen Bildhauer hatten eine beeindruckende Fähigkeit entwickelt, ihren eigenen Stil dem des leitenden Bildhauers anzupassen. Leichter erkennbare Unterschiede als bei Köpfen und Figuren zeigen sich in scheinbar marginalen Bereichen, in denen individuelle Prägungen nur besonders Erfahrenen auffallen. Die ›stehenden‹ Blätter vor den Büsten der Kapitelle II, 2., II, 3. und II, 4. sind grundverschieden und helfen bei der Zuschreibung der Figuren an verschiedene Bildhauer.

RAUM III

Kapitell III, 1. **Laster**

Die Personifikation des Geizes hält einen Geldsack und greift nach einem weiteren. Die Trägheit mit seitlich geneigtem Kopf sitzt zwischen dürren Ästen. Die Eitelkeit trägt einen Reif im Haar und hält einen Spiegel. Der Neid, mit einem Drachen im Schoß und Schlangen um das Haupt, verbrennt sich, wie die Beischrift sagt. Die Wollust kann sich nicht von ihrem Bild im Handspiegel trennen. Die Gefräßigkeit, den Tafelfreuden verfallen, hebt ihr Glas und beißt gierig in ein Hühnerbein. Der Hochmut und der Zorn wurden in Venedig wohl besonders gefürchtet. Beide finden sich als Überwundene auch zu Füßen der Venetia im Tondo an der Westfassade. Hier mahnen Amtsträger und Verwaltungsmitglieder, die den Palast von der Porta del Frumento her betreten. Zorn macht hässlich und raubt die Selbstkontrolle, Hochmut tritt in eleganter Rüstung, aber zugleich mit verräterischen Eselsohren auf.

Kapitell III, 2. Früchte in Körben

Die Früchte sind in ihren geflochtenen Körben leicht zu identifizieren und wurden dennoch am Wulst unterhalb der Deckplatte benannt. Die Körbe drücken auf die Spitzen der stehenden Blätter und sind wohl zwischen den oberen Blättern befestigt.

Kapitell III, 3. Die Erschaffung Adams, sieben Planeten und Tierkreiszeichen

Das Eckkapitell ist deutlich größer als seine Nachbarn. Die Natürlichkeit der sprechenden Haltungen und die Präzision der Wiedergabe modischer Details zeigen die Überlegenheit des Hauptmeisters und lassen die Defizite mancher begabter Mitarbeiter deutlich werden. Bewunderung verdient nicht zuletzt das Blattwerk, das sich vom Kapitellkorb löst und, wie in der Buchmalerei, einen Ort für die Figuren bildet.

1. Die *Erschaffung Adams* befand sich unter dem *Sündenfall* und dem darüber angebrachten *Michael als Wächter des Paradieses*. Gottvater hält die Rechte des kleinen, neben ihm stehenden Adam und legt ihm seine Linke auf den Kopf. Ganz ähnlich leiten und begleiten die Eltern am Kapitell mit der Liebesgeschichte ihr heranwachsendes Kind. 2. Saturn mit Sense sitzt auf dem schwerbeschädigten Steinbock und gießt Wasser aus einer Kanne. 3. Jupiter ist nach der damaligen Mode gekleidet. Seine Rechte berührt zwei Fische, links neben ihm steht der bärtige Schütze und spannt seinen Bogen. 4. Mars sitzt auf dem Widder, er ist gerüstet, in seiner Rechten hält er ein Schwert. Neben ihm lauert auf einem Blatt der Skorpion. 5. Sol sitzt locker, den Oberkörper seitlich verschoben, das Haupt von Strahlen umgeben auf dem Löwen und zeigt eine Sonnenscheibe. 6. Venus ist mit Waage und Stier dargestellt. Nur noch der linke Unterarm und eine der beiden Waagschalen haben die Zeiten überdauert. Durch den Spiegel, den die tiefdekolletierte Venus hochhält ohne hineinzublicken, erinnert sie an die Wollust (Luxuria) des daneben aufgestellten Kapitells. 7. Merkur in zeitgenössischer Tracht zeigt ein geöffnetes Buch. Dabei thront er auf der Jungfrau und den Zwillingen, die das ungewohnte Gewicht mit ihren Un-

19 Luna am Planetenkapitell III, 3 im Museo dell'Opera

Museo dell'Opera

terarmen auf dem Boden aufzufangen versuchen. 8. (Abb. 19) Luna reist in einem kleinen Nachen. Der Krebs hinter ihr klettert über den Rand des Boots, während sie die Mondsichel in der Rechten hält.

Zwischen dem Süd- und dem Westflügel sind im Erdgeschoss ebenso wie im Loggiengeschoss dicke Mauern eines Vorgängerbaus freigelegt. Im zweiten, beidseitig von diesen Mauern begrenzten Raum (V) sind ausgebaute Teile des Maßwerks der Fassade aus der Mitte des 14. Jahrhunderts mit ihren charakteristischen Löwenköpfen mit stilisierten Ohren ausgestellt. Links ein vegetabiles Kapitell um 1350, das sich ehemals unter dem Venetia-Tondo der Westfassade befand. Die dichte Folge stehender Blattrispen erinnert an Kannelluren.

Über einen engen Durchgang gelangt man in einen langgestreckten, auf alten Grundrissen noch mehrfach unterteilten Raum (VI). Rechts vom Eingang ist eine der großen Zinnen von den Außenfassaden aufgestellt. Nahe bei den Fenstern zur Piazzetta stehen ausgebaute Elemente des Maßwerks, von denen die ersten drei um 1350, das vierte um 1430 entstanden sind. Die in die Schnittflächen eingemeißelten Kanäle dienten dem Vergießen mit flüssigem Blei beim Versetzen der Stücke. An der Rückwand des Raums werden der Türsturz der Porta della Carta und drei Säulchen des Prunkfensters über dem Eingang gezeigt. Unter den 26 Kapitellen aus den oberen Loggien finden sich auch zwei schwer beschädigte aus dem empfindlichen Marmor (Nr. 5 und 6 vom Eingang).

An der Hofwand sind die Köpfe der 1797 zerstörten Figuren des Dogen Francesco Foscari (Abb. 20) von der Porta della Carta (um 1442) und des Dogen Cristoforo Moro vom Arco Foscari (zwischen 1462 und 1471) ausgestellt.

Das aus Marmor gefertigte Porträt des etwa 68jährigen Foscari ist als Profilbildnis konzipiert. Die in tiefen Höhlen versunkenen Augen, die im Alter schlaffgewordene Haut von Wangen und Kinn, dazu die an der Schläfe hervortretende Ader zeigen, dass der Bildhauer Bartolomeo Buon abbilden, nicht vertuschen oder idealisieren wollte. Veristische Bildnisse kannte man damals vor allem an Grabmälern. Ähnlich unerbittlich bei der Wiedergabe all der Spuren, die ein an Konflikten und Niederlagen reiches Leben in einem Gesicht hinterlässt, waren die anonymen Bildhauer römischer republikanischer Porträts.

Demgegenüber zeigt das Porträt des Dogen Cristoforo Moro (1462–1471) ein stereotypes Lächeln im fülligen Gesicht. Die hochgezogenen Brauen und die glatte Stirn entsprachen wohl der Person, nicht aber dem Niveau der damaligen Porträtkunst.

20 B. Buon (?): Kopf der Figur des Dogen Francesco Foscari von der Porta della Carta

Nach dem Verlassen des Museo dell'Opera durch eine Seitentür betritt man den Hof.

DER HOF (Plan in den Umschlaginnenseiten)

Mit der Südfassade im Rücken hat man die Nordseite des Hofs mit der Uhrfassade, dem Arco Foscari (Foscaribogen) und der Scala dei Giganti (Gigantentreppe) vor sich. Graphische Abbildungen zeigen seit dem frühen 17. Jahrhundert ein reges städtisches Leben im Hof (Abb. 21), wie man es aus Veduten des 18. Jahrhunderts vom Markusplatz kennt. Vorher wird es nicht wesentlich anders gewesen sein. Man erkennt Bürger im Gespräch, Wasserträger, aber auch aneinandergekettete Gefangene, die abgeführt werden. Nachts war der Hof, ebenso wie mancher Campo in der Stadt, beispielsweise der von San Zaccaria, verschlossen. Festangestellte Wächter kümmerten sich um die Beleuchtung und die Sauberkeit.

Die Südfassade des Hofs

Der Portikus des Erdgeschosses stammt aus dem frühen 17. Jahrhundert. Die beiden großen Fenster wurden erst nach dem Brand von 1577 in die Hofwand der Sala del Maggior Consiglio, dem Saal des Großen Rats, gebrochen, um die im Sommer dort unerträgliche Hitze durch einen kühlen Luftzug erträglicher zu machen. Aus der Bauzeit stammen die Loggia im 1. Geschoss und die kleinen Fenster mit ihren Biforien. Auch diese Fassade war, wie in Venedig üblich, durch einen Überzug, vermutlich einen dünnlagigen weißen Verputz, veredelt. Roher Backstein hätte weder dem Anspruch der Benutzer noch der damaligen Baupraxis entsprochen.

In den gotischen Zwickeln der Hoffassade finden sich, ähnlich wie am Außenbau, Steinintarsien, hier mit stilisierten vegetabilen Formen um einen Tondo. In der gotischen Loggia wurden Gruppen von vier Säulen um eine breitere mittlere Säule oder, abwechselnd, ein voluminöser Pfeilerkern mit ausgekehlten Ecken und vorgesetzten Säulen gewählt. Beide Motive waren in vorgotischer Zeit beliebt. In Venedig zeugt hiervon nur noch die Säulengruppe an der Südwestecke der Westfassade von San Marco. Man fragt sich, ob der Architekt Filippo Calendario – und darin wäre er ganz Venezianer gewesen – nicht mit diesem Rückgriff an Motive des damals nach Westen noch stehenden Zianipalasts aus dem 12. Jahrhundert erinnern wollte; war doch das Erinnern an die vorgotische Baukunst der Stadt und somit an die ruhmvolle Vergangenheit der Republik Bestandteil architektonischer Programme auch späterer Zeiten.

21 Cesare Vecellio: Der Hof des Dogenpalasts um 1600

Die Westfassade des Hofs

Seit etwa 1360 stand nach Süden Calendarios 1341 begonnener Bau, wobei nach Westen hin die zum Weiterbau vorbereitete Flanke neben einem noch genutzten Flügel das ursprüngliche Konzept erkennen ließ. Der ursprüngliche Plan wurde jedoch erst seit 1427 verwirklicht. Der anonyme Architekt des Westflügels folgte in den Formen weitgehend Calendarios Projekt. Die Unterschiede im Stil sieht man an den Details wie beim fleischigen Blattwerk der Kapitelle und den aus dem Blattwerk herauswachsenden stereotypen Köpfen.

Die großen Fenster im Saalgeschoss wurden erst nach dem Brand von 1577 eingebrochen, während der Portikus im Erdgeschoss wie auch der im Südflügel nach 1602 unter der Leitung Bartolomeo Manopolas während umfassender Baumaßnahmen und in Anlehnung an den 1483 begonnenen Portikus des Ostflügels komplettiert wurden.

Die Nordseite des Hofs (Abb. 22)

22 Die Nordseite des Hofs

Der älteste noch erhaltene Bauteil der Nordseite ist eine Ehrenpforte, die man als Foscaribogen (Arco Foscari) bezeichnet. Ein verwinkelter, enger Weg führt durch das erste Geschoss des Bogens, den der Doge von seiner Wohnung im zweiten Geschoss des Ostflügels über die Sala dello Scrutinio zum Saal des Großen Rats nehmen konnte. Zu Beginn des 17. Jahrhunderts wurde die Wegführung durch den Abbruch der auf einem Holzschnitt des späten 16. Jahrhunderts (Abb. 21) dokumentierten überdachten Außentreppe im Hof verändert. Der von der Piazza über die Porta della Carta in den Hof führende überwölbte Gang und der Foscaribogen sind zugleich Teile einer Substruktion, mit der man um die Mitte des 15. Jahrhunderts die vom Einsturz bedrohte Südseite von San Marco stabilisieren konnte. Die statischen Notwendigkeiten erklären die sonst in Venedig ungewöhnliche Stärke des Mauerwerks.

Der Arco Foscari (Abb. 23) hat eine Hauptfassade zum Ostflügel, während seine Südfassade nur in ihrem oberen Teil ausgebildet war. Dies war eine Folge einer an den Bogen angelehnten, überwölbten Treppe. Nach deren Abbruch und zusammen mit der Uhrfassade wurden die Fehlstellen am Bogen komplettiert. Diese Schauwand wurde im Dogat Giovanni Bembos (1615–1618) nach Entwürfen Bartolomeo Manopolas errichtet. Beide Fassaden des Foscaribogens zierten Investiturbildnisse kniender Dogen vor dem Markuslöwen, eine Statue des Stadtpatrons überragt die Bekrönung. Der Kopf vom Porträt des Dogen Cristoforo Moro (1462–1471) an der Ostfassade des Bogens ist im Museo dell'Opera ausgestellt.

Das Formenrepertoire der gotischen Teile des Arco Foscari ähnelt dem der Porta della Carta (1438–1442). Vermutlich wurde er nach Entwürfen Bartolomeo Buons nicht lange nach 1438 begonnen. Archivalien überliefern, dass Bartolomeo 1463, also kurz vor seinem Tod (um 1464/67), vom Senat und unter ausdrücklichem Hinweis auf die Meinung des amtierenden Dogen Cristoforo Moro ungewöhnlich heftig bedrängt wurde, begonnene Arbeiten, die schon zu vier Fünftel abgeschlossen worden seien, nun endlich zu vollenden. Nicht eigens erwähnt wurde dabei die Wandverkleidung der Westseite des unmittelbar an den Arco anschließenden, unvollendet gebliebenen Kleinen Hofs der Senatoren (Cortiletto dei Senatori, Abb. 24). Dessen enger stilistischer Zusammenhang mit den späteren Teilen des Arco Foscari spricht für eine Zuschreibung auch der Cortiletto-Fassade an Bartolomeo. Dessen Publikum war aus der Zivilbaukunst eine undogmatische Verbindung von Motiven und Stilen gewohnt und konnte mit ihrem Nebeneinander am Arco Foscari offensichtlich gut leben, was einem Dogmatiker als Dissonanz oder schlicht als Inkompetenz eines Baumeisters erscheinen musste.

23 Die Ostfassade des Arco Foscari

Der Arco Foscari und die angrenzende Fassade des Cortiletto dei Senatori lassen Bartolomeos Absicht erkennen, einen venezianischen Renaissancestil zu prägen, der sich vom gotischen Formenrepertoire wie von den Bauten der mittelitalienischen Renaissance unterscheiden sollte. Nicht Filippo Brunelleschis Orientierung an an-

24 Der Cortiletto dei Senatori

tiken und vorgotischen Werken der Toskana, sondern eine souveräne Auseinandersetzung mit der Formensprache der vorgotischen venezianischen Baukunst war für Bartolomeo und seine Bauherren wesentlich.

Bartolomeo erinnerte mit den breiten Nischen des Cortiletto dei Senatori an die der Chorkapellen von San Marco, von denen die Cappella di San Clemente im Staatszeremoniell eine herausragende Rolle spielte. Mit den schmalen hohen Nischen und den Säulen am Arco Foscari lehnte er sich an die Atrien von San Marco an und integrierte so das Bauwerk in den im Staatszeremoniell regelmäßig genutzten Bereich zwischen Markuskirche und Palast. Damit nicht genug. Mit den Blättern, die den pyramidalen oberen Abschluss des Arco Foscari bereichern, erinnerte er an die Bekrönung der Fassaden von San Marco.

Die Distanzierung von antiken Skulpturen als Vorbild und Maß zeigt sich bei Antonio Rizzos erstem Menschenpaar und dem begleitenden Wappenträger. Dessen Schild zeigte wohl ursprünglich das Wappen des Dogen Cristoforo Moro (1462–1471). Diese bedeutenden Figuren entstanden vermutlich in denselben Jahren wie das in der Nische im Obergeschoss angebrachte, später zerstörte Investiturbild des Dogen, also in geringem zeitlichem Abstand von den vom Dogen um 1464 gestifteten Altären in San Marco.

Adam und Eva ebenso wie der Schildknappe sind an den Fassaden des Bogens durch Bronzekopien ersetzt. Die Originale aus Marmor werden in Vitrinen im Vorraum vor der Sala del Maggior Consiglio gezeigt (s. Abb. 94, 95).

Zur Bekrönung des Arco Foscari wurden die freien Künste zur Gefolgschaft des Stadtpatrons ausersehen. Vertreter der freien Künste bevölkerten schon im 14. Jahrhundert eines der Kapitelle des Dogenpalasts, waren aber sonst in der venezianischen Staatsikonographie marginal. Die meisten der bekrönenden Figuren stammen von anonym gebliebenen Bildhauern, einige wurden später ausgetauscht. Die Personifikatin der Klugheit (Prudentia) von Antonio Corradini von 1725 ist ein Meisterwerk der Einpassung in ein bestehendes Ensemble, ohne aber dass der Bildhauer auf zeitgenössische modische Details verzichtet hätte. Markus bekrönt auch die Westfassade von San Marco. Seine herausragende Position auf der pyramidalen Bekrönung des Arco Foscari ist ein Verweis auf die Staatskirche und wird durch die Präsenz der begleitenden Engel und formale Erinnerungen im Umriss noch unterstrichen.

Die Cappella di San Niccolò

Vor dem Bau des Andito Foscari scheint im Norden die ursprünglich verputzte Seitenfront von San Marco den Hof begrenzt zu haben. Diese Nähe veranschaulicht die enge Verbindung der Eigenkirche des Dogen mit dem Sitz der republikanischen Regierung und Verwaltung. Im Osten des Hofs stand die im 14. Jahrhundert ausgemalte Cappella di San Niccolò, deren Abriss 1525 Platz für die Erweiterung des Ostflügels schuf. Dass man den Abriss schon länger plante, scheint die Errichtung eines Bauwerks am Cortiletto dei Senatori im Dogat Leonardo Loredans (1501–21) zu belegen, in dessen Obergeschoss eine neue Cappella di San Niccolò eingerichtet wurde. Heute arbeiten dort die Mosaizisten von San Marco. Tizians um den Altar gemalte Apostel und das Porträt des amtierenden Dogen Andrea Gritti sind verloren, der steinerne Altar wurde in die Cappella di San Clemente von San Marco übertragen.

Die Fassade der Cappella di San Niccolò setzt im Erdgeschoss und im Gebälk die Ostfassade fort. Dabei ergaben sich unprofessionelle Ungereimtheiten in der Ecke und, fast schlimmer noch, im Obergeschoss. Eine fachfremde Entscheidung, die Fassade weiter vorzuziehen als einmal geplant, könnte den anonymen Architekten entlasten. Das abschließende steinerne Gitter begrenzt eine geräumige Terrasse, die, als ›hängender Garten‹ genutzt, von der Wohnung des Dogen aus betreten werden konnte.

Im Portikus wird das Original des Heiligen Theodor, des Todaro, von der westlichen der beiden Säulen auf der Piazzetta gezeigt. Markus in Gestalt des Löwen auf der anderen Säule hatte ihn abgelöst, aber nicht vergessen gemacht. Bei dieser Antikenergänzung des 14. Jahrhunderts gaben der Corpus einer antiken Panzerstatue und ein ursprünglich nicht dazugehörender jugendlicher Kopf dem Standbild die Würde und somit auch die Zeugniskraft des hohen Alters.

Die Uhrfassade im Hof

Der nach 1483 errichtete Ostflügel unterschied sich von den beiden gotischen Hoffassaden auch durch den Portikus im Erdgeschoss. Zugleich näherte der Architekt die Arkaden im ersten Obergeschoss durch die Wahl des ›veralteten‹ Spitzbogens ihren gotischen Nachbarn der Südseite an. Dieser gelungene Versuch, Verbindendes trotz aller Unterschiede zu suchen, sollte Folgen haben.

Im frühen 17. Jahrhundert öffnete der Architekt Bartolomeo Manopola die Erdgeschosse der gotischen Süd- und Westflügel zum Hof und wählte dabei als Vorbild den Ostflügel. Der Vorwurf, Manopola habe veraltete Formen gewählt, verkennt die Aufgabe. Und so zeigt auch die von Manopola entworfene sogenannte Uhrfassade, die um 1616 an Stelle der Außentreppe errichtet wurde, ein kluges Miteinander von scheinbar gotischen Öffnungen – die die der benachbarten Loggien fortsetzen – und zeitgenössischen Elementen. Das Gebälk mit Festons und Tondi im Fries nimmt Motive vom Ostflügel auf. Vermutlich bestand damals die Absicht, auch die West- und Südfassade des Hofs mit einem solchen Gebälk abzuschließen. Die 1616 in hohen schlanken Nischen aufgestellten antiken Statuen wurden von den zuständigen Prokuratoren aus dem Statuario Pubblico im Vorraum zum Lesesaal der Libreria als Dubletten ausgewählt. Eine vergleichbare museale Inszenierung von antiken Statuen an einer Außenfassade ist in Venedig sonst nicht nachzuweisen. Anregungen könnten von der heute fast ganz verlorenen Fassadenmalerei stammen, zu deren Motiven auch Statuen in Nischen gehörten. Zur Bekrönung dieser Schaufassade gehören zwei Figuren des 15. Jahrhunderts, die möglicherweise dem Arco Foscari entnommen und dort im 18. Jahrhundert von Antonio Corradini durch historisierende Skulpturen ersetzt wurden.

Die Statue des Francesco I. della Rovere

25 Giovani Bandini: Statue des Feldherrn Francesco Maria I della Rovere

Mehrfach machte man in Venedig gute Miene zu einem wertvollen, aber unbequemen Geschenk. Die Einrichtung der Cappella Zen von San Marco zu Beginn des 16. Jahrhunderts und damit verbunden die Schließung des Südeingangs, der Porta da Mar, war Folge eines fürstlichen, an anspruchvolle Bedingungen geknüpften Legats des Kardinals Giovanbattista Zen, das man nicht ausschlagen wollte. Ähnlich verhielt es sich mit der 1624 geschenkten Statue des Feldherrn in venezianischen Diensten Francesco I. della Rovere (Abb. 25). Dabei hatte bis zum Geschenk von Giovanni Bandinis Statue nicht die Absicht bestanden, im Hof des Dogenpalasts Ehrenstatuen für verdiente Condottieri zu errichten. Da waren Bilder von Schlachten und von Taten illustrer Venezianer in den Ratssälen unverfänglicher. An venezianischen Kirchenfassaden hatte die Darstellung von militärischen Führern hingegen Tradition. Dass Bartolomeo Colleoni, der Bergamaske und Condottiere in venezianischen Diensten, auf dem Campo SS. Giovanni e Paolo durch eine 1479 bei Verocchio in Auftrag gegebene, 1497 enthüllte Reiterstatue geehrt worden war und bald darauf drei in den Jahren nach der Liga von Cambrai (1509) erfolgreiche Feldherren als Reiter oder aufrecht stehend auf ihren Sarkophagen um die Vierung von SS. Giovanni e Paolo geehrt wurden, mag diesen Traditionsbruch im Palast der Regierenden erleichtert haben.

Giovanni Bandinis Figur des Urbinaten Francesco Maria I. della Rovere, Feldherr in venezianischen Diensten (1536), wurde 1624 von Francesco Maria III. della Rovere der Republik zum Geschenk gemacht und am Arco Foscari auf einem hohen, mit Waffen verzierten Sockel aufgestellt. Der dorische, auf schlanken Postamenten errichtete Bogen hebt den Feldherrn aus seiner Umgebung hervor. Eine kaum mehr entzifferbare Inschrift auf einer schwarzen Steintafel erinnert an die Herkunft der Figur und die Schenkung. Bandini konnte sich bei seinem posthumen Porträt für die Villa Imperiale in Pesaro (1586–1587) an einem Bildnis Tizians für Urbino (heute Florenz, Uffizien) orientieren.

Der Ostflügel des Hofs (Abb. 26)

Am 14. September 1483 brannte der Ostflügel, weil wieder einmal jemand eine Kerze nicht richtig versorgt hatte. Vom Feuer verschont wurden unter anderem ein Raum mit den Porträts aller Dogen sowie die damalige Sala dei Pregadi im Ostflügel, in der sich der Senat versammelte. Von der Ausmalung eines damals als Sala dei Pregadi genutzten Raums gab Marin Sanudo 1525 eine plastische Beschreibung und referierte eine intelligente, wohl ganz persönliche Deutung. Damals habe ihm Federico Corner gesagt, dass dieser Raum in der Regierungszeit Pietro Gradenigos (1289–1311) mit unterschiedlich großen Bäumen bemalt worden sei. Diese erinnerten, so die Erklärung seines Cicerone, an die drei Lebensalter der Ratsmitglieder. Bäume in der Landschaft waren, wie nicht nur der Palazzo Datini in Prato lehren kann, im 14. und 15. Jahrhundert im privaten Wohnhaus ein beliebtes Thema. Sanudos Beschreibung und monumentale Tugendfiguren aus einem Haus bei San Giuliano (heute im Museo Civico Correr) widerlegen die leider verbreitete Überzeugung, in Venedig habe es in gotischer Zeit im zivilen Bereich keine figürlichen Darstellungen auf Wänden gegeben.

Mit den Wohnräumen des Dogen verbrannten eine Kapelle sowie der reichvergoldete Raum mit den zwei Kaminen. In diesem befanden sich zwei Bilder, die an den von Papst Pius II. geförderten, von Venedig sabotierten Kreuzzug von 1464 erinnerten. Auf einem war der Zug des Dogen Cristoforo Moro nach Ancona, auf einem anderen die eilige Rückkehr der Venezianer von Ancona in ihre Heimat dargestellt. Das scheinheilige Engagement der Republik für eine ›gute Sache‹ wurde so dokumentiert, die Mitverantwortung für das Scheitern jedoch verschwiegen. An dies päpstliche Projekt wurde später mit einem Bild Pintoricchios in der Bibliothek des Doms von Siena erinnert, auf dem auch der venezianische Doge unter den Verbündeten erscheint. Nach den Bränden von 1574 und 1577 wurde im Dogenpalast das Thema Kreuzzug zuerst in der Sala del Collegio und später in der Sala del Maggior Consiglio wieder aufgegriffen.

Der Brand von 1483 bot die Möglichkeit, die Funktionen der Räume im Ostflügel neu zu bestimmen. Am 21. Mai 1484 ist von Modellen die Rede, die es ermöglichten sollten, Art und Kosten des Wiederaufbaus besser beurteilen zu können. Bald darauf scheint Antonio Rizzo als leitender Architekt den Auftrag erhalten zu haben. Verworfen wurde ein Vorschlag Nicolò Trevisans (Savio di Terraferma), bebautes Terrain auf der anderen Seite des Rio (heute Rio della Canonica)

26 Die Ostfassade des Hofes (Detail)

zu erwerben, um dort einen eigenen Palast für den Dogen Agostino Barbarigo zu errichten. Von dort sollte eine steinerne Brücke zur Sala del Collegio geschlagen werden, vergleichbar nicht nur der viel späteren Seufzerbrücke zwischen den Prigioni, den Gefängnissen, und der Sala dei Censori im Palast, sondern auch jener ›cavalcavia‹, die von 1489 bis 1865 die Empore der Kirche Santa Maria dei Miracoli mit dem Konvent der Klarissen verband. In diesem Zusammenhang sollten die vom Dogen im Ostflügel bewohnten Räumlichkeiten für die Signoria, den Collegio und die Savi umgewidmet werden. Dass ein solcher Vorschlag zum Scheitern verurteilt war, wird niemanden überraschen, gehörte doch das Verlassen des Familienpalastes und der Umzug in die Raumfolgen des Ostflügels für den Dogen und seine Gemahlin, die Dogaressa, zu den geradezu symbolischen Konsequenzen der Amtsübernahme.

Der nach dem Brand von 1483 nach Antonio Rizzos Entwürfen und unter seiner Leitung wiederhergestellte Ostflügel erhielt zwei Fassaden. Eine zur Stadt hin (Abb. 145), eine zweite zum Hof. Läge die Stadtfassade statt an einem engen Kanal gut überschaubar an einem Campo oder einem breiten Kanal, fristete sie wohl kaum das Schattendasein, zu dem sie nicht nur die Forschung verdammt hat.

Bekannter ist die Fassade zum Hof. Diese ist in ihrer Aufteilung und in ihrem Schmuck uneinheitlich, könnte aber auf den ersten Blick wie aus einem Guss wirken. Dies war beabsichtigt, auch wenn die Fassade erst 1553, also siebzig Jahre nach Baubeginn, endgültig ihre heutige Gestalt erhielt. Aus der Nähe ist der Baufortschritt an den Wappen der jeweils amtierenden Dogen abzulesen.

Ursprünglich war der Abschnitt der Fassade, der unter den Dogen Marco (1485–86) und Agostino Barbarigo (1486–1501) errichtet wurde und hinter dem sich auch die Wohnung der Dogen befand, reich vergoldet. Sie unterschied sich somit nicht nur in der filigranen Ornamentik von der später in gröberen Schmuckformen errichteten Ergänzung nach Süden. Die Grenze der Bauabschnitte zeigt die unterschiedliche Ausgestaltung und Höhe des Kranzgesimses.

Auffallend sind Asymmetrien der Hof- ebenso wie der Riofassade. Sie spiegeln die vom Brand nur beschädigten Raumfolgen. Vor einem vergleichbaren Problem hatte Mauro Codussi bei seiner Riofassade des Palazzo Zorzi bei San Severo gestanden, die ein Gebäude aus verschiedenen Zeiten durch eine einheitliche Fassade zusammenfasste und modernisierte. Anders als bei den weitgehend standardisierten Privatpalästen spiegeln beim Dogenpalast beide Fassaden die ›unsystematische‹, von Geschoss zu Geschoss verschiedene Raumaufteilung.

Bemerkenswert ist, dass die nach dem Brand von 1485 nach Entwürfen Pietro Lombardos begonnene und ab 1490 von seinem Nachfolger Mauro Codussi vollendete Fassade der Scuola Grande di San Marco am Campo dei SS. Giovanni e Paolo in ihrer linken Hälfte umfangreiche Reste einer ursprünglich reichen Vergoldung zeigt. So beschränkten sich deren Architekten nicht nur auf formale Zitate nach der Kirche des Stadtpatrons. Die Scuola trat mit der opulenten Goldfassung ihrer Fassade in Wettbewerb mit dem Sitz von Regierung und Verwaltung.

Antonio Rizzo leitete als Proto del Palazzo (Bauhüttenleiter) die Arbeiten an den von ihm entworfenen Fassaden. Um das begehrte Amt des ›proto‹ am Dogenpalast ausüben zu können, musste er jedoch die Leitung seiner florierenden Werkstatt und somit seine Tätigkeit für private Auftraggeber aufgeben. Anders als Pietro Lombardo, seit 1499 sein Nachfolger im Amt des ›proto‹, konnte er diese nicht von Mitgliedern der Familie führen lassen und somit weiterhin Aufträge für einen Familienbetrieb sichern.

Ein Großauftrag wie der Ostflügel des Dogenpalasts konnte nur mit Hilfe zahlreicher hochqualifizierter Steinmetze bewältigt werden. Rizzo sah sich hier mit protektionistischen Regelungen der venezianischen Zünfte konfrontiert, die sich damals, hie und da mit Erfolg, gegen die Übermacht der lombardischen, in Venedig als ›Fremde‹ tätigen, also nicht eingebürgerten Steinmetzen zu wehren versuchten. Wenn Antonio Rizzo sich 1486 für den Verbleib der nicht aus venezianischen Territorien stammenden Steinmetze auf der Baustelle aussprach, hatte er gute Gründe. So war der Mangel an Fachkräften damals längst aktenkundig und der hohe Anspruch an die Qualität der figürlichen wie der ornamentalen Arbeiten verlangte die Bündelung aller Kräfte.

An der Hoffassade wird Rizzos sensibles Entwurfsdenken erkennbar. Konsonanzen durch Zitate und Anklänge, nicht das unbedingt Zeitgenössische waren sein Ziel. Für die Vorderseiten der Verbundpfeiler im Loggiengeschoss wählte er abwechselnd frei vor dem Pfeilerkern stehende antike Säulen und nur scheinbar frei stehende, mit dem Pfeilerkern verbundene Säulen aus istrischem Stein. Beim Umriss der Spitzbögen folgte er im Hinblick auf einen bruchlosen Anschluss dem gotischen Südflügel. Die auf den ersten Blick mit der gotischen des Südflügels verwechselbare Balustrade besteht, wie es sich zu Rizzos Zeit gehörte, aus Säulchen mit Entasis, Basen und Kapitellen unter Rundbögen.

Will man die Hoffassade studieren, ist ein gutes Fernglas hilfreich. Stehen im heißen Sommer die Fenster offen, lassen sich manche Details der Pilaster (Abb. 27) neben den Fenstern beim Besuch der Räume auch aus nächster Nähe betrachten. Ähnlichkeiten in der Auswahl der Motive bestehen mit Dekorationen im Palast von Urbino, die in der Regierungszeit des Herzogs Federico da Montefeltro geschaffen wurden.

27 Detail eines Pilasters der Ostfassade

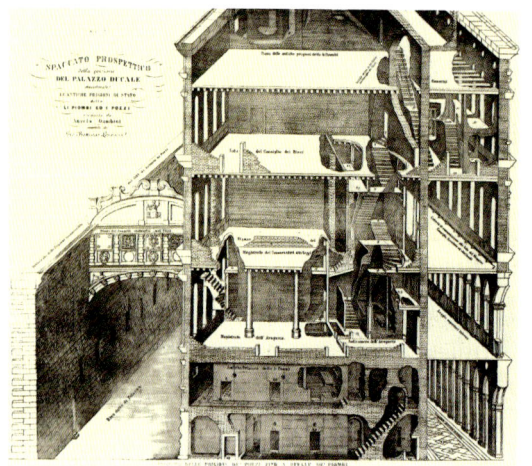

28 Der Block mit den Zellen im Ostflügel (nach Angelo Gambini)

Vermutlich haben am Schmuck der Hoffassade Bildhauer mitgearbeitet, die zuvor in Urbino Proben ihres Könnens abgelegt hatten. Dabei unterscheiden sich die Motive vom Repertoire und auch vom Stil des Pietro Lombardo und seiner Söhne ebenso wie dem des Antonio Rizzo. Es scheint, als habe Antonio Rizzo die Motive der Pilasterspiegel in seinem architektonischen Entwurf nicht verbindlich festgelegt, eine Praxis, die auch sonst in Venedig nachweisbar ist. Durch diese Trennung des Schmucks von den geschmückten Flächen sind Zuschreibungen von Gebäuden in Venedig besonders schwierig.

Die Summe der an der Ostfassade abgebildeten Gegenstände bildet kein schlüssiges Bildprogramm. Ganz ähnlich wie an der Scala dei Giganti finden sich Motive wie ein Bart (Barbarigo), oder Buchstabenkombinationen wie ABD (Augustinus Barbadicus Dux), die an den Namen des amtierenden Dogen erinnern. Daneben aber sind Sättel, Brillen, Musikinstrumente in feinstem Flachrelief gezeigt, Motive, die auch in venezianischen Buchillustrationen seit den späten 1460er Jahren geschätzt wurden.

Es lohnt, die riesige Ostfassade zur Stadt (Abb. 145), am besten nach dem Besuch des Bauwerks auf dem Weg von der Piazza nach San Zaccaria, genauer anzusehen. Dass diese Fassade mitsamt den dahintergelegenen Räumen erst 1553 vollendet wurde, ist aus der Schrägsicht kaum zu erkennen.

Vier Geschosse mit jeweils abschließenden Gebälken sind übereinander gestaffelt. Das mittlere und das die Fassade bekrönende Gebälk sind reich profiliert, das Abschlussgesims springt besonders weit vor. Für das Erdgeschoss wählte Antonio Rizzo, wohl in Erinnerung an Bartolomeo Buons unvollendete Ca' del Duca am Canal Grande (um 1457 begonnen), Rustika aus quadratischen Diamanten und deren Negativform. Der Ferrareser Architekt Biagio Rossetti, der Venedig von Reisen kannte, hat sich hieran bei seinem berühmten Palazzo dei Diamanti erinnert. Segmentgiebel sind auf rechteckige Fenster bezogen, runde Rahmen und Rundfenster füllen die Flächen darüber. Die Fassade überzieht ein flexibles Netz, das an die unregelmäßige Aufteilung der Räume und somit die unsystematisch verteilten Öffnungen und Wandflächen ohne Regelverstöße anpassbar war. Ab dem ersten Obergeschoss begleiten Pilaster die Fenster und teilen die dazwischen verbliebenen Flächen. Im dritten Geschoss ist das Gebälk über einigen der Fenster verkröpft. Die Fassade wirkt wie aus selbständigen Teilen zusammengefügt, die Geschosse wie aufeinandergestapelt. Es ist eine geistvolle, vom Zusammenfügen und Verschränken her gedachte Komposition, wie Antonio Rizzo sie bereits am Grabmal für den Dogen Nicolò Tron (gest. 1476) in Santa Maria dei Frari gewählt hatte.

Außentreppen im Hof

Außentreppen führten aus dem Hof in die oberen Geschosse. Diese Treppen erschlossen in Venedig, ebenfalls von den Höfen aus, auch die privaten Paläste. Abgebrochen wurde im Dogenpalast nicht nur eine 1415 errichtete Außentreppe zur Sala del Maggior Consiglio, sondern auch die bald nach 1440 im Dogat Francesco Foscaris errichtete Scala Foscara. Letztere führte aus dem Hof, mit einem Zugang aus dem Andito Foscari, über den Westflügel in die Sala dello Scrutinio. Ein Holzschnitt von Cesare Vecellio (um 1590) (Abb. 21) vermittelt eine Vorstellung von der damaligen Situation. Eine ähnliche, ebenfalls überdachte Treppe steht im Hof des Palazzo Comunale in Ferrara. Vermutlich war die Treppe im Hof des Dogenpalasts Vorbild für Mauro Codussi, als dieser um 1498 die Treppenanlage der Scuola Grande di San Giovanni Evangelista entwarf.

Die Scala dei Giganti (Abb. 29)

Am 11. November 1485 wurde, während eines Interregnums, im Großen Rat beschlossen, die Krönung des Dogen von nun an öffentlich auf einer Treppe im Hof des Palasts vorzunehmen. Dem Krönungszeremoniell wurde so ein neues Gewicht gegeben. Als Antonio Rizzo 1491 erstmals im Zusammenhang mit der damals in Arbeit befindlichen Treppe genannt wurde, war der Auftrag an ihn wohl schon vor Jahren ergangen. Wappen und Initialen belegen eine Entstehung im Dogat des Dogen Agostino Barbarigo (1486–1501).

Viktorien an den Fronten der Podeste zeigen Attribute der Dogen wie das ›cornu ducale‹ und, zum Cortiletto dei Senatori, eine weithin lesbare Inschrift ASTREA DUCE (»Mit Astrea als Führerin«). Astrea, die Jungfrau des Goldenen Zeitalters, wurde mit dem Sternbild der Jungfrau (Virgo) gleichgesetzt. Astrea steht dabei am Himmel zwischen den Sternbildern von Löwe und Waage. Die jungfräulich gebliebene Venetia ist ein zentraler Topos des Mythos und so laden Löwe und Waage zu ihren Seiten zur Gleichsetzung von Venetia mit Astrea ein. Die Aufforderung, mit Astrea als Führerin den Weg in ein Goldenes Zeitalter zu beschreiten, galt wohl zuerst dem Dogen. Verständlich war sie all denen, die Vergils IV. Ekloge gelesen hatten oder mit der Topik des Mythos vertraut waren. Aufforderung und Versprechen verbinden sich in dieser knappen Formel, während die

29 Die Scala dei Giganti

Dogenmütze wohl im Hinblick auf das Krönungszeremoniell ausgewählt wurde. Die an den zierlichen Pilastern aus der Nähe entschlüsselbaren Hinweise auf Agostino Barbarigo (etwa die Initialen ABD) sind wohl eher die üblichen Datierungen als Ehrungen.

Vergleichbar kleinformatige Initialen und Buchstabenkombinationen finden sich auf Pilastern des Ostflügels oder an der Vorderseite von Marco Barbarigos Sarkophag vom Doppelgrab der Barbarigo-Dogen (ehemals in Santa Maria della Carità, heute: Vicenza, Villa Valmarana ai Nani).

Die Scala dei Giganti wurde auch bei Empfängen, etwa von Admiralen und Generälen, als zeremonialer Begegnungsort genutzt. Cesare Vecellio bildete 1599 den Empfang von Emissären des Cadore auf der Scala dei Giganti im Hintergrund eines Bildes ab, das die Loyalität des Cadore gegenüber der Zentralgewalt in Venedig zum Gegenstand hat (Pieve di Cadore, Palazzo della Magnifica Comunità).

Die Elemente aus Marmor der Scala dei Giganti haben schwer unter der Witterung gelitten. Von 1724 bis 1728 wurde unter der Leitung des bedeutenden Bildhauers Antonio Corradini die schon damals auch statisch gefährdete Anlage teilweise demontiert, die meisten der Stufen sowie einige der ornamentalen Reliefs an den Seiten erneuert und die Marmorverkleidung durch die Mediceische Brekzie, ein im Barock sehr beliebter Stein, ersetzt. Im 19. Jahrhundert erfolgten weitere Eingriffe. Beim jüngsten Versuch, die weit fortgeschrittene Korrosion aufzuhalten, bediente sich der Restaurator steinsfestigender Chemikalien. Ähnlich wie bei den Kapitellen der Außenfassaden des Palasts wird der Betrachter bei den Reliefs versuchen, historisierende Originale des 18. Jahrhunderts von jenen des 15. Jahrhunderts zu unterscheiden.

30 Detail eines Pilasters der Scala die Giganti

Die Pilaster des 15. Jahrhunderts sind in Flachrelief gemeißelt, eine Technik, für die der venezianische Kunstschriftsteller Pomponius Gauricus schon um 1504 die anschauliche Bezeichnung komprimiertes Relief gebrauchte. Beachtenswert sind mehrere besonders schöne Pilaster an der Seite zum Cortiletto dei Senatori, darunter eines mit einem deutlich an Verrocchio orientierten Alexanderkopf (Abb. 30).

Bei den fliegenden Viktorien an den Stirnseiten der Podeste sind qualitative Unterschiede unübersehbar. Die flatternden Gewänder scheinen bei den besten wie vom Wind bewegt, bei den schwächeren wirken sie jedoch ein wenig steif, so als seien sie gestärkt. Auch an dieser Treppe war die Werkstatt des Antonio Rizzo mit mehreren qualifizierten Mitarbeitern tätig, deren Werke sich im Stil möglichst wenig unterscheiden sollten.

Die Pflasterung im Hof (Abb. 31)

Seit 1773 bestimmt eine graue Pflasterung aus Trachit, einem harten, rutschfesten Stein aus den euganeischen Bergen, die Wirkung des Hofs. Ursprünglich war dort einmal, wie auf dem Markusplatz, eine Pflasterung mit fischgrätenförmig angeordneten rostroten Backsteinen zwischen weißen Bändern aus istrischem Stein verlegt. Der Kontrast in Material und Farbe zum hellen istrischen Kalkstein der Wände und die Gemeinsamkeit mit der Pflasterung mit Backsteinen der Piazza und nicht weniger Höfe und Campi Venedigs wurde so augenfällig. Mit der Pflasterung markierte man im Dogenpalast, wie bei den städtischen Campi, Orte und Wege. So wurde 1753 der Boden des Andito Foscari mit großen roten und weißen Terrakottafliesen ausgelegt.

Schon damals versah man den Bereich vor dem Ostflügel mit einem einfachen, seit der Antike bekannten Muster, das durch die nur wenig unterschiedene Farbigkeit der Steine nicht sofort wahrnehmbar ist.

31 Die Pflasterung im Hof

Auf einer um 1736 von Michele Marieschi gemalten Vedute (Osterley Park, Großbritannien) sieht man, dass sich in diesem Teil des Hofs vornehmlich schwarz- oder rotgekleidete Aristokraten aufhielten. Davon unterschieden sind die Bereiche um die beiden Brunnen, die, ähnlich wie in anderen Höfen und auf den Campi, durch eingelegte Streifen als Wassersammelbereiche ausgewiesen sind. Hinzu kommt die im 18. Jahrhundert mit weißen Einlagen gemusterte Pflasterung der Erdgeschossloggien und des Wegs durch den Andito Foscari zur Scala dei Giganti. Ein im Pflaster markierter Weg führt sodann von der Porta del Frumento im Südflügel an den Fuß der Scala dei Giganti. Die kleinen, ihn flankierenden weißen Steine sind zur Aufnahme von Stangen für die Überdachung der Prozessionswege vorbereitet. Die hellen Streifen im Cortiletto dei Senatori führen zu einem Sammler für Regenwasser.

Eingänge und Wege (Plan in den Umschlaginnenseiten)

Vier Eingänge führen in den Palast und zum Hof: Zwei vom Rio della Canonica (in den Hof und in den Ostflügel), sodann die Porta della Carta (1438–42), die von der Piazza in den Hof führt, zu dem sich auch die bescheidenere, fast versteckte Porta del Frumento im Südflügel öffnet. Die Ein- und Ausgänge zur Piazza und zum Molo wurden auch bei Prozessionen genutzt. Zu den Eingängen vom Rio della Canonica sind Hinweise in den Archivalien sparsam. Nach seiner Wahl verließ ein Prokurator durch diese Eingänge den Palast, um sich mit seinem engsten Gefolge mit einer Gondel nach Hause bringen zu lassen. Wenn Ratsmitglieder den Palast zu Wasser erreichen wollten, konnten sie hier mit ihrer Gondel anlegen.

Vom Andito Foscari gelangte man durch eine heute verschlossene Türe über einen sinnreich ausgeschmückten Vorraum ins Querhaus und durch ein Portal unterhalb der Cappella di San Niccolò vom Cortiletto dei Senatori in die Cappella di San Clemente der Markuskirche.

Wege führen von der Erdgeschossloggia des Ostflügels über breite Treppen ins erste Obergeschoss und auch weiter in die Rats- und Verwaltungsräume der oberen Geschosse. Über die Scala dei Senatori und die Scala dei Censori können Touristen ohne viel Gedränge den Führungslinien folgen. Eine weitere, heute für Touristen unzugängliche Treppe im Westflügel, die vom Hof zur Loggia und von dort in die Sala dello Scrutinio führt, ersetzt eine zu Beginn des 17. Jahrhunderts abgebrochene Außentreppe.

Die Brunnenmündungen

Zwei prächtige Brunnenmündungen aus Bronze ersetzten steinerne Brunnen. Im 16. Jahrhundert befand sich auch auf dem Markusplatz noch ein Brunnen vor der Kirche San Geminiano, die im frühen 19. Jahrhundert abgebrochen und durch den Verbindungsflügel, die Ala Napoleonica, ersetzt wurde. Der Markusplatz erinnerte so nicht nur im Bereich zwischen San Basso und der Nordflanke von San Marco an ineinandergreifende Kirchvorplätze.

Die Entscheidung für die kostbare Bronze hob die Bedeutung des Orts gegenüber den Höfen der Privatpaläste und Campi hervor. Schon 1496 hatte man vergeblich versucht, die Türflügel der Porta della Carta in Bronze zu erneuern und so im Material den Portalen von San Marco anzugleichen. Dass die Scuola Grande di San Marco ihr Projekt (von 1518) für eine Bronzetüre 1543 fast realisieren konnte, zeigt, dass ihre Leitung hoffte, durch Architektur und Bauschmuck den eigenen hohen Anspruch öffentlich sichtbar zu machen.

Beide Brunnenmündungen sind datiert, eine signiert. Die Dogenwappen und das am südlichen Brunnen gezeigte Porträt des Dogen Francesco Venier (1554–1556) geben Hinweise auf die Entstehungszeit. An beiden schmücken Rollwerk und Kartuschen alle acht Seiten.

32 Die Brunnenmündung (Vera da Pozzo) des Niccolò II dei Conti

Bei der südlichen, 1556 von Niccolò II. dei Conti gegossenen Brunnenmündung besetzen Kartuschen die acht Felder (Abb. 32). Der obere Rand wird von grotesken Hermen und, auf zwei Seiten, von rittlings auf Kartuschen sitzenden bärtigen Männern getragen. Acht Szenen in ovalen Feldern zeigen biblische Ereignisse, bei denen Wasser eine zentrale Rolle spielt. Einige der 16 gelagerten weiblichen Figuren sind durch ihre Attribute als

Tugenden zu identifizieren, bei anderen lassen die Attribute unterschiedliche Deutungen zu.

An der nördlichen, 1559 von einem Mitglied der Gießerdynastie Alberghetti signierten Brunnenmündung sind männliche Figuren von den ›Armen‹ der Kartuschen gefesselt andere stützen den Brunnenrand zusammen mit den Hermen.

Schwierig bleibt die Zuschreibung der Gussmodelle. Man erinnert sich an die stolzen Signaturen des Alessandro Leopardi auf Verocchios Reiterstandbild des Bartolomeo Colleoni vor SS. Giovanni e Paolo und an den Fahnensockeln vor San Marco, deren Gussformen wohl von Antonio Lombardi modelliert wurden. Ähnlich irreführend wären die Signaturen des Gießers Campanato in der Cappella Zen von San Marco, bezöge man diese auf den Entwurf der Figuren.

Stil und Formenrepertoire des Niccolò II. dei Conti (um 1530–1601) sind an einer im Stich überlieferten Kanone abzulesen, die 1574 in Anwesenheit des französischen Königs Heinrich III. im Arsenal gegossen wurde. Bei seinem Brunnen, so legt der Vergleich nahe, könnte mit der Signatur auch der Autor der Gussmodelle überliefert sein. Anders steht es mit dem südlichen Brunnen, der mit dem Firmennamen Albergheti signiert ist. Hier fehlen Werke, die es ermöglichen, die Zuschreibung an ein namentlich bekanntes Mitglied dieser Gießerdynastie durch einen Vergleich zu begründen.

1550, also nur wenige Jahre zuvor, hatte der Bildhauer und Dichter Danese Cattaneo einen Brunnen für den damals noch offenen Hof der Staatlichen Münze (Zecca) geschaffen. Dieser Brunnen wurde beim Umbau des Hofs in einen Lesesaal der Biblioteca Marciana in den offenen Hof des barocken Palazzo Pesaro transferiert. Giorgio Vasari überliefert ein nie vollständig realisiertes Bildprogramm: Der thronende Apoll stand für das Gold, Luna sollte für das Silber und eine dritte Figur für Kupfer stehen. Verwirklicht wurde einzig Apoll. Dieser in seiner Form und im Bildprogramm ebenso ungewöhnliche wie anspruchsvolle Brunnen scheint den Senat veranlasst zu haben, den oder die steinernen Brunnen im Hof des Dogenpalasts durch neue aus Bronze ersetzen zu lassen. Nicht anders als bei der Entscheidung für den Einbau der Scala d'Oro, einer Prunktreppe im Ostflügel des Palasts, folgte man Herausforderungen künstlerischer wie repräsentativer Natur durch selbstbewusste Magistrate.

Aus diesen Jahren stammen weitere Werke. So hatte Jacopo Sansovino 1554 den Auftrag erhalten, überlebensgroße Figuren von Neptun und Mars »zu Ehren des Palasts« zu schaffen (Abb. 33 und 34). Mit ihrer Aufstellung 1567 auf den Podesten der Treppe und der im Dogat Francesco Veniers (1554–1556) erfolgten Einfügung eines Markuslöwen mit begleitenden martialischen Reliefs in die Bögen der Loggia hinter der Treppe, setzte die Republik Zeichen. (Der 1797 zerstörte Löwe wurde 1870 von Luigi Borro ersetzt.)

Hinter dem Auftrag der ›Provveditori al Sal‹ an Sansovino muss eine Vorstellung von einem geeigneten Aufstellungsort gestanden haben. Da die Figuren »zu Ehren der Stadt und des Palasts« gedacht waren, sollten sie wohl, vergleichbar den ›giganti‹ vor dem Palazzo Vecchio in Florenz, einen Eingang zum Regierungspalast zieren. Gab es da einen besseren Ort als die Zeremonialtreppe im Hof? Später sind mehrfach Dissonanzen zwischen Sansovinos kolossalen Figuren und den zartgliedrigen Formen von Rizzos Treppe empfunden worden. In den Augen von Zeitgenossen gaben sie der Treppe Majestät und Größe. Spektakuläre Maßstabbrüche waren in Venedig im 16. Jahrhundert nicht selten. Palladios Fassade vor Sansovinos geradezu altertümlich wirkendem Bau von San Francesco della Vigna und neben dem zurückhaltenden, fast schmucklosen Palast des Dogen Andrea Gritti ist nur ein Beispiel. An Vincenzo Scamozzis Entwurf für die Neuen Prokuratien an der Piazza entzündete sich die Kritik jener, die eine so riesige, als ›römisch‹ empfundene Wand als unzulässigen, auch weil offenkundig programmatischen Bruch mit venezianischen Maßen und Proportionen empfanden. Und: standen nicht antike, weit überlebensgroße Statuen im Palasthof des Kardinals Giovanni Grimani bei Santa Maria Formosa?

Sansovino hatte um die Jahrhundertmitte damit aufgehört, monumentale Figuren eigenhändig zu meißeln. In einem Brief an den Herzog von Ferrara erklärte er 1550 rundheraus und offensichtlich ohne Gewissensbisse, dass er einen jungen Bildhauer, wohl Alessandro Vittoria, bei der Herstellung der vom Herzog bestellten Statue anleite, selbst aber nicht mehr Hand anlege. Die formelhafte Rechtfertigung, seine Zeit reiche nicht aus, war wohl weniger als die halbe Wahrheit. An den ›giganti‹ waren in zwölf Jahren immerhin sieben namentlich bekannte Mitarbeiter tätig, unter denen Domenico da Salò wohl der bekannteste ist. Nicht anders als in den Bildern für den Palast wird man neben den unterschiedlichen Qualitäten der Ausführung, den ›Händen‹, die konzeptuelle Leistung zu benennen versuchen.

33/34   Jacopo Sansovino: Mars und Neptun auf der Scala dei Giganti

Durch die fortgeschrittene Korrosion der Oberflächen der ›giganti‹ sind ihre bildhauerischen Qualitäten nur noch an versteckten Stellen zu erkennen. So dominiert die physische Präsenz herkulischer Männer unterschiedlichen Alters. Der Verzicht herausragender Bildhauer und Maler auf eine eigenhändige Ausführung führte bei vielen Aufträgen zu einer Entwöhnung des Publikums und der Auftraggeber. Der Besitz eines vom Meister selbstgeschaffenen Werks wurde zum Privileg weniger Sammler, die bereit und einflussreich genug waren, ihre Ansprüche durchzusetzen. Hinzu kam die kaum überwindbare Schwierigkeit der Besteller, mit Worten Defizite der Ausführung ›gerichtsfest‹ zu machen, besonders dann, wenn, wie üblich, Eigenhändigkeit im Vertrag nicht ausdrücklich vereinbart war.

Der Ostflügel
Martialische Motive säumen Wege im Palast

Im friedlichen Dogat Francesco Veniers (1554–1556) und lange vor dem militärischen Triumph von Lepanto (1571) wurde ein Weg in das Innere des Palasts mit martialischen Motiven gesäumt. Prächtige Waffenpilaster zieren das Portal zwischen der Scala dei Senatori und der Loggia sowie den Übergang von der Scala d'Oro ins Atrio Quadrato. Die Anfänge dieser Via triumphalis reichen jedoch weiter zurück. Schon bald nach 1537 zierten Rüstungen die Attika der Loggetta am Fuß des Campanile, deren Reliefs an Venedigs territorialen Besitz erinnerten. Vermutlich waren es die Jahrzehnte nach dem für Venedig trotz aller territorialen Verluste so wichtigen Frieden von Bologna (1529), in denen martialische Gebärden angebracht erschienen.

Umbauten im frühen 17. Jahrhundert

Im frühen 17. Jahrhundert beschränkte man sich nicht auf Veränderungen an Fassaden des Hofs, sondern gestaltete auch Raumfolgen im Erdgeschoss und auf der Höhe der westlichen Loggia neu. Diese Umbauten waren Teil eines Maßnahmenbündels mit dem man, besonders intensiv seit dem vierten Jahrzehnt des 16. Jahrhunderts, eine Bereinigung des öffentlichen Bereichs von all den Aktivitäten verfolgt hatte, die der Visitenkarte der Republik nicht zu entsprechen schienen. Die Entfernung von Verkaufsbuden auf der Piazza und das von Jacopo Sansovino seit 1536 realisierte Bauprogramm der Prokuratoren und der für die Staatliche Münze zuständigen Beamten waren Teil dieser Politik. Und so ist es kein Zufall, dass 1535 mit den Provveditori sopra l'ornamento delle strade e della città ein neues Amt geplant war, das sich mit der Bereinigung des Stadtbilds von störenden Elementen und, ins Positive gewendet, dessen Schmuck widmen sollte.

Gefängniszellen im Palast

Im Erdgeschoss des Dogenpalasts befanden sich bis zum Neubau der Prigioni (1566–1600), dem Gefängnis auf der anderen Seite des Rio della Canonica,

Gefängniszellen, deren Aufteilung und Namen auf einer gezeichneten Bestandsdokumentation Zanmaria dei Piombis überliefert sind. Unhaltbare hygienische Zustände und mancherlei Belästigungen sowie unzureichende Sicherheit wurden seit langem gerügt.

Beim Umbau des Dogenpalasts, den der zum Schreiner ausgebildete Baumeister Bartolomeo Manopola seit 1602 leitete, wurden die Gefangenen aus den Erdgeschossen des Süd- und Westflügels in das neuerrichtete Gefängnis verlegt. Dies Bauwerk war nach Entwürfen der Architekten Antonio Rusconi bereits 1566 begonnen und von Antonio Da Ponte um 1600 vollendet worden. In seinem vorderen, architektonisch vom Zellentrakt unterschiedenen Bauteil enthielt es Räume für die Signori di Notte al criminal. Im Palast verblieben Zellen im Ostflügel, die, wie in einem monofunktionalen Baublock, in mehreren Geschossen übereinandergestaffelt, über Treppen untereinander auf kurzen Wegen erreichbar waren (Abb. 28). So waren es auch die feuchten, mit schweren Gittern verschlossenen Zellen im Erdgeschoss des Ostflügels, die ›pozzi‹, und die im Sommer heißen Zellen unter dem bleigedeckten Dach, die ›piombi‹, die nach dem Untergang der Republik, dem Bild von einer zutiefst grausam und verschwiegen agierenden Serenissima entsprechend, für die antirepublikanische Propaganda instrumentalisiert wurden.

Bei der Neuordnung blieb im Erdgeschoss an der Südwestecke der Magistrato all'Armar, der für die Bewaffnung der Flotte zuständig war, am angestammten Ort, zu dem schon vor den Umbauten von der Piazzetta aus ein Eingang führte. Die Räumlichkeiten im Erdgeschoss des Westflügels, in denen heute das Museo dell'Opera untergebracht ist, wurden im 19. und 20. Jahrhundert noch einmal durch das Herausbrechen von Wänden und Decken verändert. Sechs in annähernd gleichem Abstand in die Hofwand eingebrochene Portale führten zu mehreren, etwa gleich großen Räumen. Fenster über den Eingängen belichteten einmal Mezzanine. Zwei Löwenmäuler neben den Eingängen verweisen zudem noch heute auf den Sitz von Verwaltungen.

Umbauten im ersten Obergeschoss

Das erste Loggiengeschoss des Westflügels ist nicht Teil der Führungslinie. Dessen bauliche Entwicklung ist auch mit der Hilfe von alten Plänen nur schwer zu verstehen. Unbekannt ist die ursprüngliche Funktion des sich zwischen den Loggien erstreckenden, zur Piazzetta hin geöffneten Bereichs.

Die Wand zwischen den Loggien der Westseite zeigt einen mit gotischen Profilen gerahmten Durchgang, wohl aus dem 15. Jahrhundert, die frei stehenden Säulen haben gotische Kapitelle. Die Türrahmen scheinen erst aus dem 17. Jahrhundert zu stammen. Letztere sind heute funktionslos und wurden vermauert. In diesem Bereich wurden auch noch nach dem Fall der Republik tiefgreifende Veränderungen vorgenommen. Der südliche Teil ist geschlossen und in seiner Höhe unterteilt. Im so gewonnenen Mezzanin ist heute das Fotoarchiv der Denkmalpflege untergebracht.

1557 wurde die Westloggia beim Einzug der Dogaressa Zilia Dandolo Priuli in den Palast zum Ort der Begegnung zwischen dem amtierenden Dogen Lorenzo Priuli und der Zunft der Schuster, angeführt von deren Gastaldo. An dies Ereignis wurde in einem anonymen Bild im Zunfthaus der Schuster am Campo San Tomà erinnert (Museo Civico Correr).

Der Einzug der Dogaressa in den Palast bot den Zünften, die von den regelmäßigen öffentlichen Umzügen ausgeschlossen waren, die gern genutzte Gelegenheit, im Palast einen Stand einzurichten, der von der Dogaressa besucht wurde. Zugleich fiel ihnen während der Feierlichkeiten die ehrenvolle Errichtung temporärer Bauten auf der Piazza zu. Einzelne Berufe konnten sich in den mittelalterlichen Darstellungen am Hauptportal von San Marco und an den Kapitellen des Dogenpalasts wiedererkennen.

Umnutzungen und Umbauten gab es spätestens seit dem 16. Jahrhundert auch im Loggiengeschoss des Südflügels, also im Bereich unterhalb der Sala del Maggior Consiglio. In einigen dieser Räume befinden sich derzeit Büros und Teile des Archivs der staatlichen Denkmalpflege. Versucht man, deren Nutzung im 16. und im 17. Jahrhundert zu erschließen, so geben auch die Portale Hinweise. Neben den Markuslöwen und den Wappen der jeweils amtierenden Dogen finden sich Wappen von Amtsinhabern, oft mit ihren Initialen, und hie und da auch mit einer Jahreszahl. Eine Inschrift über dem linken Portal der Hofloggia verweist auf den Magistrato del Piovego, wobei das dort gezeigte Datum (1595) nicht das Portal datiert.

Die Sala del Piovego

Die nur gelegentlich bei Veranstaltungen zugängliche Sala del Piovego erstreckt sich zwischen den beiden Loggien und hat eine Länge von etwa zwei Dritteln der darübergelegenen riesigen Sala del Maggior Consiglio. Die Giudici del Piovego hatten beispielsweise die Aufgabe, die unrechtmäßige Aneignung öffentlichen Grunds durch Privatpersonen über genaue Aufmaße und Kontrollen vor Ort zu verhindern.

Vier hohe Spoliensäulen mit korinthisierenden Kapitellen stützen die Balkendecke, die auf kräftig profilierten, gleichmäßig gestuften Konsolen ruht. Diese Konsolen finden sich auch an den Schmalseiten der beiden ›Schiffe‹ und wecken so Erinnerungen an Muldengewölbe. Eine konstruktiv souveräne, ästhetisch überzeugende Lösung, die wohl vom Architekten des Südflügels konzipiert und bald nach 1342 realisiert wurde.

Die Portale der Fassaden zu den Loggien stammen vermutlich aus den Jahren eines Umbaus unter den Dogen Priuli (1556–67) und Pietro Loredan (1567–70). Drei schöne, holzgeschnitzte Türflügel zu beiden Loggien zeigen das Wappen des Loredan.

Spätere, niedrige Einbauten verstellen den Blick auf die Decke nicht. Ungeklärt sind Nutzung und Aufteilung des Raums im 16. Jahrhundert, als er nicht nur die Magistratura del Piovego, sondern auch den Magistrato delle Biade, dem für die Versorgung mit Getreide zuständigen Magistrat, (mit dem Eingangsportal an der Ostseite) aufnahm.

Weitere Umbauten

Die Portiken und die Loggien dienten als überdachte Wege, über die das Publikum die Räume der Magistrate erreichen konnte. So dürfte dort, bald nach der Öffnung der Tore des Palasts, ein derart reger Betrieb geherrscht haben, dass Wartezeiten oft kaum zu vermeiden waren. Der Architekt und die für den Umbau Zuständigen reagierten mit der Anbringung von einheitlich gestalteten Bänken im Erdgeschoss des Hofs und in den äußeren Portiken. Die außen bis zu den Fenstersolbänken reichende, steinerne Wandverkleidung, eine Art Rückenlehne, gehörte dazu. Auch hierdurch wurden die vielerorts eingenisteten Buden verdrängt. Zusammen mit den Fenstern des 17. Jahrhunderts und den gemusterten Pavimenten prägen diese Umbauten das Bild der Portiken.

Im Zusammenhang mit den Baumaßnahmen des frühen 17. Jahrhunderts wurde auch der Weg vom Hof zur Sala dello Scrutinio verändert. Anstelle einer architektonisch hervorgehobenen Außentreppe, der Scala Foscara, trat eine geschickt in den Bestand integrierte Treppe im Inneren, die vom Erdgeschoss-Portikus steil und recht unbequem zur Loggia im ersten Obergeschoss führt und von dort, ein wenig bequemer, in mehreren Anläufen die Sala dello Scrutinio erreicht. Der Boden der Absätze zeigt kunstvolle Muster aus ›opus sectile‹, ein besonders schönes, geschmiedetes Gitter schließt auf der Höhe der Westloggia den weiten Abstand zwischen zwei Säulen. Diese Treppe wurde von all denen genutzt, die die Verwaltungen im Westflügel und über die Sala dello Scrutinio die Sala del Maggior Consiglio erreichen wollten.

Die im Palast allgegenwärtige Raumnot führte bei Umbauten zur Nutzung jeden freien Winkels. So führen auch von dieser Treppe Türen ab in enge Räume für Magistrate. Die im venezianischen Rechtssystem wohl unvermeidlichen Löwenmäuler sowie Wappen und Initialen über den Türen können bei der Bestimmung von Funktionen und der Datierung helfen.

Die Loggia des Ostflügels
Der Fußboden

Über die bequemen Stufen der Scala dei Censori erreicht man vom Hof die Loggia des Ostflügels, deren Fußboden aus dem in der venezianischen Zivilbaukunst und auch sonst im Dogenpalast üblichen Terrazzo besteht. Antiken Ursprungs, war dieser Bodenbelag als einfarbiger, selten ornamental bemalter Pastellon (bis ins 16. Jahrhundert) und als vielfarbiger, in seiner obersten Schicht aus Splittern verschiedenfarbiger Steine und Marmore komponierter ›terrazzo alla veneziana‹ geschätzt.

Auf den die Geschosse trennenden Balkenlagen ist dieser Boden in mehreren Schichten aufgebaut. Bis zu zwanzig Zentimeter stark, wurde die so gewonnene flexible Platte eine ideale Komponente des flexiblen, Setzungen ausgleichenden Bauens auf sandigen Böden. Die im Palast heute sichtbaren Terrazzoböden stammen, mit wenigen Ausnahmen, aus der Zeit nach dem Brand von 1577.

Die Balkendecken

In den Loggien, ebenso wie in zahlreichen Räumen des Palasts, finden sich die in der venezianischen Zivilarchitektur üblichen Balkendecken. Die Abstände zwischen den Balken sind meist etwas größer als deren Dicke. Andrea Palladio fand 1570 einen Abstand zwischen den Balken von 1:1,5 ästhetisch und bautechnisch für vernünftig. In wichtigen Räumen konnten die Balken ornamental durch Bemalung und hie und da auch durch applizierte Ornamente veredelt werden, Hinzufügungen, die häufig modernisiert wurden.

Bei den gotischen Balkendecken wurden zum Abdichten Leisten über die Fugen der quer verlegten Bretter angebracht. Diese bilden mit den neben den Balken verlaufenden Leisten quadratische Felder. Bei den späteren, in Venedig vielleicht vom Architekten Jacopo Sansovino bald nach 1526 eingeführten Decken wurden die Bretter über den Balken hingegen in Längsrichtung verlegt, so dass querliegende Leisten überflüssig wurden. Auf diese Weise ermöglicht ein bautechnisches Detail grobe Datierungen.

Von den Loggien aus lassen sich die den Hof begrenzenden Bauten und seine Pflasterung studieren. Die derzeit für den Touristen allein zugängliche östliche Loggia ist hinter dem Eingang zur Scala d'Oro noch einmal abgegrenzt, so dass man den nördlichen Teil erst am Ende des Rundgangs betreten kann. Sie wird dessen ungeachtet schon jetzt erläutert.

Im Durchgang zur Außenloggia der Südfassade wird, hinter einer modernen gläsernen Trennwand, die *Madonna delle Biade* sichtbar. Diese qualitätvolle, meist Pietro Lombardo oder Giovanni Buora zugeschriebene Madonna mit Kind wurde im Dogat des Giovanni Mocenigo (1478–1485) von drei Beamten des Magistrato gestiftet. An ihren heutigen Ort kam sie erst 1847 und wurde damals mit einer Inschrifttafel von 1476/77 kombiniert. Die Inschrift erinnert mit ihren Wappen an zwei Provveditori des Magistrato delle Biade, ein wichtiger Magistrat, der für die Getreideversorgung der Republik zuständig war. Dessen monumentale Getreidemagazine auf der anderen Seite der Piazzetta wurden um 1340, also gleichzeitig mit dem Südflügel des Dogenpalasts errichtet und bildeten mit ihm für lange Zeit eine sprechende Fassade der Stadt. Mit deren Abbruch im 19. Jahrhundert ging der stolze, auch warnende Hinweis auf die Kornreserven der Republik verloren. Der damals geschaffene Volksgarten wurde nur wenig frequentiert.

Die ›bocche di leone‹ (Löwenmäuler)

Zu den Verwaltungen und dem Rat der Zehn gehören die zahlreichen Löwenmäuler (›bocche di leone‹), Briefkästen für Denunzianten, die, in die Wand eingelassen, hinter einer Löwenmaske liegen, deren Maul als Briefschlitz diente. Jedem Bürger stand es frei, die zuständigen Verwaltungen über Sachverhalte zu informieren, mit denen er nicht einverstanden war. Diese Anzeigen waren nicht anonym. Ohne eine Unterschrift oder eine Nennung von mehreren Zeugen wurden Anzeigen folgenlos vernichtet, es sei denn, der Rat der Zehn erklärte mit einer überwältigenden Mehrheit von fünf Sechsteln, dass es sich um eine Staatsaffäre handle.

Wurde ein Behördenvertreter eines Vergehens im Amt für schuldig befunden, konnte daran mit einer in Stein gemeißelten Sentenz erinnert werden. Diese Schandmale standen in einer Tradition mit der angeordneten Zerstörung des Palasts des prominenten Verschwörers gegen die Republik, Bajamonte Tiepolo. Nach seiner Verurteilung 1310 wurde 1364 eine Schandsäule auf dem nun leeren Terrain aufgestellt und die Tür seines ehemaligen Palasts als Eingangstüre der Kirche von San Vio umgenutzt. Diffamierende Inschrifttafeln aus dem 17. und 18. Jahrhundert sind an den Wänden des Durchgangs von der Porta del Frumento zum Palast erhalten.

Fast alle Löwenmasken sowie die zugehörigen Inschriften und Symbole wurden bald nach dem Fall der Republik von Bilderstürmern systematisch zerschlagen, wovon auch in der Ostloggia Beispiele zeugen. Alberto Rizzi hat diese Zerstörung von republikanischen Symbolen einprägsam als »Leontoklasmus« bezeichnet. So gingen mit der Funktion auch die ›Adressen‹ auf diesen ›Briefkästen‹ der Verwaltungen verloren. Die gut erhaltene ›bocca‹ in der Ostloggia wurde erst nach der Mitte des 19. Jahrhunderts bei Ausgrabungen im Palast gefunden, hier angebracht und mit einer Inschrift verbunden.

Authentisch ist eine steinerne Inschrift von 1362, auf der ein im Original lateinisch abgefasster Ablassbrief Papst Urbans V. in italienischer Sprache mit vielen frühen Venezianismen reproduziert wurde. Sie stammt aus der 1525 abgebrochenen Cappella di San Niccolò und versprach Besuchern der Kapelle und jenen, die den Eingekerkerten Almosen gaben, Ablass.

Wenige Schritte weiter öffnet sich eine geschnitzte Rokokotür von 1763 zu einem Vorraum der Avogaria.

An der Wand, der Gigantentreppe gegenüber, erinnert eine Inschrifttafel an den Besuch Heinrichs III., König von Frankreich und Polen, in Venedig (1574, Abb. 35). 1575 beugte sich die Republik dem Drängen des französischen Botschafters und erteilte Alessandro Vittoria hierzu den Auftrag. Mit dem polnischen Adler und den französischen Lilien wählte Vittoria leicht verständliche Zeichen, die die rühmende, von Rollwerk gerahmte Inschrift begleiten. Zwei überschlanke junge Frauen zu Seiten der Tafel halten Kronen wie Kränze über ihr eigenes Haupt.

Am nördlichen Ende der Loggia öffnet sich ein Portal zur Treppe der Senatoren, der Scala dei Senatori, die zum zum Cortiletto dei Senatori führt. Die Türgewände mit ihren martialischen Reliefs ›all'antica‹ entstanden etwa gleichzeitig mit dem Markuslöwen an der Fassade oberhalb der Scala dei Giganti. Dogenwappen zu Seiten des Treppeneingangs datieren die Treppe und

35 Alessandro Vittoria: Gedenktafel an den Besuch Heinrichs III. von Frankreich

den Eingang in die Regierungszeiten Andrea Grittis (1523–38) und Francesco Veniers (1554–56). Links, noch vor der Treppe, liegt der (verschlossene) Eingang zur ehemaligen Cappella di San Niccolò. Am Fries an der Wand gegenüber der Scala dei Giganti sind Haken erhalten, an denen bei festlichen Anlässen kostbare Teppiche aufgehängt wurden.

Am unteren Ende der Scala dei Senatori befanden sich in zwei großen Lünetten die in der Sala degli Scarlatti ausgestellte Wandmalereien Tizians (*Madonna mit Kind*) und Giuseppe Salviatis (*Auferstehung Christi*).

DIE SCALA D'ORO (Abb. 36)

Mit dem Abschluss der Bauarbeiten am Ostflügel (1553) begann eine Ausstattungskampagne, die sich nicht auf die neugeschaffenen Amtsräume des Ostflügels beschränkte. Neben den Arbeiten an der Ausmalung der Räume des Rats der Zehn begannen alsbald (1554) auch fachliche Kontroversen über den geplanten Einbau einer Prunktreppe, die später wegen ihrer reichen Vergoldung als Scala d'Oro bekannt wurde (Vergoldungen und Weißhöhungen sind Ergebnis einer Restaurierung). Auslösend für das Projekt dürften die bereits begonnenen Arbeiten an der Treppe für den Palast der Prokuratoren, der Libreria, an der Piazza gewesen sein. Deren opulente Ausschmückung scheint als Herausforderung empfunden worden zu sein, die nach einer Antwort im Dogenpalast verlangte.

Die Schwierigkeiten, eine Prunktreppe in den Ostflügel einzufügen und dabei verschiedene Stockwerke zu erschließen, waren erheblich, und so zog sich die Suche nach einer vernünftigen Lösung hin. Zuerst sollte der Proto del Sale und ausgewiesene Praktiker Pietro Guberni zum Zuge kommen. Auch nachdem die prominenten Architekten Michele Sanmicheli und Jacopo Sansovino ein gemeinsames Projekt vorgestellt hatten, blieb man zuerst noch bei der Entscheidung für Gubernis Lösung. Erst als der Doge Lorenzo Priuli sich in persona für den Entwurf der beiden Architekten stark machte, trennte man sich von Gubernis Vorschlag. Am Ende war das erzielte Ergebnis wohl ein Kompromiss. Die architektonische Gestaltung der sehr steilen, somit unbequemen Treppe wirkt gegenüber der so viel schöneren im Palast der Prokuratoren konventionell, auch wenn die Ausgestaltungen der Wölbungen ähnlich sind. Bei beiden Projekten vertraute man mit dem Bildhauer Alessandro Vittoria und dem Maler Battista Franco dem gleichen Team.

36 Die Scala d'Oro

37 Wölbung der Scala d'Oro (Detail)

Als die Prokuratoren über die Erschließung ihres Amtssitzes nachdachten, kannten sie, ebenso wie ihr Architekt Jacopo Sansovino, die kunstvolle Inszenierung des Wegs über die Treppen venezianischer Scuole Grandi. Deren Leitung hatte allerdings, wie in der venezianischen Zivilarchitektur üblich, auf eine Ausmalung oder Stuckierung der Wölbungen verzichtet. Die von Mauro Codussi 1498 entworfene Treppe der Scuola Grande di San Giovanni Evangelista erlaubt noch heute die genussvolle Erfahrung eines in der venezianischen Zivilarchitektur damals eher stiefmütterlich behandelten Bauelements.

Den Eingang zur Scala d'Oro flankieren auf später angefügten Säulen Herkules, der die siebenköpfige Hydra erschlägt, und Atlas, dem das Himmelsgewölbe schwer auf den Schultern lastet. Tiziano Aspettis signierte Figuren sollten vermutlich auf Weisheit und Stärke der Regierenden verweisen. Dabei lag es nahe, die siebenköpfige Hydra als damals weitverbreitetes Symbol der osmanischen Bedrohung zu deuten.

Folgt man der Führungslinie, wird man auf jedem Absatz innehalten, sich umdrehen und die Wölbungen betrachten. Selbst wenn Besucher zu den Gebildeten gehörten und sich beim Heruntersteigen viel Zeit genommen haben sollten, wird es nur wenigen gelungen sein, die einzelnen Mitteilungen zu entschlüsseln und, noch schwieriger, deren Zusammenhang zu begreifen. (Erschwerend kommt hinzu, dass einige der Bilder 1793 von Pierantonio Novelli übermalt wurden.)

Zum Schmuck der Tonnengewölbe wählte Alessandro Vittoria, wie schon für die Treppe der Libreria, ein Netz untereinander verbundener kommunizierender Rahmen und ergänzte es durch ein zweites System aus Rahmen unterschiedlicher Größe, die um einen größeren mittleren Rahmen gruppiert sind, sogenannte rhythmische Kassetten (Abb. 37). Einige der Rahmen füllte er mit Stuckreliefs, während andere von Battista Franco, dem Hausmaler des Patriarchen Giovanni Grimani, ausgemalt wurden. Alessandro Vittoria konnte an diesen Wölbungen seinen Erfindungsreichtum bei der Darstellung kunstvoller, hie und da auch gesuchter Haltungen demonstrieren. Die Grundflächen füllen Grotesken, ein Dekorationsmotiv römischer Herkunft, das in Venedig nie heimisch wurde.

Das mythologisch-allegorische Programm war vermutlich von Anfang an für mehrere Deutungen offen. Einzelne Themen finden sich auch in anderen Zusammenhängen. Die Darstellung von Jupiter, umgeben von Venetia, Chronos, Neptun und Nobilità, lässt sich mit Aussagen der nach 1574 von

Tintoretto geschaffenen Bilder an der Wölbung der Sala delle Quattro Porte verbinden. Zypern und Kreta an der Wölbung des unteren Laufs verweisen auf Territorialbesitz im östlichen Mittelmeer, wie wir sie von den Reliefs der Attika der Loggetta am Fuß des Campanile (1537–42) kennen. Venetia ebenso wie verschiedene Tugenden sind in dieser Dekoration allgegenwärtig.

Die Fußböden mehrerer Absätze mit ihren sich verschneidenden Diagonalen aus gelbem Marmor und perspektivischen Rhomben könnten aus der im 19. Jahrhundert entfernten barocken Ausstattung der Scuola Grande della Misericordia stammen. Einen zweiten Boden auf dem ersten Absatz hat, ebenso wie den Schmuck der Wölbungen, möglicherweise Alessandro Vittoria entworfen.

Die Türen der Scala d'Oro

Zum Schmuck der Treppe gehören drei reichgeschnitzte Türen (Abb. 38). Zwei von ihnen öffnen sich zu Räumen des zweiten Obergeschosses, eine untere zu einem kleinen Raum, in dem die Schildknappen ihre Gewänder bei öffentlichen Anlässen anlegten. Abweichend von den Empfehlungen der Architekturtheoretiker hat der anonyme Entwerfer die Rahmen an den Türen mit Rollwerk geziert und sie durch applizierte Formen verklammert. Die an Seepferdchen erinnernden Voluten der Mittelfelder finden sich ähnlich an den Rücklehnen mancher Gestühle in venezianischen Kirchen. Die Wappen der Dogen Lorenzo und Girolamo Priuli, in deren Regierungszeit (1556–1557) die Treppe dekoriert wurde, datieren auch die Türen.

Um zu den Wohnräumen der Dogen, den ›appartamenti ducali‹, zu gelangen, folgt man dem Treppenlauf, der vom ersten Absatz der Treppe ins zweite Obergeschoss führt.

38   Eine der Türen der Scala d'Oro

Folgen des Endes der Republik (1797) für die Ausstattung

In den Jahrzehnten nach dem Zusammenbruch der Republik (1797) durch den Einmarsch Napoleons wurden die Räume neu genutzt. Solche Umnutzungen trafen nicht nur den Dogenpalast, sondern ebenso die Prokuratien, die Staatliche Münze (Zecca), die Gefängnisse (Prigioni) und den Sitz der Steuerbehörde (Palazzo dei Camerlenghi) am Rialto. Teile der malerischen Ausstattung in den Räumen der Verwaltungen wurden, so in den Gallerie dell'Accademia, musealisiert. Von dort wurden Bilder, etwa des Palazzo dei Camerlenghi, an die Fondazione Cini auf der Isola di San Giorgio ausgeliehen. Die nahtlose Reihe der Prokuratorenporträts wie die der Dogen, die als Prokuratoren ins höchste Staatsamt gewählt worden waren, ist verstreut und teilweise verloren. Ein wichtiges Bild aus dem Magistrato della Notte al Criminal der Prigioni wurde zum Schmuck der Kirche in San Giorgio di Nogara (bei Treviso) abgegeben. So ist es unmöglich geworden, sich beim Besuch ausgeräumter, meist nicht mehr ursprünglich möblierter Amtsstuben eine Vorstellung von der vergangenen Vielfalt zu machen.

Der Dogenpalast ist auch das Ergebnis von historisch gewordenen Umbauten und wiederholten Restaurierungen. Dabei wurden nicht nur Bilder an Wänden und Decken von Malern instand gesetzt oder übermalt, Figuren ersetzt oder zumindest doch neu gefasst und vergoldet. Schwer wiegen die Verluste der ursprünglichen Möblierung, die, nur ein Beispiel, im Rat der Zehn nach 1797 durch Vandalismus zerstört wurde. Die Ratssäle haben fast alle das Inventar verloren, das auf glaubwürdigen Veduten zu erkennen ist und das für einen geregelten Ablauf der Sitzungen unverzichtbar war. So fehlen die Rednertribünen im Großen Rat, die Tische für Protokollanten und, wieder im Großen Rat, die doppelten Bankreihen an den Wänden sowie die neun longitudinal angeordneten Reihen der doppelseitig ausgebildeten Sitzbänke (Abb. 102). Eine brauchbare Vorstellung vom Verlorenen und der Nutzung im 18. Jahrhundert können die dilettantischen und doch als Dokumente kostbaren Veduten des Gabriele Bella in der Galleria Querini Stampalia vermitteln. Die Möblierung des Senats stammt in wesentlichen Teilen aus dem 18., die des Großen Rats aus dem 19. (so das ›tribunale‹) und dem frühen 20. Jahrhundert. Diese Neueinrichtung war auch eine Folge der temporären Nutzung des ehemaligen Großen Rats als Bibliothek (Biblioteca Marciana). Verloren ist auch eine spätere amphitheatralische Sitzordnung im Großen Rat, in dem 1848 der Aufruf erging, Widerstand mit allen Mitteln gegen den ›straniero‹, also die Österreicher zu leisten, ein Augenblick, der venezianischen Patrioten als eine Wiedergutmachung für die Schmach von 1797 erschien. Archivalien und Abbildungen belegen den Luxus, der mit Wandteppichen, kostbaren Stoffen, geprägten und bemalten Lederbehängen, Sitzkissen und Fußmatten zum Schmuck der hölzernen Sitzmöbel betrieben wurde. Die Industrie der Ledertapeten florierte in Venedig und doch stammt die einzige, die sich heute in einem Raum zwischen der Quarantia Criminal und dem Magistrato alle Leggi befindet nicht aus dem Palast.

Die Dogenwohnung
(›Appartamenti ducali‹)

Die meisten der zugänglichen Räume werden zur Präsentation von Bildern, Skulpturen und Mobiliar genutzt. Nur wenige dieser Gegenstände stammen aus dem Palast. Im Folgenden wird auf eine Erwähnung der ortsfremden Stücke verzichtet.

Nicht alle Räume, die als ›appartamenti ducali‹ bezeichnet werden, dienten als Wohnung. Auch sind ihre mehrfach veränderten Funktionen nur selten bekannt. Einige der Wohnräume des Dogen, seiner Angehörigen und Angestellten scheinen sich auch in niedrigen Mezzaninen befunden zu haben.

Dogenwohnung

In den privaten Räumen der Dogen wechselte die Einrichtung jeweils mit dem Einzug eines neuen Bewohners, der sein eigenes Mobiliar mitbrachte, das nach dem Ende seiner Regierungszeit wieder ausgeräumt wurde. Und so überrascht die Nachricht nicht, Agostino Barbarigo (1486–1501) habe den Versuch unternommen, sich einen, seinem ausgeprägten Selbstverständnis entsprechenden Palazzo Ducale jenseits des Rio della Canonica errichten zu lassen. Ein Beamter, der diesen Vorschlag vortrug, war wohl nur ein Sprachrohr des Dogen. Später unternahm Andrea Gritti (1523–1538) einen ähnlichen Versuch, wobei seinerzeit gezeichnete Pläne, vermutlich von Jacopo Sansovino, bereits vorlagen. Das Scheitern war in beiden Fällen die wohl unvermeidliche Folge der herrschenden Auffassung vom Dogenamt, dem ein eigener, anspruchsvoll wirkender Palast nicht entsprochen hätte. Erst 1618, unter dem Dogen Francesco Erizzo, wurde der lang geknüpfte Gordische Knoten zerschlagen und der Doge zog in neuerrichtete Räumlichkeiten im Bereich der Canonica von San Marco ein. Ein 27 Meter langer, 2,80 Meter breiter und vier Meter hoher Verbindungsgang führte von der Sala degli Stucchi (auch Sala Priuli) in die neue Dogenwohnung. Das Projekt leitete der Architekt Francesco Smeraldi, genannt Fracà. Der im 19. Jahrhundert abgebrochene Gang war von Paolo Piazza und wohl auch Gioseffo Alabardi mit Personifikationen einiger von Venedig abhängiger Städte ausgemalt. Die Fassade der Canonica hingegen wurde vom Bologneser Maler Pietro Antonio Torri durch Säulen, Statuen und einen Brunnen (?) aufgewertet.

1633 wohnten beim Dogen Francesco Erizzo dreißig Diener, sechs Bedienstete, ein Gondoliere, ein Priester und neun Familienangehörige. Alvise IV. Mocenigo (1763–78) und seine Gemahlin hatten 19 Räume zu ihrer Verfügung, darunter die riesige Sala dei Banchetti (heute Teil des Museo di San Marco), zwei Oratorien und eine Bibliothek.

In den ›appartamenti ducali‹ erinnert die an den kurzen Seiten durchfensterte Sala dello Scudo an die charakteristische Sala im Privatpalast. Letztere bot Raum für die Begegnung des Hausherrn und seiner Familie mit ihren

Gästen bei Hochzeiten, Gastmählern und Festen. Gab der Doge in der Sala dello Scudo Audienz, verband sich seine öffentliche Funktion mit vertrauten Traditionen der Begegnung in einer privaten Residenz. Spätestens mit dem Einbau der Scala d'Oro wurden die benachbarte Sala degli Scarlatti und die Sala degli Scudieri zu Durchgangsräumen. Aber auch wenn die Funktion der Räume mehrfach verändert wurde, blieben die prächtigen geschnitzten und vergoldeten Decken, die Kamine und ein reichverzierter Türsturz sowie skulpturale Elemente, die als Teile der Fenster ebenso zum Inneren wie zum Äußeren des Bauwerks gehören.

Die Holzdecken der ›Appartamenti ducali‹ aus dem Dogat der Barbarigo-Dogen (1485–1501)

Pietro und Biagio da Faenza, zwei angesehene Schnitzer, werden als Autoren der Decke einer Sala dell'Udienza genannt. Vermutlich arbeiteten hier beide, wie im Kapitelsaal (Sala del Capitolo) der Scuola Grande di San Marco, nach eigenen Entwürfen. Die gliedernden Motive der Decken im Dogenpalast ähneln Mosaikdekorationen in Ravenna oder antiken Fußböden, deren Detaillierung dem damals geschätzten Repertoire antikisierender Formen. Gemeinsamkeiten der Tondi der Sala Erizzo bestehen mit Abbildungen aus dem *Berliner Skizzenbuch*, das als *Sogenanntes Mantegna-Skizzenbuch* veröffentlicht wurde. Es entstand wohl im Umkreis des Mantuaner Hofs der Gonzaga und ermöglicht einen Einblick in die damals engen Beziehungen der in Venedig und in Mantua tätigen Künstler. Giovanni Bellini, der Bilder für das Studiolo der Isabella d'Este im Mantuaner Kastell malte, und Tullio Lombardo, der in Venedig einen Fußboden für Isabellas ›appartamento della grotta‹ anfertigte und zum Verlegen nach Mantua lieferte, können für andere stehen.

1497 wird die Decke einer Sala dell'Udienza im Dogenpalast als Vorbild für einen Schnitzer genannt, der die Decke für die Kapelle des Heiligen Antonius in der gleichnamigen Basilika in Padua ausführen sollte. Vermutlich wurden die meisten der prächtigen Holzdecken sowie die Kamine in diesem Stockwerk des Dogenpalasts im Dogat des Agostino Barbarigo, also nicht lange vor 1501, geschaffen.

Die Kamine aus dem Dogat der Barbarigo-Dogen (1485–1501)

1506 beschwerten sich Tullio Lombardo und sein Bruder Antonio, dass sie immer noch keine Zahlung für zwei Kamine im Audienzsaal und in dessen Vorraum erhalten hätten. Beide vertraten damals eine produktive Werkstatt, die ihr Vater Pietro groß gemacht, der er aber als Bauleiter (›proto‹) des Dogenpalasts de jure nicht mehr vorstehen durfte. Diese Kamine stammen von verschiedenen Bildhauern, wie die unterschiedlichen Stile im vegetabilen Ornament und im Figürlichen unschwer erkennen lassen.

Der für den Dogenpalast gewählte Typus des Kamins mit einer weit vorkragenden, auf Stützen ruhenden Abzugskappe war in Venedig heimisch. Ein schöner Kamin mit einem Wappen der Foscari, der heute im Erdgeschoss der Scuola Grande di San Giovanni Evangelista aufgestellt ist, ähnelt jenen des Dogenpalasts.

Kamine gehören zu den Bauelementen, die, wie Balkone an den Fassaden von Privatpalästen, gerne modernisiert wurden. Eher selten scheint man sich dabei, wie im Dogenpalast, auf einen neuen skulpturalen Schmuck der Abzugskappe beschränkt zu haben. Möglicherweise verboten die Wappen der Barbarigo-Dogen die Demontage und eine Anpassung der Kamine an den gewandelten Geschmack. Das Bewahren schloss jedoch Ergänzungen aus Stuck, verbunden mit der Anbringung aktueller Dogenwappen, nicht aus. Diese Ergänzungen folgten einem seit der Mitte des 16. Jahrhunderts auch für private Paläste geschätzten Typus, bei dem allegorische Figuren das Wappen des amtierenden Dogen oder das einer Familie begleiten. Ähnlich wie an der Scala dei Giganti im Hof sind an den Kaminen die formalen Dissonanzen zwischen den qualitätvollen, filigranen Elementen des späten 15. Jahrhunderts und den später hinzugefügten, meist doch eher groben Stuckfiguren kein Hindernis gewesen.

Die Sala degli Scarlatti (Abb. 39)

Die Funktionen dieses Raums wechselten mehrfach, was sich auch an der zusammengesetzten Holzdecke ablesen lässt. Der flache Teil aus dem Dogat der Barbarigo-Dogen (1485–1501) erinnert in seinen Grundformen an antike Muster, die von den Schnitzern mit den ihnen vertrauten antikisierenden Formen ausgeschmückt wurden. Der schräge Teil stammt hingegen aus dem Dogat des Andrea Gritti (1523–1538) und entstand möglicherweise in Verbindung mit einem Sitzmöbel für Amtsträger, von dem in Archivalien die Rede ist. Vier kleine gemalte Tugendallegorien zieren diesen Teil der Decke.

Zur ursprünglichen Ausstattung gehört der schöne Kamin mit dem Barbarigo-Wappen auf der Haube. Sein Gebälk ist mit stehenden Palmetten ›all'antica‹ und Füllhörnern geziert, der Balken darunter mit Kinderköpfen. Hier, wie auch bei den verwandten Kaminen, ist der Autor unbekannt, die Herkunft aus der Werkstatt der Söhne des Pietro Lombardo so gut wie sicher.

Das einmal farbig gefasste Devotionsrelief des Dogen Leonardo Loredan (1501–1521) (1) über der Eingangstür wird verschiedenen Bildhauern, darunter auch Pietro Lombardo, zugeschrieben. Der Bildhauer suggerierte räumliche Tiefe durch Über- und Hinterschneidungen

39   Die Sala degli Scarlatti

im flachen Relief. Bemerkenswert sind die abwechslungsreiche Drapierung der Gewänder und die Intensität, mit der sich der kniende Doge zum Kinde wendet.

Über der Tür zur Sala dello Scudo (2) wurde, vermutlich erst nach dem Untergang der Republik, ein schönes Madonnenrelief wohl vom Ende des 15. Jahrhunderts in einem Rahmen mit dem Datum 1529 und dem Wappen dreier nicht bekannter Magistrate angebracht.

Derzeit wird in diesem Raum ein jüngst restauriertes Madonnenbild gezeigt (3).

An den Wänden finden sich abgenommene, schwerbeschädigte Lünetten von der Scala dei Censori. Von Giuseppe Salviati stammt der ›Auferstehende‹ (4), dem Tizian wird die ›Madonna‹ (5) zugeschrieben.

DIE SALA DELLO SCUDO

Ein Teil der T-förmigen Sala dello Scudo, dem Saal mit dem Wappen des amtierenden Dogen, trägt den Namen Sala dei Filosofi, weil hier zeitweise Bilder von Philosophen angebracht waren. Letztere öffnet sich an ihrem Ende zum Cortiletto dei due Pozzi, dem Hof mit den zwei Brunnen. Von dort ist die ursprünglich verputzte, heute steinsichtige Apsis von San Marco gut zu sehen. Zwei Pfeiler aus der Bauzeit mit Wappen und kunstvollen Kapitellen zwischen der Sala dello Scudo und der Sala dei Filosofi sind Bestandteile des ursprünglichen Entwurfs. Letztere bot zudem über eine schmale Treppe einen direkten Zugang zur Chiesetta und dem Senat. Kam der Doge vom Senat zurück, passierte er einen Durchgang, über den Tizian im Auftrag des Dogen Andrea Gritti (1523–1538) den Heiligen Christophorus gemalt hat (Abb. 40). Ein kurzes Stück dieser Treppe ist von der Sala dei Filosofi aus zu betreten.

Wahrscheinlich war in der Sala dello Scudo im späten 15. Jahrhundert Giovanni Bellinis Devotionsbild der Dogen Marco und Agostino Barbarigo (1485–1486 und 1486–1501) angebracht, das nach Agostinos Tod als Stiftung nach San Pietro Martire nach Murano gelangte. Das geschnitzte Wappen des Dogen Daniele Manin (1789–1797) ist eine nostalgische Rekonstruktion, während der schöne Rahmen aus der Zeit stammt.

Es lohnt sich, durch die Fenster aus nächster Nähe die reich verzierten Pilaster der Fassaden zu betrachten.

Die Landkarten (Abb. 41)

Die Landkarten an den Wänden wurden 1762 von Francesco Grisellini, einem vielseitig begabten und auf vielen Feldern tätigen Spezialisten, geschaffen.

40 Tizian: Der heilige Christophorus über der Tür der Treppe vom Senat in die Sala dei Filosofi

41 Francesco Grisellini: Landkarte in der Sala dello Scudo (Detail)

Zum Auftrag gehörte, die vom Alter arg mitgenommenen Karten des Giacomo Gastaldi von 1549 in all ihren wichtig erscheinenden Elementen zu kopieren und somit hochgeschätzte Dokumente im neuen Gewand lesbar zu erhalten. Der Umgang mit Landkarten unterschied sich hier im Grundsatz nicht vom ›Restaurieren‹ mittelalterlicher Mosaiken von San Marco im 16. Jahrhundert. Damals waren viele überzeugt, die ersetzten Dokumente in einer Art Abschrift weiterhin verfügbar zu haben.

Die Verteilung der Karten auf die Längswände ist Programm. Zwei Querformate um das Dogenwappen zeigen Landstriche, in denen die Republik Besitz und Besitzansprüche hatte. Eine thronende Venetia auf der linken Karte mit drei Kronen (für die drei Königreiche auf ihrem Territorium) dokumentiert das Selbstverständnis. Daneben und an den Wänden gegenüber wurden Karten ferner gelegener Gegenden angebracht, in denen Venezianer Entdeckungen gemacht hatten, die aber nicht zum venezianischen Territorium gehörten. Inschriften überliefern die Namen der Reisenden, die Attribute der allegorischen Figuren verweisen auf Besonderheiten der fernen Länder.

Archivalien belegen die Existenz von weiteren Land- und Weltkarten in Räumen des Palasts seit dem Dogat Francesco Dandolos (1329–1339). Karten des berühmten Kosmographen Antonio Leonardi verbrannten 1483 in einem Raum, in dem auch zwei Wandbilder an den Kreuzzugsplan von 1464 erinnerten. Eine Italienkarte, die 1547 für Ippolito d'Este kopiert wurde, verbrannte 1574 im Anticollegio. Karten des Heiligen Landes, von Zypern sowie von Konstantinopel und der daran westlich angrenzenden Gebiete von Giovanni Domenico Zorzi da Modone zierten den Vorraum der Palastkapelle beim Senat. Von Cristoforo Sortes Karten für die Wände der Sala del Senato wird noch die Rede sein.

Stringa (1604) erwähnte neben den Karten von Gastaldi über den Türen eine *Auferstehung Christi* von Tintoretto sowie einen *Gekreuzigten* und, über den Fenstern, Darstellungen von Sibyllen und Propheten von Giuseppe Salviati. Auf diese Weise wurden die Regionen der Welt in einen christlichen Zusammenhang gestellt.

So wie im 16. Jahrhundert der Kartograph Gastaldi den Maler Vitruvio Buonconsiglio als Mitarbeiter gewinnen konnte, versicherte sich Grisellini der

Mitarbeit des an Tiepolos Werken geschulten Giustino Menescardi. Griselini und sein Förderer, der literarisch gebildete Doge Marco Foscarini, setzten auch inhaltliche Akzente. So wurden die Karten und weitere noch verfügbare Flächen über den Türen und Fenstern genutzt, um an berühmte, mit Venedig verbundene Reisende zu erinnern. Marco Polo (um 1254–1324), Marin Sanudo der Ältere (um 1260–um 1343), Pietro Querini (Reisedaten: 1431–1432), Giosafat Barbaro (gest. 1494), Ambrogio Contarini (gest. 1499), Alvise da Ca' da Mosto (1432–1488), Giambattista Rammusio (1484–1557), Sebastiano Caboto (um 1480–1557), Niccolò Manucci (um 1638–um 1710) sind durch Beischriften identifiziert.

DIE SALA GRIMANI

Dieser Raum wurde im 16. Jahrhundert für Audienzen des Dogen genutzt. Die Wände zierten damals Teppiche und, im Sommer, Ledertapeten.

Zur ersten Ausstattung gehört die hölzerne, reichvergoldete Flachdecke aus der Zeit der Barbarigo-Dogen (1485–1501, Abb. 42). Die Grundform der Motive erinnert an antike Fußböden, während die ausschmückenden Details dem antikisierenden Formenrepertoire der Schnitzer entstammen. In deren

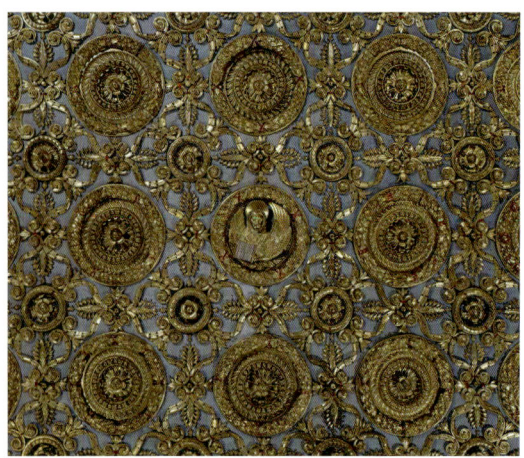

42 Holzdecke in der Sala Grimani

Mitte wurde später das Wappen des Dogen Marino Grimani (1595–1605) in einer Kartusche appliziert, woher der Raum seinen Namen erhielt. Aus dieser Zeit stammt auch der Fries des Andrea Vicentino, vielleicht auch des Giulio del Moro, unterhalb der Decke mit Personifikationen, darunter eine Venetia.

Den schönen Kamin ziert das Wappen der Barbarigo-Dogen. Im Fries des Gebälks halten kleine Figuren große Köpfe, Nereiden und Tritonen erinnern an das Meer, aus dem Venedig (durch den Markuslöwen verkörpert) einen Teil seines Reichtums bezog. Im Stil deutlich vom Kamin der Sala Erizzo verschieden, verbindet beide ein ähnlicher Aufbau und das antikisierende Formenrepertoire.

Bilder des Markuslöwen

Territoriale Ansprüche der Republik ›über Land und Meer‹ demonstrieren vier großformatige Bilder des schreitenden Löwen. Fest steht er mit seinen Pranken zugleich im Wasser und auf dem Land. Seine Botschaft ist in Krisenzeiten ebenso von Kaiser Maximilian (1507) wie vom Florentiner Historiker Niccolò Macchiavelli (1509) verstanden worden.

43 Jacobello del Fiore: Der Markuslöwe   44 Donato Bragadin: Der Markuslöwe

Der Löwe von Jacobello del Fiore (1415) (1), der des Donato Bragadin (1459) (2) und der von Carpaccio von 1516 (3) zierte die Räume verschiedener Verwaltungen, darunter eine am Rialto. Ein weiterer Löwe (4) wurde in der 2. Hälfte des 16. Jahrhunderts gemalt. Bildliche Darstellungen des Markuslöwen werden 1548 auch in den Räumen der Waffensammlungen (Sale d'Armi) erwähnt. Der steinerne Löwe vom Anfang des 15. Jahrhunderts (5) stammt wahrscheinlich aus Istrien.

Die schreitenden Markuslöwen von Jacobello del Fiore (Abb. 43) und Donato Bragadin (Abb. 44) zeigen untypische, auf ihren Anbringungsort gemünzte Inschriften, während die beiden anderen Löwen mit kapitalen Lettern den üblichen Gruß »Pax tibi Marce Evangelista meus« im geöffneten Buch entbieten. Auf Jacobellos Bild sind Wappen von Beamten aus dem Magistrato alla Bestemmia zu finden. Die Inschrift nennt das Entstehungsdatum 1415 und den Namen des Malers und verspricht, dass hier Hass, Neid und Heftigkeit beiseite blieben. Das Vergehen werde sorgsam gewogen und entsprechend geahndet. (MCCCCXV DIE PRIMO MAII JACOBELLUS DE FLORE PINXIT. LINQUITUR HIC ODIUM O[MN]IS ZELUS ET A[R]DOR PLECTITUR HIC QUAE SCELUS LIBRATUM CUSPIDE VERI.)

Der Text auf den Buchseiten des Löwen des Donato Bragadin richtet sich an die Avogadoren, die Mitglieder eines einflussreichen Magistrats, der ebenso die Rechte der Republik wie die der Bürger vertrat: »Bemüht Euch im Dienste Eures Nächsten zu stehen, indem Ihr Gesetze anwendet, mit denen die maßlose menschliche Gier gebremst wird« (LEGIBUS QUIBUS IMMODERATA HOMINUM FRENATU CUPIDITAS QUEM PIAM PARERE COGATIS). Und auf dem Schriftband des Hieronymus steht: »Bestraft niemanden im Zorn« (PUNIRE QUEM PIAM IRATI NON STATUATIS). Und schließlich, auf dem Schriftband des Augustinus: »Wenn Ihr die Irrtümer der Menschen straft, so legt weniger die Schwere des Vergehens als Eure Mildherzigkeit und Güte zugrunde« (HOMINUM VERO PLECTANTES ERRATA ILLA NON TAM MAGNITUDINE PECCATI QUAM VESTRA CLEMENTIA ET MANSUETUDINE METIAMINI).

Der Anspruch der Markusrepublik, über Land und Meer zu herrschen, wurde von Jacobello del Fiore in einer kargen Chiffre für hügeliges Land und bewegtes Meer konzentriert. Donato Bragadin zeigt die Lagune mit ihren Inseln, belebt von Seglern und Ruderbooten. Links, als Zeichen für Städte und befestigte Orte, sieht man eine Festung auf einem steilen, unnatürlichen Felsen. Carpaccio hingegen porträtierte den Dogenpalast und Teile der Stadtfas-

45 Vittore Carpaccio: Der Markuslöwe

sade, die angrenzende Lagune und hügeliges, dicht bewaldetes Land (Abb. 45). Carpaccios Löwe zeigt die Zähne – kein Wunder, war es der Republik bis 1516 doch gelungen, wichtige Teile ihres verlorenen Territoriums im Westen wiederzugewinnen.

Die Sala Erizzo

Zur ersten Ausstattung gehören die hölzerne Flachdecke und der schöne Kamin aus dem Dogat der Barbarigo (1485–1501). Vom Dogen Francesco Erizzo (1631–46) veranlasst, wurde unterhalb der Decke ein martialischer Fries, vermutlich vom Veroneser Maler Giambattista Lorenzetti, hinzugefügt. Damals wurde der Kamin durch einen Stuckaufsatz mit dem Familienwappen der Erizzo zwischen Venus und Vulkan (mit Prothese) ergänzt.

Die in diesem Raum gezeigten, künstlerisch doch eher belanglosen Dogenporträts stammen ebensowenig wie vier Bilder aus der Werkstatt der Bassano, aus dem Palast.

Die Sala degli Stucchi

Die Sala degli Stucchi lag an einem Schnittpunkt viel begangener Wege und diente, hierin vergleichbar dem Atrio Quadrato, als Durchgangsraum. Von hier konnte der Doge seit 1616 über einen später abgebrochenen, überdachten Gang die Sala dei Banchetti (den Festsaal) und die angrenzende Dogenwohnung erreichen. Eine zweite Tür öffnete sich von einem engen Vorraum aus zur Terrasse über der Nikolauskapelle (Cappella di San Niccolò) und zum schmalen privaten Weg, der über den Arco Foscari zum Westflügel führte. Aus dieser Zeit stammte der vermauerte Kamin mit dem Wappen von Antonio Priuli (1617–1623) und ein 1620 datiertes Portal.

Das von Stichkappen gegliederte Muldengewölbe wurde im Dogat Marino Grimanis (1595–1605) vielleicht von Giulio del Moro mit weiblichen Figuren geschmückt, die auf den Verkröpfungen des Gebälks stehen. Diese Figuren stützen scheinbar ohne Anstrengung die Rollwerkrahmen, eine Verbindung, die an gemalte Dekorationen erinnert.

Auffällig ist das Fehlen einer farbigen Fassung oder Vergoldung des Stucks. Reste von Inschriften sind in den Rahmen der Lünetten entzifferbar. 1743 restaurierte und modifizierte der damals berühmte Stukkator Carpoforo Mazzetti den Deckenstuck und fügte an den Wänden Rahmen für neun Bilder aus einem Depot der Procuratia hinzu. Als Teile einer musealen Präsentation des 18. Jahrhunderts verdienen sie jedoch Interesse. Aufmerksamkeit verdient das Porträt Heinrichs III., König von Frankreich, das, wie alle übrigen Bilder dieses Raums, aus der Sammlung Giacomo Contarinis stammt. Auch wenn Tintoretto für ein Porträt Heinrichs III. bezahlt wurde, sehen Kenner in dem hier gezeigten kein eigenhändiges Werk.

Mit dem vermauerten Kamin im Rücken verteilen sich die symmetrisch angeordneten Bilder wie folgt: rechts: *Anbetung der Könige* (Bonifacio de' Pitati, genannt Veronese, zugeschrieben) (1); rechts neben der Tür: *Porträt Heinrichs III. von Frankreich* (Umkreis Tintorettos) (2); um die großformatige *Geburt Christi* (Bonifacio de' Pitati, genannt Veronese, zugeschrieben) (3) wurden vier, Giuseppe Salviati zugeschriebene Kleinformate angeordnet: *Christus im Garten* (6), *Kreuztragung* (7), *Noli me tangere* (4) und *Alexander opfert am Altar* (?) (5). An der Wand zur Sala dei Filosofi wurden eine Engelspietà von einem anonymen, dem Pordenone nahestehenden Maler (8) und eine Madonna von Giuseppe Salviati (9) angebracht.

Die Sala dei Filosofi

Der sogenannte Saal der Philosophen bildet zusammen mit der Sala dello Scudo eine T-förmige bauliche Anlage. 1763 wurden dort elf Bilder von Philosophen aus der Libreria in stuckierten Rahmen präsentiert. Die Bilder kehrten im 20. Jahrhundert an die Wände des dortigen Lesesaals zurück, wo sie in eine historisierende Wanddekoration integriert wurden. Die heute gezeigten, künstlerisch bescheidenen Bilder stammen aus Privatpalästen und einem Magistrat.

Nicht übersehen sollte man eine schmale, steil nach oben zur Chiesetta und weiter zum Senat führende Treppe. Dort malte Tizian einen stämmigen Christophorus ›al fresco‹, als Beschützer all derer, die diese Tür passieren (siehe Abb. 40).

Tizian malte das Wandbild im Auftrag des Dogen Andrea Gritti (1523–38) vermutlich bald nach dessen Amtsantritt in nur drei Tagen.

Christophorus war ein Riese. Er steht, wie die Markuslöwen, in der venezianischen Lagune. Links hat Tizian mit nur wenigen Strichen die Stadtfassade mit dem Dogenpalast, rechts die Alpen angedeutet. Die dichten Schraffuren, mit denen er die Glieder modellierte, erinnern an seine Holzschnitte. Das Innehalten und zugleich Hinwenden, sein Aufstützen und Aufblicken ergeben eine kunstvolle Torsion. Das Jesuskind auf seinen Schultern weist auf den erhofften himmlischen Beistand. Tizian hat hier seinen auch im Dogenpalast erfolgreichen Herausforderer Antonio da Pordenone mit dessen eigenen Waffen übertroffen.

Dogenwohnung

Die Sala Corner

Zur ersten Ausstattung gehört der Kamin aus der Zeit der Barbarigo-Dogen (1485–1501) von der Hand eines anonymen Bildhauers aus der Werkstatt des Pietro Lombardi. Im Fries zeigen Putten Gegenstände, die sonst als Attribute Personifikationen beigegeben sind. Kornähren verweisen auf den Reichtum an Getreide, Oliven auf die Friedfertigkeit, eine Kreuzesfahne wohl auf den Glauben. Ebenso aus der Bauzeit stammt der schöne geschnitzte Fries unterhalb der Balkendecke.

Zwei großformatige Bilder stammen aus der Sala dei Banchetti (heute Teil des Museo Marciano): *Der Doge Giovanni Corner I. (1625–1629) beim Gastmahl zwischen Botschaftern*, geschaffen von Filippo Zaniberti (1). *Die Überfahrt des Dogen Giovanni Corner I. nach San Vito* von Matteo Ponzone (2).

Die Engelspietà von Paris Bordone (3) wurde 1709 vom Seifenfabrikanten Antonio Biondini der Republik geschenkt und in den Räumen des Rats der Zehn aufgehängt. Bordone hat sich hier mit einem Bild von Antonio da Saliba vom Ende des 15. Jahrhunderts, das in den Räumen des Rats der Zehn hing, auseinandergesetzt. Sein Christus liegt, dem Betrachter frontal präsentiert, auf dem ins Bild sich verkürzenden Sargdeckel. Ein Engel berührt mit dem Mund die Hand des Toten, ein zweiter wischt sich eine Träne aus dem Gesicht. Der kunstvoll präsentierte Leib des Toten und nicht der Schmerz der Engel um ihn sind Thema des Bildes.

Die Sala dei Ritratti

Ursprünglich gehörte dieser heute museal genutzte Raum zum privaten Bereich der Dogenwohnung.

Der Kamin aus der Zeit der Barbarigo-Dogen (1485–1501) zeigt in seinem Fries Putten auf Flößen, auf Delphinen und wie sie Boote ziehen. Das dargestellte Wasser und der Markuslöwe sprechen für eine venezianische Thematik.

Pietà des Giovanni Bellini (Abb. 46)

46 Giovanni und Gentile Bellini: Pietà (Vor deren Herauslösung aus der Landschaft des Paolo Farinati)

Die von Giovanni Bellini signierte und ursprünglich 1472 datierte Pietà soll aus der 1525 abgebrochenen Cappella di San Niccolò im Palast stammen. Auch wenn die Oberfläche abgerieben ist, bleibt das Bild ein Meisterwerk. 1571 wurde es im Auftrag dreier namentlich überlieferter Avogadori für die Avogaria in eine schöne Landschaft integriert, die von Paolo Farinati signiert ist. Einer der Stifter, Michele Bon, wurde, vielleicht im gleichen Raum, auf Tintorettos *Auferstehung Christi* mit drei Avogadoren porträtiert. 1948 wurde

Bellinis Pietà herausgetrennt und gereinigt. Die gelungene und bemerkenswerte Integration eines älteren Gemäldes in einen neuen Zusammenhang ist auf alten Fotos noch zu bewundern.

Giovanni schuf die zentrale Gruppe selbst, seinem Bruder Gentile werden Markus und Nikolaus zugeschrieben. Durch eine angeklebte Wachskerze und die beiden Leuchter wurde der Sarkophag zum Altar. Aufgrund des Formats vergleichbare Pietà-Darstellungen finden sich in dieser Zeit mehrfach an Altären, so auch im oberen Abschluss des Madonnenaltars für Santa Maria della Carità (um 1460–1464, von Giovanni Bellini) oder, später, in Verona, in gemalten Wanddekorationen um Altäre.

Der Maler ergreift den Betrachter mit den vom Schmerz gezeichneten Gesichtern von Maria und Johannes sowie der Sprache ihrer Hände. Die gemarterte, leblos vor dem Sarkophag herunterhängende rechte Hand Christi, seine von Johannes gestützte Linke, seine erschlafften Muskeln dort, wo sein rechter Arm auf dem seiner Mutter liegt, laden zum Meditieren ein. Das von rechts einfallende Licht modelliert den Leib Christi und gibt den Farben der Gewänder leuchtende Intensität.

Die Sala degli Scudieri

Auch dieser einst zweigeteilte Raum hatte wechselnde Funktionen. So wurde er zeitweise als Nachtquartier für die Schildknappen genutzt, als diese im frühen 17. Jahrhundert wegen Umbauarbeiten ihre Wohnungen im Erdgeschoss räumen mussten.

Das schöne Portal stammt aus der Zeit der Barbarigo-Dogen (1485–1501). Später ließ der Doge Marcantonio Memmo (1612–1615) darüber in Stuck sein Wappen zwischen Personifikationen anbringen.

Zwei große Querformate stammen aus dem Zunfthaus der Schuster (der Scuola dei Calegheri) am Campo San Tomà.

Die Begegnung des Dogen Marino Grimani mit dem Gastaldo und weiteren Vertretern der Zunft (1), der er für ihren Beitrag beim feierlichen Einzug der Dogaressa in den Dogenpalast (1597) dankt. Die Beischrift bezeichnet diesen Einzug als Krönung. In Abwandlung traditioneller Darstellungen, auf denen Mitglieder einer Scuola ihrem Patron huldigen, stehen hier der Doge und seine Begleiter den Vertretern der Scuola gegenüber. Wahrscheinlich führte die Einsicht, dass Porträts so schnell wie Familienfotos anonym werden, zu den beigeschriebenen Namen.

Justitia mit Waage und Krone übergibt eine Palme an den Vorsteher der Scuola dei Calegheri (2), hinter dem weitere, einheitlich gekleidete Mitglieder der Scuola von Domenico Tintoretto porträtiert wurden. Der Stadtpatron ist am linken Bildrand präsent, während der Heilige Anianus als Patron der Schuster den Dogen empfiehlt. Das Thema ›Mitglieder der Scuola dei Calegheri in Verehrung vor der Madonna‹ wurde um den amtierenden Dogen Giovanni Bembo (1615–1618) und Justitia bereichert, die auf einer zweiten Ebene des Bildes, die das Thema Republik repräsentiert, handeln.

Nach dem Verlassen der Sala degli Scudieri, dem Raum der Knappen, kann man von einem Absatz der Scala d'Oro, der Goldenen Treppe, erneut ihre Wölbungen betrachten, um dann weiter hinaufzusteigen.

Für die undatierten Skulpturen in den beiden Nischen des oberen Treppenlaufs wurden als Themen der Überfluss (Abundantia) sowie die Bereitschaft, den Überfluss fürsorglich mit Schwächeren zu teilen (Caritas), ausgewählt. Der vom Patriarchen Giovanni Grimani protegierte Paduaner Bildhauer Francesco Segala signierte beide Figuren mit seinen Initialen. Er kleidete kunstvoll bewegte, dabei schwer wirkende Frauenfiguren in dichtgefältete, antikisierende Gewänder und unterschied so seine Kunst von den damals in Venedig erfolgreichen Werken des Alessandro Vittoria oder des Jacopo Sansovino.

Die plastischen Deckendekorationen in den Ratssälen

Die Ratssäle sind fast alle mit prächtigen Holzdecken geschmückt. Wie in der venezianischen Zivilbaukunst üblich entschied man sich meist für eine Flachdecke. Gemauerte Wölbungen wie im Erdgeschoss des Ostflügels wurden in der Stadt wegen der dünnen Mauern auf unsicherem Baugrund nur selten und niemals in den Obergeschossen realisiert. Jacopo Sansovinos Dickköpfigkeit, auf einer gemauerten Wölbung für den Lesesaal der Libreria zu bestehen, wohl um es den provinziellen Venezianern einmal zu zeigen, endete schon während der Bauzeit (1545) mit dem Zusammensturz und brachte den besserwisserischen Architekten kurzzeitig hinter Gitter. Entschied man sich, wie in der Sala delle Quattro Porte, dem Saal der vier Türen, oder in der Sala degli Stucchi, dem stukkierten Raum, für Wölbungen, wurde ein Gerüst aus Holz den Deckenbalken appliziert und anschließend verkleidet und dekoriert.

Plastische Deckendekorationen zu entwerfen war Aufgabe von Architekten und Bildhauern, seltener von Malern. Aufwendig gestaltet und meist reichvergoldet bestimmen sie, zusammen mit den Bildern und den Terrazzoböden, die Wirkung der Säle. Als symmetrisch aufgebaute Kompositionen sind sie zudem in ihrer Zuordnung der Rahmen unabhängig von den Bilderfolgen an den Wänden. Ihre Ordnung dominiert unsere Raumerfahrung.

Dass es bei der Umsetzung der gezeichneten Holzdecken-Entwürfe Konflikte mit den Ausführenden geben konnte, zeigen die wütenden Proteste Cristoforo Sortes bei der Realisierung der Decke der Sala del Senato. Adressat der Proteste war hier der Schnitzer Girolamo ebenso wie der zuständige Bauleiter Antonio da Ponte.

Die Rahmen um einen mittleren Rahmen zu gruppieren oder sie entlang einer Mittelachse zu positionieren, komplizierte die Aufgabe für die Autoren der Bildprogramme. Nicht nur an der Decke des Saals des Großen Rats findet sich das thematisch wichtigste Bild nicht im mittleren Rahmen. Da die Formen, die Größe und die Abfolge der Rahmen festgelegt waren, bevor die Erfinder der Themen oder die Maler tätig werden konnten, mussten sie die

Größe, die Maler auch die Formen der Bildfelder beachten. So forderten etwa die T-förmigen Rahmen an der Decke der Sala del Collegio den Maler Paolo Veronese zu intelligenten Notlösungen heraus.

Ausgehend von Jacopo Sansovinos Rahmennetzen (›kommunizierende Rahmen‹) der Libreria gliederte sein Schüler Alessandro Vittoria die Wölbungen der Scala d'Oro und ein anonymer Entwerfer die Flachdecke des Atrio Quadrato, des quadratischen Atriums. Ein zweites, in Rom von Donato Bramante für die Wölbungen von Sankt Peter entworfenes Dekorationssystem (›rhythmische Kassetten‹) wurde von Vittoria neben Sansovinos Rahmennetzen für die Treppe verwandt.

In der Sala delle Quattro Porte wurden bald nach 1574 und vermutlich nach einem Entwurf des Stukkators Giovanni Battista Cambi, genannt Il Bombarda, Rahmen der Wölbung appliziert und von geflügelten Figuren und Rollwerk miteinander verknüpft und gegeneinander abgestützt. In die gleiche Phase gehört die Stuckierung des Gewölbes der Sala dell'Anticollegio, dem Vorraum zum Collegio, die Marco Angolo del Moro, der auch als Maler Ansehen genoss, entwarf und ausführte. Vergleichbar dem Brunnen eines Alberghetti im Hof (um 1559) stützen Kartuschen den mittleren achteckigen Rahmen. Hinzu kommen dralle Festons, über die Götter hinwegschreiten, sowie sich kringelnde Schlangen. Rollwerk und die Kartusche sind hier an die Stelle architektonischer Elemente getreten. Die diesen Formen innewohnende Elastizität und Flexibilität bestimmt die Wirkung der Dekoration.

Etwa gleichzeitig wurden an der Holzdecke der Sala del Collegio vom Architekten Antonio da Ponte die bisher üblichen Verbindungsstege der kommunizierenden Kassetten gekappt und durch applizierte Formen ersetzt. Wieder anders ging Cristoforo Sorte in der Sala del Senato vor. Er nutzte Rollwerk, Festons und Voluten, um die auf der Fläche gruppierten Rahmen wie mit den Tentakeln eines Tintenfischs aneinanderzuklammern. Für das Auge dominieren elastisch, fast zoomorph wirkende Formen, aber auch Ballungen und Gruppierungen.

Ein Höhepunkt ist die von Cristoforo Sorte nach dem Brand von 1577 entworfene Decke der riesigen Sala del Maggior Consiglio. Auf der Unterseite des Dachstuhls wurden Bretter befestigt und auf dieser einigermaßen ebenen, später bemalten Fläche die Rahmen angeschraubt. Eine Station der ›Itinerari segreti‹, eines eigens zu buchenden Rundgangs, ist der riesige Dachstuhl, ein bautechnisches Meisterwerk, an dem sich die Befestigung von Sortes Deckendekoration von oben gut studieren lässt. Sorte hat an dieser Decke die übliche Abfolge der Rahmen auf der Längsachse durch eine zweite, quer verlaufende und so die Deckenmitte betonende Rahmenfolge ergänzt. Er hat zugleich für das Auge Verbindungen zwischen den Rahmen, die an Bahnen erinnern, geschaffen. Demgegenüber wirkt die ebenfalls von Sorte etwa gleichzeitig entworfene Decke der Sala dello Scrutinio, der Raum der Stimmenauszählungen, die eine 1577 verbrannte Holzdecke von Sebastiano Serlio ersetzt, strenger. Figuren sitzen dort auf den ovalen Rahmen, ähnlich wie die gemalten Personifikationen der Grisaillen im Rat der Zehn.

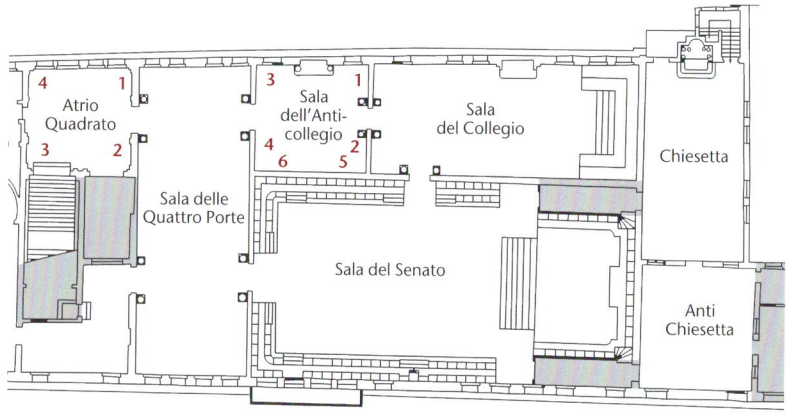

Das Atrio Quadrato

Am Ende der sehr steilen, für zeremonielle Anlässe somit wenig geeigneten Treppe gelangt man in das Atrio Quadrato. Von diesem öffnen sich links eine Tür zu einem Archiv, der Cancelleria superiore, auch Cancelleria segreta, und gleich rechts in einen kleinen, heute unzugänglichen Raum. In diesem war der ursprünglich für die Entlohnung der Truppen zuständige Magistrat untergebracht. Hier sind die einzigen historischen Aborte des Palasts erhalten. Das Fehlen von Toiletten hatte hygienische und logistische Probleme zur Folge sowie eine omnipräsente Geruchsbelästigung und sogar die Beschädigung von Bildern.

Die Türflügel zur Scala d'Oro und zum Raum des ›Savio della Scrittura‹, der für die Entlohnung der Truppen zuständigen Magistrat, sind, anders als die der Treppenläufe, in feingliedrig verzierte Rahmen aufgeteilt.

Die kannellierten kompositen Pilaster der Wände sind Zeugen einer architektonischen Gliederungsweise, die im Palast später zugunsten flexibler Abfolgen von unterschiedlich großen Leinwandbildern aufgegeben wurde.

Die Aufteilung der geschnitzten und reichvergoldeten Flachdecke des Atrio Quadrato erinnert an Wölbungen der Scala d'Oro, der Goldenen Treppe; das Priuli-Wappen, gehalten von Nereiden, dokumentiert die Entstehungszeit. Im achteckigen Mittelbild (Abb. 47) hat Tintoretto den Dogen Girolamo Priuli (1559–1567) vor Personifikationen der Justitia (Gerechtigkeit) und der friedliebenden Venetia, begleitet von seinem Namenspatron Hieronymus und einem Löwen, dargestellt. Justitia zeigt dem Dogen ihr Schwert – mit der Klinge friedfertig nach unten – und

47   Jacopo Tintoretto: Der Doge Girolamo Priuli vor Justitia und Venetia

hält, wie beiläufig, die Waage. Tintoretto hat durch die Überschneidung mit dem Rahmen vermieden, den Dogen, wie sonst im Palast üblich, als Knienden darzustellen und dabei seine intensive Zuwendung zur Justitia betont. Venetia sitzt links vorn mit locker übereinandergeschlagenen Beinen, ein Olivenzweig ist der Friedfertigen um den Arm gewunden, zu ihren Füßen strömt Wasser, der Tradition entsprechend ein Hinweis auf Herrschaft über Territorien. Venetia scheint Justitia dem Dogen zu empfehlen. Der Löwe nah beim Dogen kann ebenso als ein Zeichen für die Republik wie als Attribut des Hieronymus verstanden werden. So konnte der Betrachter die Patrone des Dogen und der Republik in einer einzigen Figur erkennen. Nach dem Brand von 1574 wurde Girolamo Priuli in der Sala del Senato in einem Devotionsbild gezeigt. Offensichtlich wurde das Deckenbild nicht als der Gattung zugehörig betrachtet.

Um das mittlere Deckenbild wurden von einem anonymen Mitarbeiter Tintorettos vier monochrome, alttestamentliche Historien und vier Putten, letztere vermutlich als Personifikationen von Jahreszeiten, gemalt. Die Themen *Gerechtigkeit des Salomo*, *Esther vor Ahasver*, *Samson erschlägt die Philister* und *Die Königin von Saba vor Salomo* standen für Qualitäten der Republik wie Weisheit, Freiheit, Stärke und Reichtum.

Vier erst 1578 an den Wänden angebrachte mythologische Bilder Tintorettos wurden 1713 in die Sala dell'Anticollegio, den Vorraum zum Collegio, transferiert. Zum Ersatz wurden vier Leinwandbilder aus der Werkstatt Paolo Veroneses und der Bassano auf ein gleiches Format gebracht und in einheitlichen Rahmen museal präsentiert.

Der Engel erscheint dem Evangelisten Johannes (Francesco Bassano?) (1).

Ein Engel hält den am Ölberg zusammengesunkenen Christus und stützt ihm dabei liebevoll das Haupt (wohl nach einem Entwurf von Paolo Veronese) (2). Von links fällt helles Licht aus dem Nachthimmel auf Christus und den Engel, ein Kelch, Symbol des Opfers und des Glaubens, steht auf einer niedrigen Mauer. Rechts, in tiefer Dunkelheit, nähern sich Soldaten. Erinnerungen an eine Engelspietà verbinden sich mit einer eindringlichen Darstellung von Christi Leiden am Ölberg.

Adam und Eva mit ihren kleinen Kindern im menschenleeren Wald (Veronese-Werkstatt) (3).

Die Verkündigung an die Hirten (Bassano-Werkstatt) (4).

Die Bildthemen und zeitgenössische Erklärungen

Viele Besucher des Dogenpalasts fühlen sich, auf ihrem Rundgang, ›von Bildern erschlagen‹ und flüchten schließlich, erleichtert, in die Prigioni, das Gefängnis, deren schaudererweckende Zellen manche Vorurteile über eine grausame Republik zu bestätigen scheinen und im Sommer auch noch angenehme Kühle bringen.

Nur wenige versuchen, die Historienbilder zu lesen und Allegorien, und sei es auch nur in Ansätzen, zu verstehen. Dies war vermutlich auch vor dem

Fall der Republik (1797) nur wenig anders, als zentrale Themen des republikanischen Selbstverständnisses nur belesenen Venezianern noch vertraut waren. So bestand nicht nur in Venedig ein Bedarf an Texten, die die bildlich dargestellten historischen Ereignisse identifizierten und einige elementare Fakten zu ihrem Verständnis lieferten. Man brauchte Texte, die die Themen der Bilder und Skulpturen nannten, Allegorien entschlüsseln halfen und so zumindest eine offiziöse Lesart der Bilder vermittelten. Die lateinischen Beischriften, wie sie im Palast mehrfach neben den Bildern angebracht wurden, konnten diesen Bedarf nicht befriedigen. Eher schon dokumentierten sie die Bildung der für die Ausmalung Verantwortlichen. Girolamo Bardis 1584 veröffentlichte Erklärung der dargestellten Historien in der Sala del Maggior Consiglio und in der Sala dello Scrutinio steht neben anderen, die die Ausstattung des Dogenpalasts in einen größeren städtischen Zusammenhang integrierten. Francesco Sansovinos weitverbreitete *Venetia città nobilissima et singolare* von 1581 und ihre ergänzten Fassungen haben das Bild der Stadt bei den Einheimischen wie den Fremden geprägt. Kaum ein Reisender kam in den folgenden Jahrhunderten ohne dieses Handbuch aus.

Auch in Venedig wurden Gebildete beauftragt, Themen für die Bilder festzulegen. Dabei gab es in Venedig keinen umtriebigen Maler wie Giorgio Vasari in Florenz, der, von Cosimo I. mit umfassenden Kompetenzen ausgestattet, sich um die Ausstattung der Fürstenresidenz kümmerte. Die höfische Ordnung ermöglichte langfristige Anstellungen von Spezialisten, die so zwischen dem Auftraggeber und den bildenden Künstlern eine wichtige, für die Maler nicht immer bequeme Rolle spielten. So wird Tintoretto kaum erfreut gewesen sein, als der am Hof von Mantua auch für die Gemälde zuständige Conte Teodoro Sangiorgio einige der vorbereitenden Skizzen für den Gonzaga-Zyklus mit der Feder korrigiert dem Maler zurücksandte, weil Tintorettos Entwurf den Ablauf des Ereignisses falsch wiedergegeben habe.

In Venedig liegt das Verhältnis der vom Staat beauftragten Spezialisten zu den Malern fast völlig im Dunkeln. Persönliche Kontakte und Gespräche, auch über erste Skizzen, Reinzeichnungen oder ›modelli‹, sind wahrscheinlich, nachweisbar sind sie bisher nur sehr selten. Die Evidenz spricht gegen eine institutionalisierte Kontrolle der Maler durch den Staat, die der strengen, manchmal pedantischen Kontrolle der vom Staat beauftragten ›offiziellen‹ Historiker entsprochen hätte. So musste selbst der hochangesehene Pietro Bembo hinnehmen, dass seine im Auftrag der Republik verfasste venezianische Geschichte vor dem Druck von den für die Kontrolle zuständigen Zensoren, den ›Riformatori dello Studio di Padova‹, durchgesehen und unerwünschte Lappalien korrigiert wurden. Zu diesen gehörte, dass das oft hohe Alter der venezianischen Heerführer nicht erwähnt werden durfte.

Francesco Sansovinos *Venetia città nobilissima et singolare* wurde 1581 zum ersten Mal veröffentlich, 1604 vom Kanonikus von San Marco Giovanni Stringa erneut aufgelegt und schließlich noch einmal 1664 von Giovanni Martinioni mit Ergänzungen versehen. Sansovino hatte bereits 1556 seinen späteren Bestseller unter dem Pseudonym Anselmo Guisconi in einer viel knapperen Darstellung unter dem Titel *Tutte le cose notabili e belle che sono in Venetia* vorbereitet. Auch wenn die Beschreibung des Dogenpalasts in seiner *Venetia città nobilissima et singolare* breiten Raum einnimmt, so ist sie doch nur ein Teil der Erläuterung der öffentlichen Bautätigkeit, der ›fabbriche pubbliche‹. Zu diesen gehörten für Sansovino nicht nur Bauten, die man heute als öffentliche bezeichnen würde, sondern ebenso private Sammlungen von Musikalien, Büchern und Waffen sowie Gärten und schließlich auch das Ghetto, in dem sich seit 1516 Juden ansiedeln mussten.

Sansovinos *Venetia città nobilissima et singolare* beginnt mit der Beschreibung venezianischer Kirchen, angeordnet nach Sestieri, und enthält materialreiche Kapitel über Privatpaläste, die Laienbruderschaften (›Scuole‹), private Sammlungen, öffentliche Umzüge (›andate pubbliche‹), aber auch über die Gebildeten der Stadt (›uomini letterati‹). Viten der venezianischen Dogen und eine Chronik beschließen ein Werk, das im Reichtum und in der Präzision seiner Mitteilungen seinesgleichen sucht. Keine italienische Stadt, weder Rom, Florenz, Neapel oder Mailand, konnte sich rühmen, über eine vergleichbar kenntnisreiche Darstellung zu verfügen, die dem Ruhm des Gemeinwesens und nicht der Verherrlichung eines einzelnen verpflichtet war. Dabei ging es dem Polyhistor und Literaten Sansovino nicht zuerst um Kunst. Wesentlich war ihm die Ordnung des Staates und dessen ruhmreiche Geschichte, die er anhand der Bauten und Bilder den Einheimischen und den zahlreichen Besuchern zu vermitteln hoffte. Hierzu gehörte ebenso das Rühmen prominenter Künstler wie lobende Mitteilungen über herausragende Bürger der Stadt. Über die venezianische Malkunst und ihre spezifischen Qualitäten hatten sich zuvor schon neben anderen Paolo Pino in seinem *Dialogo di Pittura* und Lodovico Dolce mit dem *Dialogo della pittura intitolato l'Aretin* (1557) kompetent und programmatisch geäußert.

Während Francesco Sansovino das einzigartige Venedig zum Thema seines Buchs machte, konzentrierten sich andere Autoren auf Bilderzyklen im Dogenpalast. Schon die Wahl des Lateinischen und die Versform schränkten den Kreis der Adressaten für die Erklärung der Themen von Giuseppe Salviatis Malereien in der Wölbung der Sala dell'Quattro Porte, dem Raum mit den vier Türen, ein, die Francesco Zani 1567 veröffentlichte. Das Programm war von Mitgliedern einer kurzlebigen Accademia Veneziana erdacht worden. So war es vermutlich weniger der Wunsch, Missdeutungen unerfahrener Betrachter auszuschließen, als die Hoffnung, Beifall der Gebildeten für ein Venedig rühmendes Bildprogramm zu wecken. Da Salviatis Bilder nach wenigen Jahren (1574) verbrannten, ist diese Erklärung fast die einzige Spur der Ausmalung geblieben.

Anders lagen die Dinge bei einer Schilderung der Ereignisse, die Girolamo Bardi, Camaldulensermönch und Autor eines staatstragenden Buchs über den 1177 geschlossenen Frieden von Venedig, 1587 veröffentlichte (*Dichiaratione delle Historie che si contengono nei quadri posti nuovamente nelle sale dello Scrutinio e del Gran Consiglio ...*). Diese Erklärung basierte auf einem handschriftlich überlieferten Text, der nach dem Brand von 1577 auf Geheiß des

Senats von Giacomo Contarini, Giacomo Marcello und ihm selbst verfasst und den Malern vor Arbeitsbeginn zugänglich gemacht wurde. Dabei dürfte sich Bardis Anteil in erster Linie auf die Ereignisse um den Frieden von Venedig konzentriert haben, während der in humanistischen Texten heimische Giacomo Contarini die Allegorien erdacht haben könnte. Von dem Text, der dem Senat vorgelegt und, wie die Allegorien lehren, für die Maler verbindlich wurde, haben sich bisher immerhin fünf nahezu identische Abschriften im Taschenbuchformat gefunden. Der schließlich 1587 als Buch veröffentlichte Text ist bei den Historien ausführlicher als die Handschriften, ohne jedoch wesentliches zu ändern oder hinzuzufügen. Im Grunde genommen handelte es sich um redaktionelle Veränderungen, die belegen können, dass die zentralen Aussagen der Manuskripte und im Fall der Allegorien sogar die Formulierungen verbindlich geblieben waren. So konnten alle, die dies Taschenbuch erwarben, sich mit der offiziellen venezianischen Version der Vorgeschichte und der Folgen des Friedens von 1177, des Vierten Kreuzzugs von 1202 bis 1204 sowie weiteren Höhepunkten der vaterländischen Geschichte vertraut machen. Dass die Maler bei den historischen Ereignissen weitgehend unabhängig von den knappen Texten entwarfen und bei den Allegorien bemerkenswerte Akzente mit künstlerischen Mitteln setzten, wird zu zeigen sein.

Der Bedarf an Texten, die ephemere öffentliche Inszenierungen beschrieben, scheint im letzten Drittel des 16. Jahrhunderts gewachsen zu sein. Hatte Marin Sanudo sich noch darauf beschränkt, eigene Beobachtungen bei Prozessionen und Staatsbesuchen seinen Tagebüchern, den umfangreichen *Diarii* (1496–1533), anzuvertrauen, nutzten nun venezianische Verleger die Gelegenheitsschrift. Der Staatsbesuch des französischen Königs Heinrich III. auf seinem Weg von Polen zurück nach Frankreich (1574) wurde ebenso wie der Triumph von Lepanto (1571) oder die Hochzeit des Dogen Marino Grimani mit Morosina Morosini Grimani (1598) beschrieben und gefeiert. Vor allem die Schlacht von Lepanto, in der die christliche Liga über die osmanische Flotte siegte, bot der Republik die schon lange schmerzlich entbehrte Gelegenheit, ihre Ambitionen durch die Erinnerung an einen spektakulären militärischen Erfolg zu unterstreichen. So haben ebenso Staatsbesuche wie der Sieg von Lepanto in Bildern des Dogenpalasts deutliche Spuren hinterlassen. Eine von Alessandro Vittoria 1575 geschaffene Gedenktafel in der Loggia des Ostflügels gegenüber der Scala dei Giganti erinnert an den Besuch Heinrichs III. von 1574, bei dem der französische Gast und umworbene Verbündete mit königlichem Pomp auf dem Lido empfangen worden war. Zugleich konnte ein jeder graphische Blätter mit der Darstellung der Festlichkeiten am Lido oder der Schlacht von Lepanto erwerben und, einmal in seine Heimat zurückgekehrt, vom Ruhm der Republik künden.

Ein besonders erfolgreiches Genre war die Lobrede. Diese wurden zu verschiedenen Anlässen und nicht nur bei der Einführung des Dogen in sein Amt gehalten, einzeln oder gesammelt veröffentlicht und waren so allgemein zugänglich. Diese Gattung (Enkomastik oder Panegyrik) folgte eigenen

Regeln. Wer diese Reden liest und sich zugleich an Bilder im Dogenpalast erinnert, wird, so er die Umstände von deren Entstehung rekonstruieren möchte, sorgfältig unterscheiden müssen. Hatte ein Maler wie Tintoretto etwa im Devotionsbild des Dogen Nicolò da Ponte in der Sala del Collegio Metaphern der Lobrede genutzt, oder prägte und spiegelte die Lobrede Möglichkeiten des Betrachters, im Angesicht der Bilder frei zu assoziieren? Kaum eine Metapher innerhalb dieser an ›Bildern‹ so reichen Reden, die nicht als Beleg angeführt wurde für eine angeblich intendierte Gleichsetzung Venedigs mit Jerusalem, Sparta, Athen oder Rom, der Räte mit dem Paradies, der Senatoren mit den himmlischen Göttern der Antike und des Dogenpalasts mit dem Palast des Salomo.

Die Maler der Historienbilder verzichteten auf polemische oder den Gegner verächtlich machende Äußerungen. Ganz anders die für die Scuole Grandi Verantwortlichen, die mehrfach die Gelegenheit eines Umzugs nutzten, sich mit Figuren auf Schaugerüsten und erklärenden Tafeln zur Republik und als Gegner konkurrierender Mächte zu bekennen. Dabei war man bei der Wahl der Mittel nicht zimperlich und bewegte sich auf einer Ebene mit den damals, auch nördlich der Alpen, beliebten polemischen Darstellungen in den graphischen Künsten. Die Trennung in eine maßvolle, aktuelle Spannungen weitgehend ausklammernde Bildpropaganda in den Werken des Dogenpalasts und eine aktuelle Konflikte thematisierende und nicht selten zuspitzende Aussage bei den Umzügen lässt vermuten, dass die Rollen klar verteilt waren. Es scheint, als sei es die Rolle der Scuole Grandi gewesen, gegenüber der venezianischen Bevölkerung, den Besuchern der Stadt und den Emissären fremder Regierungen in lebenden Bildern ›Klartext‹ zu reden und für die Republik unmissverständlich Partei zu ergreifen. Und so wurden die Umzüge der Scuole zu einem wirkungsvollen Instrument der Politik nach innen wie nach außen. Dass bei den Umzügen in Krisenzeiten die Grenzen zur Beleidigung überschritten werden konnten, hat der Rat der Zehn erkannt und 1513 eine präventive Kontrolle der Darstellungen auf den Schaugerüsten verfügt. Die komplexe, oftmals als Allegorien verschlüsselte Bilderwelt des Dogenpalasts hatte somit für weite Teile der venezianischen Bevölkerung und wohl auch für Besucher der Stadt ein anderes Gewicht als die aktuellen politischen Bekenntnisse der Scuole Grandi.

Bei den öffentlichen Umzügen des Dogen, den ›andate in trionfo‹, verzichtete man hingegen auf tagespolitische Aussagen. Bei diesen wurden die Insignien, die ›trionfi‹, gezeigt, die der Republik, so die venezianische Überlieferung, 1177 von Papst Alexander III. zum Lohn für ihr Eintreten für die Kirche und ihren Kampf gegen Kaiser Barbarossa verliehen worden waren. Diese bis in die Einzelheiten der Abfolge geregelten öffentlichen Auftritte der Regierenden und ihrer Entourage wurden von Francesco Sansovino (1581) und seinen späteren Herausgebern in eigenen Kapiteln geschildert. Einige der Umzüge wurden zudem in graphischen Blättern verbreitet, auf denen die Teilnehmer durch Beischriften ihrem Rang und Stand nach identifizierbar waren.

Die Sala delle Quattro Porte (Abb. 48)

Vom Atrio Quadrato aus betritt man die Sala delle Quattro Porte. In dieser Lobby konnten sich der Doge und die Ratsherren im Gespräch begegnen. Die Sala öffnet sich mit vier Türen zum Collegio, zum Senat, zum Rat der Zehn und über das Atrio Quadrato zum Archiv, der Cancelleria. Jeweils drei allegorische Figuren auf jeder der vier Portale sind auf die Aufgaben und Qualitäten der Institutionen bezogen, zu denen sich die Türen öffnen.

Die vier prächtigen Portale wurden, so Archivalien, von Andrea Palladio entworfen. Die Schönheit des kostbaren Marmors der Spoliensäulen ist beeindruckend, die Ausführung nicht nur der Kapitelle meisterlich. Auf diesen

48   Saal der vier Türen (Sala delle Quattro Porte)

Portalen wurden 1589 jeweils drei Figuren aufgestellt, deren sinnreiche Allegorien bereits nach dem Dogenpalastbrand von 1577 schriftlich festgelegt und geplant worden waren. Damals schien eine geistreiche Auswahl der Themen wichtiger als die ästhetische Beeinträchtigung durch die Aufstellung von Figuren auf dem Abschlussgebälk.

Folgende Personifikationen wurden ausgewählt:
   Tür zur Sala dell'Anticollegio: Wachsamkeit, Beredsamkeit und Mühelosigkeit, Gehör zu finden (Alessandro Vittoria). Tür zur Sala del Senato: Krieg und Frieden sowie Pallas, Zögling der Künste (Girolamo Campagna). Tür zum Consiglio dei Dieci, dem Rat der Zehn: Höchste Autorität, Religion und Gerechtigkeit (Francesco Castelli). Tür zur Cancelleria über das Atrio Quadrato: Treue, Bewahren von Geheimnissen und Sorgfalt (Giulio del Moro).

Unüberbrückbare Diskrepanzen bestehen zwischen dem Text, der alle nur denkbaren Attribute der Personifikationen aufzählte, und den Figuren. Offensichtlich waren die Texte als ein Angebot von gelehrten Informationen an die Bildhauer, nicht aber als Handlungsanweisungen gedacht. Die eingeladenen Bildhauer hätten den Auftrag auch als künstlerischen Wettstreit verstehen können, der fesselnde Erfindungen und eine eigenhändige Ausführung obligatorisch gemacht hätte. Dies scheint jedoch nicht der Fall gewesen zu sein.

Die von Alessandro Vittoria signierte Sitzfigur über dem Portal zum Anticollegio wirkt füllig, ihre Glieder massig und schwer, der Gesamteindruck geradezu barock. Ihre beiden Begleiterinnen sind dagegen schlank, sie entsprechen eher einer sparsamen, die Vielfalt der Formen reduzierenden, gern gewählten Stilvariante Vittorias. Vermutlich hat der Bildhauer auch hier, wie damals in Venedig üblich, die Ausführung delegiert. Die Figuren des Veroneser Bildhauers Giulio del Moro auf dem Portal zum Atrio Quadrato wirken demgegenüber weniger klar und bestimmt in ihren Haltungen und Gebärden. Dabei stand er Vittorias Werk in seinen formalen Lösungen nah. Die Faltungen der Gewänder von Girolamo Campagnas Figuren auf dem Portal zum Senat wirken kleinteilig. Die Verkörperung des Friedens entpuppt sich, bei einem Vergleich mit Sansovinos Pax an der Loggetta, als formelhafte Formulierung.

Enttäuschend sind die Figuren von Francesco Castelli auf dem Portal zum Rat der Zehn. Die verbacken wirkenden Gewänder sind in den Flächen des Blocks gefangen, das Sitzen der mittleren Figur wirkt unfrei.

Die Ausschmückung der Sala delle Quattro Porte, die wie aus einem Guss erscheinen mag, ist auch das Ergebnis von umfangreichen Veränderungen im 17. und 18. Jahrhundert. Anlass waren Beschädigungen durch Feuchtigkeit (vor allem wegen undichter Fenster) und die für Leinwände besonders gefährliche Sonneneinstrahlung. So übermalte der angesehene Nicolò Bambini 1713 an der Wölbung zum Hof drei Ovale mit den Personifikationen der venezianischen Städte Vicenza, Altino und Verona sowie die Lünette mit Venetia, die sich auf die Weltkugel stützt. Auch Tintorettos schwerbeschädigtes Mittelbild wurde damals deckend übermalt. Kleine, jüngst von Restauratoren geöffnete ›Fenster‹ geben den Blick auf eine Ruine frei. Bambini erneuerte zahlreiche kleine Deckenfelder und frischte die Arabesken des Deckengrundes auf. 1733 schuf dann der Stukkator Giovanni Battista Solari die Rokokofiguren von Saturn, Krieg und Frieden um die Lünette der Kanalseite und ersetzte eine der Götterfiguren auf dem Gebälk. Schließlich erhielt Giambattista Tiepolo um 1758 den Auftrag für sein heute museal in Augenhöhe präsentiertes, über dem Fenster durch eine Kopie ersetztes Bild:

Giambattista Tiepolo: **Neptun bringt Venedig Gaben des Meeres dar**
(Abb. 49)

Tiepolo ging auf das Querformat ein und malte Venetia gelagert auf einem glutroten Kissen. Er drapierte dabei den Stoff ihres Gewandes, ohne unterhalb ihrer Schultern den Körper auch nur anzudeuten. Die entschiedene Gebärde ihrer Rechten und Neptun, der aus einem Füllhorn Reichtümer vor ihr auf den Boden ausschüttet, zeigen das ungleiche Kräfteverhältnis. Tiepolo hat aus dem Gott des Meeres einen alt gewordenen Diener der herrisch fordernden Republik gemacht. Dabei liegt die Linke der Stadtgöttin gelöst und elegant auf der Stirn des sorgenvoll dreinblickenden Markuslöwen.

49 Giambattista Tiepolo: Neptun bringt Venetia Gaben des Meeres dar.

Die Wölbung des Raums wurde von Giovanni Battista Cambi, genannt Il Bombarda, einem dem gefeierten Maler Parmigianino nacheifernden Stukkator aus Cremona, mit Rahmen, Rollwerk und Figuren geschmückt und von Baldissera, einem Spezialisten für Grotesken, bemalt. Götterfiguren stehen auf einem Gebälk, dem wohl ursprünglich, wie schon bei der 1574 verbrannten Dekoration und so wie heute noch im Atrio Quadrato, Pilaster zugeordnet werden sollten. Erst später, nach 1591, wurde auch die Fassade der Libreria an der Piazzetta mit Götterfiguren auf der Attika bereichert. Während Tintorettos Bilder in den Rahmen der Wölbung auf einem von Francesco Sansovino erdachten Programm basieren, wurden die Wände über mehrere Jahrzehnte sukzessive und ohne einen erkennbaren gemeinsamen Nenner mit Bildern geschmückt – so mit zwei Devotionsbildern, einem Schlachtenbild, Staatsbesuchen von 1574 und 1603 und einer Darstellung mit der *Übergabe venezianischer Gesetze an die Nürnberger*.

DIE STADTGRÜNDUNG

Über das Datum und die Umstände der Stadtgründung ist in Venedig häufig geschrieben worden. Dabei ging es den Autoren nicht darum, einen förmlichen Gründungsakt nachzuweisen, sondern sie glaubten, in den Umständen und dem Datum der Stadtgründung Hinweise auf die Bestimmung der Stadt zu erkennen. So ist die mythische Stadtgründung mit weiteren Aspekten des Selbstverständnisses eng verknüpft. Ähnlich wie in Rom, wo es eine Zeitrechnung ›ab urbe condita‹ gab, konnte man in Venedig nach einem eigenen Kalender zählen, der das Jahr am 25. März und die Zählung der Jahre 421 nach Christi Geburt beginnen ließ. So zeigt das Portal des Arsenals nicht nur einen antikisierenden Stil, sondern in großen Lettern auch zwei Daten, 1460 nach Christi Geburt und 1039 nach venezianischer Zeitrechnung. Solche lokalpatriotischen Datierungen, wie sie auch Francesco Sansovino in einem *Cronico Veneto* seiner *Venetia città nobilissima et singolare* von 1581 nutzte, wurden in Venedig jedoch nicht zur Regel.

Gern verband man das fiktive Gründungsdatum Venedigs am 25. März 421 mit dem Datum der Verkündigung an Maria. Unauflösbare Widersprüche mit anderen Überlieferungen wurden nicht als Problem betrachtet. Dazu gehört die Legende der Praedestinatio, nach der der Heilige Markus bei einem Sturm in der Lagune von einem Engel die Botschaft erhalten habe, dass hier seine Gebeine ihre Ruhe fänden. Wenn die Episoden aus dem Leben und Nachleben des Stadtpatrons in den Bildern des Dogenpalasts in den Hintergrund traten, war dies keine Abkehr von einer lebendigen Überlieferung. Die Mosaiken an der Westfassade und im Inneren von San Marco, der Eigenkirche des Dogen, waren Bestandteile der Staatsikonographie und so bedurfte es keiner Wiederholungen im Palast. Schließlich führten Prozessionen an den Mosaiken vorbei und wurden Staatsakte in San Marco vorgenommen. So wurde die Überlieferung einer apostolischen Stadtgründung durch bildliche ›Dokumente‹ in San Marco beglaubigt. Bei den Viten des Stadtpatrons wird besonders deutlich, dass die Bildprogramme der Eigenkirche des Dogen und die des Dogenpalasts sich, unabhängig von ihrer Entstehungszeit, ergänzten.

Vor diesem Hintergrund werden Darstellungen der Verkündigung am öffentlichen Ort gern als Hinweise auf das fiktive Gründungsdatum Venedigs verstanden. Diese Erklärung ist bei den Reliefs der Verkündigung an der Rialtobrücke überzeugend. Dort finden sich seit 1590 Gabriel und Maria (von Agostino Rubini) sowie Theodor und Markus (von Tiziano Aspetti). Und so war auch die *Verkündigung* auf den beiden seitlichen Flügeln des Triptychons aus dem Magistrato degli imprestidi am Rialto von Bonifacio Veronese (Gallerie dell'Accademia) als Hinweis auf die Stadtgründung gedacht. Gabriel und Maria begleiten dort ein mittleres Bild, auf dem Gottvater über der Piazza als Beschützer auf Wolken schwebt. Kann man aber bei der *Verkündigung* zu Seiten von Guarientos *Paradies* an der Stirnwand der Sala del Maggior Consiglio (um 1365) so weit gehen? Finden sich nicht häufig Darstellungen der Verkündigung in Verbindung mit einer Marienkrönung, als Hinweis auf den Beginn des Heilsgeschehens, so etwa in Padua an Grabmälern des 14. Jahrhunderts?

Das Gründungsdatum (25. März 421) legte zudem eine Verbindung der Stadtgöttin Venetia mit der Jungfrau Maria nah. Das stets ›jungfräulich‹ gebliebene, nie von anderen Völkern unterjochte Venedig (›Venezia sempre Vergine‹) wurde so zu einem besonders beliebten Topos des Selbstverständnisses.

Aber es gab noch weitere Möglichkeiten, an Venedigs Anfänge zu erinnern. So beginnen die Dogenreihen im Fries der Sala del Maggior Consiglio mit dem neunten Dogen Obelerio Antenoreo (804–811) unter dem, so eine Überlieferung, der Regierungssitz von Malamocco (am Lido) nach Rialto verlegt und somit erneut gegründet worden sei. Andere Autoren verbanden diesen Schritt mit Obelerios Nachfolger im Amt, Angelo Partecipazio (811–827). Dass diese Zäsur im frühen 9. Jahrhundert Teil eines offiziellen Geschichtsbildes war, dokumentieren auch die beiden ersten Historienbilder an der Westwand der Sala dello Scrutinio. Auf dem ersten ist eine uralte Kriegslist der Venezianer bei der Verteidigung ihrer Stadt gegen Pipin (809) und auf dem zweiten Pipins Strategie bei der letztlich vergeblichen Belagerung von Rialto im selben Jahr gezeigt.

Die Deckenbilder

Nach dem Brand von 1577 wurden vom Literaten Francesco Sansovino die Themen für die Bilder an der Wölbung formuliert. Anders als die Programmerfinder der 1574 verbrannten Werke des Giuseppe Salviati, stellte Sansovino die Stadtgründung und deren Bestimmung in den Mittelpunkt. Venetia wird von Jupiter »in diese Gewässer« gesandt, da sie nach Gottes Ratsschluss geschaffen worden sei, um dort Religion und christliche Freiheit zu bewahren. Eine mythische Gründung, bei der vorchristliche und christliche Himmelsbewohner gemeinsam zur Bewältigung einer großen Aufgabe bemüht wurden. Sansovinos Absicht ist deutlich. Während er in seiner *Venetia città*

Sala delle Quattro Porte

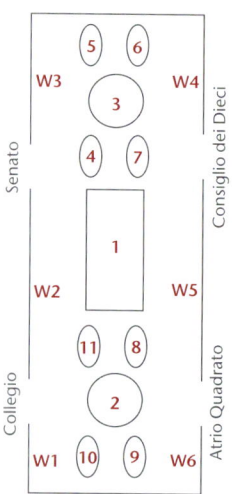

nobilissima et singolare (1581) mit fast buchhalterischer Sorgfalt mehrere historische Stadtgründungen erwähnte, verlegte er nun das Ereignis in eine lange zurückliegende, von Historikern nicht überprüfbare Zeit. Die »historische Sendung« der Republik, Religion und christliche Freiheit zu bewahren, bestimmte, so nicht nur Sansovino, von Anbeginn die Geschicke der Stadt.

Die in Jahrhunderten gewachsene Ausdehnung des venezianischen Herrschaftsgebiets ist in acht ovalen Rahmen durch Personifikationen von Städten und Regionen (D4–11) dokumentiert.

Tintoretto hat das ausgewählte Thema so verändert, dass niemand in der Lage ist, aus seinem Bild den zugrundeliegenden Text des Sansovino zu rekonstruieren (Abb. 48, D1). Dies nicht nur, weil das Bild 1713 von Nicolò Bambini übermalt und durch einen hinzugefügten Heiligenschein über Jupiters Haupt christlich umgedeutet wurde. Eine gezeichnete Kopie vor den Veränderungen zeigt, dass Bambini die Protagonisten und die Komposition von Tintorettos Bild, bis auf den Heiligenschein, nur wenig veränderte.

Jupiter und Venetia schreiten auf Wolken, Hand in Hand wie ein verliebtes Paar. Während Jupiter seiner Begleiterin den Weg weist, schaut diese nach unten, wohl auf die Lagune, in der sie herrschen sollte. Beeindruckend sind Nähe und Gleichrangigkeit der Protagonisten. Tintoretto wollte hiermit wohl kaum an Jupiters amouröse Abenteuer erinnern, auch wenn mancher Betrachter geschmunzelt und dann klug geschwiegen haben könnte. Im Saal aber blickt man auf zum Götterhimmel, aus dem Jupiter und Venetia sich auf den Weg gemacht haben. Das Ziel ist nicht gezeigt, der Betrachter erkennt jedoch, dass beide sich ihm und somit Venedig nähern.

Mit dieser Version der Stadtgründung gab man sich im Palast zufrieden. Die Themen der beiden Rundbilder der Wölbung wie die Freiheit und die Aristokratie finden sich hingegen auch in anderen Räumen. Die Personifikation der Freiheit (D3) zeigt triumphierend ein zerbrochenes Joch und gesprengte Ketten, Überwundene bevölkern die untere Bildhälfte. Zwei Begleiterinnen zeigen auf kurzen Stöcken den roten Pileus, die Kopfbedeckung der Freigelassenen im antiken Rom, an die angeblich die Form der Dogenmütze erinnert und die in der Französischen Revolution eine erneute Fortüne hatte.

Im Rundbild mit der ›nobiltà‹, der Aristokratie (D2), hat Tintoretto nicht auf eine bissige Pointe verzichtet. Juno hält den Pfau, Symbol für den Adel, an den Flügeln wie ein Federvieh auf dem Markt, während Venetia dies Geschenk freudig empfängt. Auch hier hilft Sansovinos Erklärung beim Verstehen. Es seien die ›nobili‹, die Aristokraten, gewesen, die Venedig und die bestehende Herrschaft hervorgebracht und die seitdem ihr Blut rein gehalten hätten. Damals wurden gern die angeblich aristokratischen Anfänge Venedigs mit den bescheideneren Roms verglichen, das, so eine abfällige Stimme, eben nur von Hirten gegründet worden sei.

Sansovino konnte davon ausgehen, dass ein Betrachter besonderes Vergnügen empfand, wenn er Äußerungen von Zeitgenossen zu den jeweiligen Themen kannte. So konnte der Belesene um die Bilder einen pointenreichen Kranz widersprüchlicher Zitate winden und das breite Spektrum kontroverser Bewertungen der venezianischen Führungsschicht illustrieren. Bunter noch würde der Kranz, wollte man zustimmende und kritische Kommentare zum Thema Freiheit als Ideal venezianischen Regierungshandelns zusammenstellen. Diese reichen, wie üblich, von bitteren, ja geradezu vernichtenden Urteilen wie im anonymen *Squittino della libertà* (1612), einem Hauptwerk der Gegner des Mythos von Venedig, bis hin zu uneingeschränkter Zustimmung.

DIE WANDBILDER
Die *Übergabe venezianischer Gesetze* an die Stadt Nürnberg 1506 (W1)

Was als *Übergabe venezianischer Gesetze* an Nürnberger Gesandte beschrieben und in einem monochromen Deckenbild des Andrea Vicentino der Sala del Maggior Consiglio auch als Übergabe dargestellt wurde, betraf letztendlich doch nur einen diplomatischen Briefwechsel über »Unmündige und Vormünder«. Carletto und vielleicht auch Gabriele Caliari schöpften auch in diesem Bild aus dem Fundus ihres großen Vorfahren. Der gelbgekleidete Bärtige am rechten Rand erinnert an Figuren in Veroneses verbranntem Bild *Barbarossa küsst dem schismatischen Papst Victor IV. die Hand*, das vor dem Brand von 1577 die Sala del Maggior Consiglio schmückte.

Staatsbesuche versprachen dem Gastgeber nach innen wie nach außen Ansehen. Francesco Sansovino widmete diesen 1581 ein materialreiches Kapitel und vergaß nicht, auch hohe Gäste zu erwähnen, die in Venedig inkognito geblieben seien. So lag es nahe, im Palast mit Bildern an diese Höhepunkte zu erinnern. Hierzu wählte man zuerst die Sala delle Quattro Porte, eine Lobby zwischen den Ratssälen, die fremde Botschafter auf dem Weg zur Audienz im Collegio durchschritten. Im 17. Jahrhundert kamen weitere Bilder in der Sala dei Banchetti, dem Festsaal, hinzu. (Dieser Raum ist heute Teil des Museo di San Marco.)

Der Empfang Heinrichs III. am Lido 1574 (W2, Abb. 50)

Bei der Entscheidung, den Empfang Heinrichs III. (1574) darzustellen, spielten auch außenpolitische Erwägungen eine Rolle. Das Bild wurde wohl erst 1593, also fast zwanzig Jahre nach dem Staatsbesuch von Andrea Michieli, genannt Il Vicentino, gemalt. 1593 trat der protestantische Henri de Navarre, dessen Krönung als Heinrich IV. die Republik begrüßt hatte, unter erheblichem innenpolitischen Druck zum Katholizismus über. Offensichtlich schien es Venedig opportun, an den Empfang des katholischen Henri III. in einem Augenblick zu erinnern, in dem der Druck von Rom auf das in religiösen Fragen unbotmäßige Venedig zunahm.

Der Empfang am Lido folgte Regieanweisungen Giacomo Contarinis, der nach dem Brand von 1577 auch das Bildprogramm für die ausgebrannten

50   Andrea Vicentino: Empfang Heinrichs III am Lido (1574)

Säle mitverfasst hatte. Leiter der Festlichkeiten war Antonio Canal, der sich in der Schlacht von Lepanto (1571) hervorgetan hatte.

Nach Entwürfen von Andrea Palladio wurde am Lido bei San Nicolò eine Kopie des römischen Septimius-Severus-Bogens errichtet, der ebenso wie eine geräumige korinthische Loggia auf den hohen Gast bezogene Inschriften und Bilder zeigte. Darunter befanden sich auch Hinweise auf die Siege Heinrichs von Jarnac und Montcontour gegen das Heer der Protestanten.

Bilder von Begegnungen der Mächtigen zeigen weniger deren Macht als Kräfteverhältnisse, seien diese wirklichkeitsnah oder als politische Botschaft inszeniert. Dass sich in Vicentinos Bild fast alle Protagonisten dem Betrachter zuwenden, erinnert an offizielle Fotos von Staatsempfängen. Der Doge Alvise Mocenigo begleitet mit gastlich einladender Gebärde den elegant gekleideten Gast über einen Steg an Land. Neben ihm steht der apostolische Legat, der Kardinal von San Sisto. Unter dem von Prokuratoren getragenen Baldachin, dem königlichen Gast gegenüber, hat Giovanni Trevisan, der venezianische Patriarch, seinen Platz gefunden. Andrea Vicentino, der Maler, maß dem Dogen beim offiziellen Empfang eine würdevolle Vermittlerrolle zu, mehr nicht. Sollte die reichgekleidete Schöne über dem König die damals hochberühmte, vom König besuchte Dichterin und Kurtisane Veronica Franco sein, wäre dies eine Erinnerung des Malers an eine private Station des Staatsbesuchs.

Die persische Gesandtschaft von 1603
(W3, Abb. 51)

1585 war eine japanische Delegation in Venedig mit großem Pomp empfangen worden. Ein vielleicht für den Senat bestimmtes Bild hätte daran erinnern sollen. 1600 besuchte dann der persische Schah Abbas der Große die Republik. Drei Jahre später überreichte sein Botschafter Fethi Bei, begleitet von sechs Persern und drei Armeniern, einen Brief des Schah und kostbare Geschenke. Im Collegio, zu Seiten des Dogen Marino Grimani, sitzen die Gäste, unter denen der Botschafter durch seine reiche Kleidung hervorgehoben ist. Neben ihnen die rot- und blaugekleideten Senatoren. Iason de Nores verliest, stehend, die Übersetzung des Briefs, den der Schah an den Dogen adressiert hatte. Gabriele, vielleicht unterstützt von Carletto Caliari, hat den Augenblick gewählt, als die kostbaren Gewebe den Gastgebern vorgeführt wurden.

51   Gabriele und Carletto (?) Caliari: Empfang einer persischen Botschaft 1603

Das ›tribunale‹, die ›Regierungsbank‹, ist mit einer reichen Behang (›spalliera‹) aus geprägtem, farbigem Leder geschmückt, für dessen Herstellung Venedig damals berühmt war. Einige der Geschenke sind erhalten und im Museo Civico Correr und im Museo di San Marco ausgestellt.

Giovanni Contarini: *Die Erstürmung von Verona unter Gattamelata 1439* (W4)

Der weitgereiste, von Kaiser Rudolf II. geehrte Maler signierte sein Bild. Vermutlich entstand es im letzten Jahrzehnt des 16. Jahrhunderts. Die Umstände, die zum Auftrag führten, und die Gründe für die Themenwahl sind unbekannt. In der Bildmitte kämpfen Truppen auf einer zusammenbrechenden Brücke über der Etsch. Der Kampf um die Brücke und einzelne Motive sind eine Hommage an Tizian und eine Erinnerung an dessen berühmte, in Kopien überlieferte Schlacht von Spoleto (ehemals in der Sala del Maggior Consiglio, 1577 verbrannt). Stärker aber als konventionelle Kämpfergruppen fesselt den Betrachter Gattamelatas kraftvoll sich aufbäumender Schimmel am rechten Bildrand.

Devotionsbilder

Porträts von knienden Dogen in Verehrung vor Maria und dem Kind, meist begleitet von Heiligen, gehörten seit der zweiten Hälfte des 15. Jahrhunderts zur Ausstattung des Dogenpalasts. 1555 wurde ihre Anbringung vom Rat der Zehn mit der Absicht begründet, an den verstorbenen Dogen zu erinnern, so wie dies schon bei seinen Vorgängern üblich gewesen sei. Ähnlich wie bei den Halbfigurenporträts in den Friesen unterhalb der Decke der Sala del Maggior Consiglio und der Sala dello Scrutinio ging es der Republik darum, Kontinuität in Bildern anschaulich zu machen. Dabei war es eigentlich eine Angelegenheit der Familien, für Devotionsbilder zu sorgen. Diese Bilder boten ebenso den Auftraggebern wie den Malern im dehnbaren Rahmen der

Konvention vielfältige Möglichkeiten, Aussagen über die Person des Dargestellten, das Selbstverständnis der Familien und, so sie es wollten, auch über Politik zu treffen.

Anfangs scheint die Sala dello Scudo, in der das Wappen (›scudo‹) des amtierenden Dogen gezeigt wurde, Ort der Devotionsbilder gewesen zu sein. Giovanni Bellinis Devotionsbild der Dogen Marco und Agostino Barbarigo (Dogen von 1485–1501) scheint sich dort befunden zu haben, ehe es als ein Vermächtnis der Familie an die Nonnen von Santa Maria degli Angeli auf Murano kam (heute in San Pietro Martire auf Murano). So könnte schon das anonyme Devotionsbild des Dogen Giovanni Mocenigo (1478–1485) nach dessen Tod aus dem Dogenpalast in den Palast der Familie gelangt sein (heute London, National Gallery). Auf diesem erfleht Giovanni Mocenigo mit einer lateinisch abgefassten Inschrift auf einem an antike Altäre erinnernden Stein Schutz für Venedig und den Senat und, so er selbst es verdiene, auch für sich die Gnade der Madonna. Empfohlen von seinem Namenspatron kniet er, das Banner des Stadtpatrons in der Hand, vor der Madonna und empfängt den Segen des Kindes. Es scheint, als sei es im 15. Jahrhundert noch Brauch gewesen, mit dem Wappen des verstorbenen Dogen auch sein Devotionsbild aus der Sala dello Scudo zu entfernen.

Devotionsbilder stehen kompositionell in der Tradition der Stifterbildnisse an Dogengräbern und Altären. Das Porträt des Dogen Leonardo Loredan (1501–1521) vor der Madonna, gemalt von Vincenzo Catena für den Altar der Chiesetta (heute Museo Civico Correr) und der steinerne Altar mit dem Porträt des knienden Dogen Andrea Gritti (1523–1536) für die Cappella di San Niccolò sind Beispiele (heute Altar der Cappella di S. Clemente von San Marco).

Das in der Wahlkapitulation zwingend für Darstellungen des Dogen vorgeschriebene Knien nahm weder den Malern noch jenen, die die Themen der Bilder bestimmten, die Freiheit, ein Stereotyp zu überwinden. Durch die Auswahl von Heiligen oder Personifikationen sowie durch deren Zuordnung und Agieren konnten sie an Leistungen des Dogen für die Republik erinnern und zugleich dessen Selbstverständnis als Diener der Republik zeigen. Ähnlich wie beim Bildnis stehender oder reitender Herrscher auf Italiens Plätzen hatten die Künstler in ihrer Sprache stets das letzte Wort.

Die Maler der Devotionsbilder entschieden sich bei der Darstellung des Dogen für unterschiedliche Gebärden. Zusammengelegte, betende Hände findet man ebenso wie ausgebreitete Arme. Beim Doppelporträt der Priuli-Dogen für die Sala del Senato veränderte Jacopo Palma seinen Entwurf, um der von Tintoretto etablierten Darstellung mit offenen Armen zu folgen. Gian Paolo Lomazzo, Maler und Kunstschriftsteller und vertraut mit venezianischer Malerei, rechnete 1584 die Haltung mit ausgebreiteten Armen zu denen der Andacht »so wie Könige es tun«. Er gab hiermit eine im Hinblick auf die propagandistischen Ziele der Bilder schlüssige Erklärung. Wenn der Maler Giovanni Contarini sich mit seinem Porträt des Dogen Marino Grimani in der Sala delle Quattro Porte von Tintorettos Prägung distanzierte, verzichtete er auch darauf, dem Dogen eine königliche Haltung zu geben.

Das Devotionsbild des Dogen Antonio Grimani (W5, Abb. 52)
Die heute sichtbaren sind vielfach Ersatz für die 1574 verbrannten Devotionsbilder. Von diesen geben schriftliche Spuren und wenige Entwürfe nur eine vage Vorstellung. Einzig Tizians Bild des Dogen Antonio Grimani (1521–1523), das erst 1555 vom Rat der Zehn in Auftrag gegeben wurde, hat in der Werkstatt des säumigen Malers den Brand von 1574 überlebt. So konnte es bei der Neugestaltung der Räume um 1589, also 15 Jahre nach dem Brand, in der Sala delle Quattro Porte angebracht werden. Um das Bild dem Ort anzupassen, vergrößerte es Marco Vecellio an beiden Seiten mit weiteren Figuren.

52 Tizian: Devotionsbild des Dogen Antonio Grimani (»La Fede«)

Kenntnisse über das an Wechselfällen reiche Leben des Antonio Grimani können helfen, das Bild zu verstehen. Aber auch wenn diese biographischen Daten fehlen, kann der Betrachter die tiefe Intensität der Verehrung des Kreuzes und der Verkörperung des Glaubens (Fides) durch den Dogen unmittelbar erfahren. Erinnert man sich, dass Antonio Grimani als ›capitano generale‹ der venezianischen Flotte 1499 bei Zonchio einer Schlacht mit den Türken aus dem Weg gegangen war und deshalb alsbald mit Schmach und Schande verbannt wurde, bekommt die Darstellung des Dogen als Streiter für den Glauben die Dimension einer posthumen Rehabilitierung. Diese wurde dem ehemals Geächteten nach einem langen und beschwerlichen Weg mit der Wahl ins Dogenamt offiziell zugestanden. Indem Tizian den kindlich-unschuldigen ›ballottino‹ kniend hinter dem Dogen postierte zeigte, er ›Gottes verlängerten Arm‹ bei der Rehabilitierung durch die Wahl. Vor diesem Hintergrund wird auch die Wahl der Fides, des Glaubens, als lebenslanges Leitbild des späteren Dogen verständlich.

Tizian hat das Kreuz, eines der Attribute der Fides, abweichend von der Tradition, riesengroß dargestellt und so das Leiden Christi betont. Vielleicht sind die ausgebreiteten Arme des Dogen als Erinnerung an Darstellungen der Stigmatisation des Heiligen Franz und somit an einen Augenblick größter Intensität des Erlebens im Glauben erklärbar. Antonio Grimanis Kopfbedeckung, der weiße Camauro (auch ›rensa‹ genannt), gehörte zu seiner Amtstracht und wurde stets unter der Dogenmütze getragen. Zeitgenossen sahen im Camauro einen Hinweis auf die Sakralität des Dogenamts.

Die Republik hatte den Weg des späteren Dogen, der lange auch ein Leidensweg war, mitbestimmt, und so bot sich Tizian die Möglichkeit, auch den Stadtpatron in seine Argumentation einzubeziehen. Stehend, dem Dogen nicht zugewandt, erblickt Markus die himmlische Vision, als sei er von dieser überrascht worden. Der Betrachter aber, der zwischen den handelnden Figuren einen Zusammenhang herstellen kann, wird neben der Malkunst auch die Argumentation des Malers bewundern.

Das Devotionsbild des Dogen Marino Grimani
(W6, Abb. 53)

Für das Devotionsbild des Dogen Marino Grimani (1595-1605) war Giovanni Contarini wegen des schlanken Hochformats zwischen Tür und Fenster gewzungen, von der konventionellen Komposition der Devotionsbilder abzuweichen. Marino Grimani kniet, mit gefalteten Händen und mit dem Camauro als Kopfbedeckung, vor der untersten Stufe eines steilen Stufenthrons. Der Markuslöwe wendet sich ihm zu. Grimanis Blick und die Gebärde des Jesuskindes überbrücken die Distanz zur Madonna. Die weisende Gebärde des Stadtpatrons sollte wohl auch dem Betrachter helfen, das Ziel der Devotion nicht aus den Augen zu verlieren. Die Bethaltung des Dogen und ein die Laute spielender Engel erinnern an ältere Werke wie an Giovanni Bellinis

53   Giovanni Contarini: Devotionsbild des Dogen Marino Grimani

Devotionsbild der beiden Barbarigo-Dogen. Weitere Elemente belegen das Studium von Tizians verbranntem, in einem Holzschnitt überliefertem Devotionsbild des Andrea Gritti. Überdeutlich aber ist Contarinis Abkehr von Tintorettos und Jacopo Palmas Prägungen.

Die im Bild demonstrierte Frömmigkeit kann auch als ein Bekenntnis eines ungewöhnlich wohlhabenden Dogen verstanden werden, dessen öffentlichkeitswirksame Auftritte immer wieder Aufsehen erregt hatten. Die pompöse, auch in monumentalen Bildern verewigte Heirat mit Morosina Morosini (1598), aufwendige Bankette und sein alles andere als bescheidenes Grabmal in San Antonio zeigen andere Facetten einer Persönlichkeit, deren Regierungsjahre von schweren Konflikten mit Rom geprägt waren.

Dass auf einer Wand dieses vielgenutzten Raums an zwei Grimani-Dogen erinnert wurde, wird dem nicht geringen Selbstbewusstsein der Familie geschmeichelt haben.

Die Sala dell'Anticollegio (Abb. 54)

Im Anticollegio, dem Vorzimmer des Collegio, hielten sich Gäste, unter ihnen auch Botschafter, auf, bevor sie zur Audienz beim Dogen eingelassen wurden. Ein opulenter Kamin sowie eine mit Bildern und Stuck ausgestattete Wölbung bereichern den Raum. Tintorettos Allegorien wurden erst 1713 aus dem Atrio Quadrato hierher gebracht und in vergoldeten Rahmen mit Paolo Veroneses *Raub der Europa* und Jacopo Bassanos *Auszug aus Kanaan* aus der Sammlung des Giacomo Contarini zu einem musealen Ensemble verbunden.

Deckenbilder als Aufgabe

Das Betrachten von Deckenbildern in Büchern, auf deren Seiten man von oben blickt, ist so eingeübt, dass man sich vor Ort erst einmal den Betrachterstandpunkt suchen muss. Dabei erkennt man, dass diese Bilder für den besonderen Ort und stets für eine schräge Untersicht gemalt wurden. Schaut man schräg und nicht senkrecht nach oben, halten sich auch die Genickschmerzen in Grenzen. Deckenbilder

54   Die Sala dell'Anticollegio

lassen sich nur vor Ort verstehen. Dabei wird man sich für jedes Bild einen neuen Standpunkt suchen, sich also im Raum bewegen müssen. Was auf Abbildungen als Ungereimtheiten etwa der Proportionen oder bei den Verkürzungen erscheint, entpuppt sich vor Ort als ein Eingehen auf die jeweilige Situation. Deckenbilder zu malen war eine Aufgabe mit eigenen Traditionen, auch Konventionen und, seit der Renaissance, schriftlich niedergelegten Empfehlungen und sogar Regeln. So wird man nicht nur auf Verkürzungen im fingierten Raum, sondern auch auf Hinweise des Künstlers achten, die einen Weg des Betrachters ins Bild und zu dessen Stationen suggerieren.

Den Übergang vom Raum, von dem aus wir nach oben blicken, über die plastischen Rahmen in die Bildwelt zu schaffen, war für die Maler ein Teil ihrer Aufgabe. Die Dargestellten bewegen sich über uns, wir blicken zu ihnen auf. Die von den Malern gewählten Lösungen reichten von bildparallelen Kompositionen, wie bei Bildern an Wänden, über Schrägsicht bis hin zu Durchblicken, bei denen die Grenze zwischen dem Betrachter und dem Bildraum aufgehoben scheint. Natürlich gab es auch komplexere Lösungen. So wählte Tintoretto im mittleren Deckenbild des Großen Rats (Abb. 126) einen unvermittelten Schritt von der Aufsicht auf eine horizontale Fläche zur Untersicht auf die daran anschließenden Stufen seiner Treppenanlage. So glaubt sich der Betrachter zuerst ganz nah beim Beginn des Aufstiegs, um alsbald den Weg zu den Protagonisten des Bildes nur noch aus der Abstand schaffenden Untersicht verfolgen zu können.

Sala dell'Anticollegio

55 Paolo Veronese: Venetia verteilt Gnadenerweise

Paolo Veronese: *Venetia verteilt Gnadenerweise* (Abb. 55)

Das mittlere Bild der Wölbung lässt, trotz der Restaurierung durch Sebastiano Ricci (1721), Veroneses Zuspitzung des Themas erkennen. Venetia und die ihr assistierenden Putti teilen Würdezeichen an tief unter ihnen Stehende aus. Unter den Würdezeichen erkennt man den Hut der Freigelassenen (›pileus‹) und eine Bischofsmütze. Der ›pileus‹, Zeichen der Freiheit, der ›libertà veneziana‹, wird hier zum Geschenk einer Republik, die Städten und Völkern Freiheit gewährt und garantiert. Die Bischofsmütze erinnert an Konflikte mit dem päpstlichen Rom in der Folge des venezianischen Anspruchs, die Bischofswürde zu verleihen, ohne vorher Rom zu konsultieren. Dass die Mitra von einem Putto geradezu spielerisch gehalten wird, kann dem antichambrierenden päpstlichen Legaten nicht gefallen haben.

Die das Mittelbild umgebenden vier blau-weißen Chiaroscuri wurden von Sebastiano Ricci 1713 neu gemalt.

Jacopo Tintorettos Allegorien

Mehrfach sind in Texten des 16. Jahrhunderts einander ausschließende Deutungen von Bildern und Skulpturen überliefert. So hat Vasari einmal ein eigenes, für eine Theateraufführung von Aretinos *La Talanta* (1542) in Venedig

56 Jacopo Tintoretto: Die Schmiede des Vulkan

57 Jacopo Tintoretto: Drei Grazien und Merkur

geschaffenes Bild, eine Venetia in Gestalt der Adria, in zwei Texten an unterschiedliche Adressaten grundverschieden gedeutet. Neben oder an die Stelle eines ursprünglich einmal festgelegten Sinns traten Interpretationen, die legitim, aber letztendlich aufgesetzt waren. Dieses Problem stellte sich bereits bei Sansovinos Bronzefiguren der Loggetta (1542–1544) und später bei den vier Bildern, die Tintoretto 1578, vier Jahre nach dem Brand der benachbarten Räume, für das Atrio Quadrato und im Zusammenhang einer umfassenden ideologischen Modernisierung des Palazzo gemalt hatte.

58 Jacopo Tintoretto: Die Vermählung des Bacchus mit Ariadne durch Venus

Die *Schmiede des Vulkan* (Abb. 56) (4), die *Drei Grazien und Merkur* (Abb. 57) (3), *Mars wird durch Minerva von Frieden und Überfluss ferngehalten* (Abb. 59) (2) sowie die *Vermählung des Bacchus mit Adriadne durch Venus* (Abb. 58) (1) sind die Themen. Dass diese auf die Republik bezogen waren, ist beim Ort der Anbringung und der damalige Praxis so gut wie sicher. Dass ihr Bildprogramm von Carlo Ridolfi siebzig Jahre nach der Anbringung richtig wiedergegeben wurde, wird meist angenommen. Dabei kann die ›Gottähnlichkeit‹ des Dogen nicht in einem offiziellen Bildprogramm behauptet worden sein.

Ridolfi bediente sich 1648 bei seiner Erklärung der Topik des Mythos von Venedig: Die Schmiede des Vulkan bedeute die Einigkeit der Senatoren, die Waffen dienten der Stadt zur Zierde und schreckten die Feinde. Merkur und die Grazie spielten auf den Lohn an, den der Staat dem zukommen lasse, der ihn verdiene. Hierdurch werde auch der Doge gottähnlich, der kein gutes Werk unbelohnt lasse. Die Vertreibung des Mars stehe für die Weisheit der Republik, Kriege fernzuhalten, was dem Wohlergehen der Bevölkerung diene und ein Grund für deren Zuneigung zum Dogen sei. Im letzten Bild sei Ariadne dargestellt, die von Bacchus am Strand wiedergefunden, von Venus gekrönt und unter die Sternbilder versetzt werde. Dies bedeute ebenso irdischen Reichtum durch göttliche Gnade wie Freiheit und ewige Herrschaft.

Tintorettos Figuren wirken groß, wie gewaltsam in enge Rahmen gepfercht. Die zahlreichen Überschneidungen an den Rändern, fast Ver-

59 Jacopo Tintoretto: Mars wir durch Minerva von Frieden und Überfluss ferngehalten

stümmelungen, sind Teil seines Entwurfs. Bei der ursprünglichen Anbringung der Bilder im Atrio Quadrato, dem quadratischen Atrium, konnte sich der Besucher die unvollständigen Gliedmaßen ›hinter‹ den steinernen Pilastern ergänzen. Tintorettos Allegorien sind Bravourstücke. Die kunstvoll kalkulierte Figuren-Präsentation entspricht manieristischen Kompositionen. Drei der vier Allegorien sind zugleich eine Huldigung an die körperliche Schönheit junger Frauen. Vielleicht wollte Tintoretto sich Sammlern in Erinnerung bringen, wenn diese an seinen Allegorien auf dem Weg in die Ratssäle vorbeigingen. Dass Kaiser Rudolf II. in Prag und die von ihm favorisierten Maler Bartolomeus Spranger, Hans von Aachen und ganz besonders Hans Rottenhammer, der lange Jahre in Venedig verbracht hatte, sich für diese artifizielle Seite von Tintorettos Kunst begeisterten, überrascht nicht.

Tintorettos Inszenierung von ineinandergreifenden, miteinander verschränkten Händen ist ein dominierendes Motiv dieser Bilder. Gesichter interessierten ihn weit weniger als Körper und deren kunstvolles Mit- und Gegeneinander. Oft verschattet, verdeckt oder abgewandt bleiben seine Gesichter sprachlos. Dass dies nicht Unfähigkeit, sondern Absicht war, belegen Tintorettos bewegende Porträts. Tintoretto war zudem bekannt, dass der Lohn bei öffentlichen Aufträgen nicht selten nach Format und der Zahl großer Figuren berechnet wurde. Dass ein Verzicht auf Gesichter den Einsatz von Mitarbeitern erleichterte, könnte ein weiterer Aspekt eines auch auf Ökonomie gerichteten Kalküls gewesen sein.

Paolo Veronese: Raub der Europa (5) (Abb. 60)

Paolo Veronese malte den *Raub der Europa* für den Senator Giacomo Contarini (1536–1595), der damals in seinem fünften Lebensjahrzehnt stand.

Das enzyklopädische Wissen dieses herausragenden Sammlers von Antiken, von Bildern und Büchern sowie mathematischen und kosmographischen Instrumenten suchte damals in Venedig seinesgleichen. Förderer der Architekten Andrea Palladio und Vincenzo Scamozzi, aber auch der Maler Francesco Bassano und Jacopo Palma, war er dem elitären Kreis um Daniele Barbaro eng verbunden.

Ein Anlass für diesen Auftrag ist nicht überliefert. Veroneses Interpretation des Themas lässt persönliche, wenn nicht gar private Untertöne spüren. Ovids Erzählung aus den *Metamorphosen* wurde im 16. Jahrhundert gern in freien Übertragungen ins Italienische gelesen. Nicht anders hatte Pietro Aretino Texte der Bibel poetisch ausgeschmückt

60   Paolo Veronese: Die Entführung der Europa

und mit Erfolg verlegt. Aber auch die zahlreichen Ovid-Übertragungen erlauben es nicht, Veroneses Bild als Illustration einer zeitgenössischen Ovidauslegung zu erklären.

Europa, mit Blumen im Haar und mit einer Perlenkette geschmückt, sitzt auf dem lagernden Stier, in den Jupiter sich verwandelt hat. Zwei Begleiterinnen kleiden Europa als Braut, zwei weitere empfangen Blumen und Kränze, die fliegende Putten ihnen zuwerfen. Der aufmerksame Hund am linken Bildrand scheint mehr zu spüren, als die Gefährtinnen der Europa ahnen. Veronese hat die Schönheit, aber auch die Anspannung der Braut zu seinem Thema gemacht. Jupiter, der oberste der Götter, mit dem hochgestellte Persönlichkeiten sich damals gern vergleichen ließen, ist in seiner Leidenschaft gefangen. Genüsslich schleckt der verliebte Stier mit tiefernstem Blick den Fuß seiner Angebeteten. Man glaubt, Veronese schmunzeln zu sehen, als er sein Bild dem Besteller zum erstenmal zeigte. Kein Raub einer Ahnungslosen, schon eher ein gemeinsamer Aufbruch, nicht wie bei Ovid nach Kreta, sondern nach Kythera, der nicht weit davon gelegenen Insel der Liebenden. Rechts im Bild sieht man, so wie in einigen Ovid-Illustrationen, Europa noch zweimal. Zuerst auf dem Rücken des voranschreitenden Stiers, dann, schon weiter von der Küste entfernt, fröhlich zurückwinkend. Veronese prunkte hier nicht nur mit kostbaren Stoffen und deren Verwandlungen im Licht, sondern erinnerte mit den schräg aufwachsenden Bäumen an Tizians berühmtes Altarbild mit dem Mord an Petrus Martyr in SS. Giovanni e Paolo. Die schlanke, hinter Bäumen versteckte Pyramide hat der damals vielgelesene Cesare da Ripa als Symbol für den Ruhm der Herrscher (die ›Gloria dei Principi‹) abgebildet.

Jacopo Bassano: *Aufbruch Jakobs ins Land Kanaan* (6) (Abb. 61)

Auch dies um 1574 (?) gemalte Meisterwerk Jacopo Bassanos stammt aus der Sammlung Giacomo Contarinis.

»Also machte sich Jakob auf, und lud seine Kinder und Weiber auf Kamele und führte weg all sein Vieh und alle seine Habe [...] dass er käme zu Isaak, seinem Vater, ins Land Kanaan« (1. Mose 31, 17–21). In der Morgendämmerung, im ersten Licht, wird in der Ferne der Berg Gilead sichtbar, an dem sich Jakob bei seiner Reise orientieren wird. Kräftiges Licht fällt von rechts vorne auf Mensch und Tier. Im Mittelgrund hat sich der Zug noch im Dunkeln in Bewegung gesetzt. Vieles von dem, was auf dem Boden herumsteht, muss noch in Truhen gepackt werden. Derweil ist eines der Kinder spie-

61 Jacopo Bassano: Der Aufbruch Jakobs ins Land Kanaan

lerisch auf einen geduldigen Schimmel geklettert. Links, eng am Bildrand, sitzt eine Frau mit ihrem Kind auf dem Schoß, eine bäuerliche ›Maria mit dem Kind‹. Nicht nur hier nutzte Jacopo, wie später auch sein Sohn Francesco, vertraute Prägungen aus der christlichen Ikonographie. So gehörte es zur Vermittlung religiöser Inhalte seit dem Mittelalter, das biblische Geschehen mit der Lebenswelt der Meditierenden in eine enge Beziehung zu setzen. Wundervoll gemalte Gegenstände werden gezeigt, wie Stillleben, Gegenstände aus einfach eingerichteten Küchen, aber auch kostbare Gefäße. Eine friedlich zusammenstehende Gruppe aus Hund, Lämmern und einer Ziege fesselt in der Bildmitte den Blick. Jacopo hatte wohl ebenso wie sein Publikum offene Augen für das Leben auf dem Lande, das er nicht nur während der ›Villeggiatura‹, dem Leben auf dem Lande, beobachten konnte. Auch zum Leben des Städters auf dem Lande gehörten das Ein- und Auspacken, der Aufbruch und der Weg.

Das Portal zum Collegio

Dies Portal wurde, wie die vier Portale der angrenzenden Sala delle Quattro Porte, nach Entwürfen von Andrea Palladio gefertigt. Die auf den Giebelschrägen gelagerten, von Alessandro Vittoria signierten allegorischen Figuren sind eigenwillige Interpretationen von Michelangelos Liegefiguren der Medicikapelle in Florenz. Vittorias Venetia in der Mitte zeigt ein von Zuneigung, fast Zärtlichkeit geprägtes Miteinander der Stadtgöttin mit dem zu ihr aufblickenden Markuslöwen, dem sie vertrauensvoll in die Mähne greift. Im Gegensatz zu den beiden Liegefiguren ist ihr Gewand an abwechselnden Formen reich, die Übergänge zwischen den Gewandfalten sind fließend. Ähnliches hatte Vittoria zuvor schon in der thronenden Venetia an einem sehr schönen Kaminaufsatz im Palazzo Foscari geschaffen.

Die Kamine der Sala dell'Anticollegio und der Sala del Collegio

Die Kamine der Sala dell'Anticollegio und der Sala del Collegio sind besonders aufwendige Vertreter ihrer Gattung. Vincenzo Scamozzi, der sich 1615 im Rahmen seines Architekturtraktats an einer Theorie der in Venedig gebräuchlichen Kamine versuchte, reklamierte für sich den Entwurf des Kamins im Anticollegio. Mehrere angesehene Bildhauer und Steinmetze hatten seit 1574 zu dessen Realisierung beigetragen. Girolamo Campagna schuf die beiden Atlanten, die, so Scamozzi, sich unter der schweren Last winden und ihre Gefangenschaft beklagen. Von Tiziano Aspetti stammt das Marmorrelief mit der Schmiede des Vulkan, die Stuckfiguren werden Francesco Segala, aber auch Giulio del Moro zugeschrieben.

Die Umrahmung der Feuerstelle des Kamins in der Sala del Collegio hätte Samozzi als ›alla veneziana‹ bezeichnet. Ihre feingliedrigen, präzise gearbeiteten Elemente kontrastieren mit den fast biegsam wirkenden Stuckaufbauten. Frieden zwischen Wachsamkeit und Treue sind Themen, die im Collegio wohl angemessen waren und vermutlich auf den von anderen Mächten vielgescholtenen Separatfrieden von 1573 mit den Türken bezogen waren. Girolamo Campagnas signierte Figuren von Herkules und Merkur, die vielleicht einmal für einen anderen Zusammenhang bestimmt waren, stehen, klein wirkend, auf hohen Sockeln.

Die Ergänzung von dreidimensionalen Elementen eines Kamins durch begleitende Malerei findet sich mehrfach im Dogenpalast. Personifikationen der Barmherzigkeit (Misericordia) und Liebe (Caritas) sitzen in einem gemalten Rollwerkrahmen. Ähnlich hatte Paolo Veronese im Schiff von San Sebastiano (seit 1555) seine Figuren mit Rollwerkrahmen verbunden.

62   Die Sala del Collegio

DIE SALA DEL COLLEGIO (Diagramm S. 96, Abb. 62)

Zu den sehr zahlreichen Aufgaben des einflussreichen Collegio gehörte die Vorbereitung von Entscheidungen des Senats, der Empfang venezianischer Statthalter, aber auch von Botschaftern und Bischöfen. Zu seinen Kompetenzen gehörten die Ernennung von militärischen Befehlshabern sowie die Gewährung von Vergünstigungen.

Im Collegio wurden alle Deckenbilder 1575 bei Paolo Veronese in Auftrag gegeben, eine sonst im Palast unübliche Bevorzugung. Justitia (Gerechtigkeit) und Pax (Frieden) vor Venetia, dann Religio (Religion) und Fides (Glaube) sowie Mars und Neptun waren die Themen für die großen Leinwände auf der Mittelachse.

Ehe man sich für Devotionsbilder entschied, scheint die Absicht bestanden zu haben, Wandbilder den Allegorien an der Decke thematisch zuzuordnen. Gezeichnete Entwürfe und ein großer ›modello‹ von Paolo Veronese (in Lucca) sind aus dieser Zeit erhalten.

Ein hochformatiges Bild von Giambattista Zelotti zwischen den Fenstern (W6) könnte Teil dieses ersten, später verworfenen Programms sein. Venetia blickt bewegt zu vier auf Wolken erscheinenden Tugenden auf. Zelottis Justitia hält ihre Schwertspitze nah bei einer der Waagschalen, womit der Künstler eine auslegungsbedürftige Abweichung von tradierten Darstellungsweisen wählte.

Eine monumentale Kunstuhr ist so in die Wand zwischen Collegio und Senat eingesetzt, dass sie in beiden Räumen die Zeit anzeigt.

Sala del Collegio

63   Die Decke in der Sala del Collegio

Die Deckenbilder (Abb. 63–66)

Über der Sitzbank der Serenissima Signoria präsentieren Justitia und Pax als Wächter der Freiheit ihre Attribute der auf dem Erdball hoch und auch fern thronenden Venetia (D1, Abb. 64). Königlich gekleidet, ihr Zepter in der Rechten, blickt sie seitwärts, weit in die Ferne. Veronese rückte Schwert, Waage und die Olivenzweige ins Zentrum und betonte zugleich den unüberbrückbaren Abstand der Huldigenden von der wahrhaft königlichen Stadtgöttin.

Im mittleren, ovalen Bild wurden Darstellungen der Religion (ein alttestamentlicher Priester beim Brandopfer) und Glaube (Fides im weißen Gewand mit Kelch) verbunden (D2, Abb. 65). Der Rauch des Opfers steigt auf vom Altar und wird zu einer lichten Wolke, auf der Fides kniet. Begleitende Inschriften erklären die Kernaussage: Der Glaube dürfe nie aufgegeben werden und sei das Fundament der Republik (»Nunquam derelicta – Rei publicae fundamentum«). Ursprünglich war wohl geplant, in einer Beischrift auf die Werkgerechtigkeit zu verweisen und so eine gegenreformatorische Note ins Bildprogramm zu bringen.

Im dritten Bild sitzen Mars und Neptun – in Venedig unzertrennlich –vor dem venezianischen Campanile einander gegenüber (D3, Abb. 66). Die Herrschaft der Republik über Land und Meer ist das auch sonst im Palast mehrfach wiederholte Thema. Mars hat Teile seiner Rüstung abgelegt, wachsam, aber nicht kampfbereit schaut er nach oben, wo Putten große Muscheln her-

beibringen. (Seine auffällige Behaarung wurde noch vor 1800 von einem Restaurator verantwortet.)

Die für die Deckenbilder ausgewählten Kernsätze venezianischen Herrschaftsanspruchs waren allzeit gültig, lassen sich aber auch als Hinweise auf die damalige Situation der Republik verstehen. Dies gilt besonders für die zentrale Rolle von Fides und Religio. Der außerhalb Venedigs kritisierte, realpolitisch motivierte Friedensschluss mit den Türken (1573) und die ständigen Konflikte mit dem päpstlichen Rom, die im Kirchenbann von 1606 gipfelten, gehören zum politischen Hintergrund.

An der Decke finden sich sodann acht Tugenden (D 4–11) und, weitergeführt im Fries unterhalb der Decke, sechs monochrome Bilder mit herausragenden Taten antiker Tugendhelden (D 12–17). Die Tugenden werden meist Mitarbeitern des Paolo Veronese, vor allen anderen Benedetto Caliari zugeschrieben. Bei einem solchen Großauftrag war die Beteiligung der Werkstatt schon aus Termingründen unvermeidlich und wurde als Selbstverständlichkeit von den Auftraggebern akzeptiert.

Bei den acht Tugenden scheint Veronese sich die Erfindungen der gezeichneten Entwürfe vorbehalten zu haben. Architektonische Versatzstücke wie Gebäudeteile, Säulen und Gebälke geben den Dargestellten Rückhalt

64   Paolo Veronese: Justitia und Pax vor Venetia

65   Paolo Veronese: Religion und christlicher Glaube

66   Paolo Veronese: Mars und Neptun als Verkörperung der Herrschaft über Land und Meer

oder eine Basis. Zugleich bilden sie Gegengewichte zu den einengenden, die Figuren bedrängenden Rahmen. Bei Veroneses Tugenden sind die Tiere nicht zuerst Attribute, sondern Partner oder Spielgefährten. Die Sanftmut (D6) legt ihre Hand ruhig auf den Rücken des zutraulichen Lamms, und die Treue (D4) greift dem Hund kraulend ins Fell. Ähnlich hat Alessandro Vittoria das innige Verhältnis seiner Stadtgöttin zum Markuslöwen in der Venetia über dem Portal zum Collegio gesehen. Bei einigen Personifikationen wie dem Glück der Bürger (D5) waren die sperrigen Attribute aus den ikonologischen Handbüchern eher ein Hindernis. Berühmt wurde vor allen anderen die Allegorie des Fleißes (D9), die behutsam ein Spinnennetz in den erhobenen Händen hält.

Die Chiaroscuri mit beispielhaften Handlungen herausragender Persönlichkeiten des Altertums (der ›uomini illustri‹) sind thematisch jeweils auf die drei großen Bilder der mittleren Achse bezogen. In den Reden bei der Wahl des Dogen war es Praxis, beispielhaftes Handeln der ›uomini illustri‹ des Altertums als Vergleich für das Handeln des Dogen zu bemühen. In Stadtpalästen gibt es für diese Themen eine eigene Tradition. Schwer lesbar und offensichtlich nicht von Paolo Veronese geschaffen, werden diese Bilder meist stiefmütterlich behandelt.

Zum Mittelbild: Angebot des Konsuls P. Decius Mus, sich für das Vaterland zu opfern (D12), und: Alexander opfert an Altären (D13). Zum Bild mit Mars und Neptun: In den Erklärungen werden eine nicht näher erklärte Stärke des Silla (D15) und eine ebenso wenig bezeichnete Stärke des Alexander (D14) erwähnt. Zum Bild mit Justitia und Pax, die Venetia huldigen: Seleukos lässt seinen Sohn um der Gerechtigkeit willen blenden (D16), und: Charondas gibt sich den Tod, weil er gegen eines seiner eigenen Gesetze verstoßen hatte (D17).

Die Themen der zwölf Chiaroscuri im Fries bleiben zu identifizieren.

DIE DEVOTIONSBILDER AN DEN WÄNDEN
Jacopo Tintoretto: *Devotionsbild des Dogen Andrea Gritti* (W1, Abb. 67)

1531 hatte Tizian den Auftrag für das Devotionsbild des machtbewussten Dogen Andrea Gritti (1523–1538) erhalten. Auch dieses Bild verbrannte 1574, wurde aber in einem Holzschnitt mit dem Wappen des Dogen Francesco Donà (1545–1553) und einer entsprechenden Inschrift reproduziert. Nach dem Brand machte man sich nicht nur an die Ausarbeitung der Bildprogramme für die Deckenbilder der ausgebrannten Räume, sondern beauftragte verschiedene Maler, die verbrannten Devotionsbilder zu ersetzen, um die Kontinuität des Amts auch nach den Zer-

67 Jacopo Tintoretto: Devotionsbild des Dogen Andrea Gritti

störungen anschaulich werden zu lassen. Das Spektrum dieser Neufassungen reichte von Kopien (in der damaligen weitgefassten Bedeutung des Begriffs) bis zu neuen Erfindungen.

Die Entscheidung, Tizians verbranntes Bild als ›Kopie‹ wiedererstehen zu lassen, wurde wohl vom Auftraggeber getroffen. Dabei bediente Tintoretto sich künstlerischer Mittel, um vom Vorbild abweichende Mitteilungen zu machen. Seine Veränderungen betreffen nicht nur die Rolle des Dogen und dessen Leistungen bei der Wiedereroberung von Padua (1509). Zum Bild gehören zwei gemalte, in Nischen stehende Figuren rechts und links, die durch Beischriften und Symbole auf die Rolle Grittis als Botschafter bei der Pforte und seine Verdienste als Heerführer erinnern.

Tintoretto hat die Anordnung der Figuren gegenüber dem Holzschnitt verändert. Die Heilige Marina, an deren Jahrestag der spätere Doge 1509 als ›capitano generale dell'armata‹ Padua wieder eingenommen hatte, versetzte er vor einen hellen Streifen des Himmels und machte sie zu einer zentralen Figur. Das Licht am sonst dunklen Himmel könnte auf Hoffnungen weisen, die die Republik mit dem Wiedergewinn von Padua nach der verheerenden Niederlage von Agnadello (1509), einem der dunkelsten Kapitel der venezianischen Geschichte, verband.

Andrea Gritti kniet, wie schon auf Tizians Bild, im Profil. Tintoretto hat ein ›authentisches‹ Porträt des Dogen von der Hand des Vincenzo Catena wohl bei der Familie studiert und, dessen zeigende Geste kopierend, eine Verbindung des Dogen zu den Betrachtern hergestellt. In Tizians Bild wurde der zu Füßen des Stadtpatrons kauernde Markuslöwe von einem Engel mit dem Lorbeerkranz des (militärischen) Triumphs gekrönt. Bei Tintoretto beschäftigen sich zwei Putten mit Lorbeerzweigen, während der Doge auf Wolken zu schweben scheint. Was mit einer Verwandlung des Dogen in eine himmlische Erscheinung verwechselt werden könnte, entpuppt sich als ein Wolkenband, in dem sich die Putten frei bewegen und das das Knien des Dogen auf soliden Stufen weitgehend verdeckt. Hinzu gekommen ist noch der modisch gekleidete Knabe am linken Bildrand. Kein Verwandter des Dogen, sondern der ›ballottino‹ aus dem kunstvollen Wahlverfahren, der auch bei den Umzügen nah beim Dogen ging. Tintorettos Absicht, den Dogen mit künstlerischen Mitteln aufzuwerten, zeigt sich auch beim Stadtpatron, der sich zum Dogen neigt, ebenso wie bei den Putti am unteren rechten Bildrand, die damit beschäftigt sind, das Grittiwappen mit einem Kranz zu bekrönen.

Alle Veränderungen dienten einem Ziel: der Aufwertung des Dogen, der noch heute zu den großen Persönlichkeiten des venezianischen Cinquecento gezählt wird. So hat man von einer Epoche Andrea Grittis gesprochen und ihm eine entscheidende Rolle bei einer nicht allein architektonischen ›renovatio‹ der Stadt zugemessen. Grittis gescheiterter Versuch, sich einen Dogenpalast auf der anderen Seite des Rio della Canonica errichten zu lassen, zeigt, dass dem machtbewussten Dogen die Wohnung im Palast nicht angemessen erschien.

Sala del Collegio

Auch in diesem Devotionsbild wurden bestenfalls wenige Teile von Tintoretto eigenhändig gemalt. Aber auch wenn kein Pinselstrich von ihm selbst sein sollte, bleibt die Erfindung Teil seines Œuvres, in dem Eigenhändigkeit der Ausführung nur eine – leider nicht häufig gewählte – Möglichkeit war. Bei den bei Tintoretto in Auftrag gegebenen Devotionsbildern unterscheiden sich intelligente Formulierungen von eher konventionellen oder gar einfallslosen. Dabei hatte der Maler Möglichkeiten, ein offenkundiges Werkstattprodukt für den Empfänger annehmbar zu machen. So hat ein erfahrener Beobachter gesehen, dass Tintoretto im Devotionsbild des Dogen Francesco Donà (1545–1553) mit wenigen Pinselstrichen ein durchschnittliches Werk zu adeln wusste.

Jacopo Tintoretto (?): *Devotionsbild des Dogen Freancesco Donà* (W2)

Beim Devotionsbild des Dogen Freancesco Donà (1545-1553) ist nicht nur der erste Eindruck zwiespältig. Die anrührende Darstellung der Verlobung der Heiligen Katharina mit dem Jesusknaben ist mit den übrigen Protagonisten und Statisten nicht so überzeugend verknüpft, dass der Entwurf Tintoretto selbst zuzutrauen wäre. Katharinas silbrig schimmerndes Gewand und ihre rote Schärpe wirken wie ein Versuch, es mit Veronese auf diesem Feld aufzunehmen. Der kniend betende Doge wird vom Stadtpatron empfohlen. Hinter ihm, auf der untersten Stufe, stehen sein Namenspatron und dessen Begleiter. Allegorische Figuren bereichern die Aussage des Bildes.

Jacopo Tintoretto: *Devotionsbild des Dogen Nicolò da Ponte* (W3, Abb. 68)

Beim Devotionsbild des amtierenden Dogen Nicolò da Ponte (1578-1585) folgte Tintoretto dem Wortsinn des Namens und ließ da Ponte auf einer geländerlosen Brücke (›ponte‹) vor der heran schwebenden Madonna knien. Angeregt dazu könnte ihn Luigi Groto haben, der »Blinde aus Adria«, der in seiner Lobrede kunstvolle Metaphern ausgehend vom sprechenden Namen des Dogen verbunden hatte. Die Cumeische Sybille, so Groto, habe geweissagt, dass eine Brücke (›ponte‹) gebaut werde, deren erhobener Teil (der Doge) die Stadt der Brücken (Venedig) verteidigen werde und glücklich mache. Dass dieser Familienname auch in anderen Genres die Phantasie der Künstler beflügelte, zeigt der Brunnen eines Statthalters aus der Familie da Ponte in Koper (ehemals Capodistria), dessen zentrales Element eine Brücke ›alla veneziana‹ bildet.

Tintoretto malte den Dogen hoch über der Lagune. Der Betrachter schaut von der Seite auf die Treppenstufen und findet

68 Jacopo Tintoretto: Devotionsbild des Dogen Nicolò da Ponte

sich so selbst über die Stadt erhoben. Die Stadtansicht steht für die Republik, die der neugewählte Doge im Rahmen bindender Gesetze und Vorschriften repräsentiert. Nicolò da Ponte kniet mit ausgebreiteten Armen. Sein Blick sucht nicht die Madonna, die links unter einem von Engeln gehaltenen Tuch wie unter einem Baldachin auf Wolken erscheint, und auch nicht das Kind auf ihrem Schoß, das sich ihm segnend zuwendet. Josef, vorne links im Bild, der Heilige, an dessen Tag der Doge ins Amt gewählt wurde, blickt konzentriert in die Richtung des Dogen und vielleicht begegnen sich beider Blicke. Auch die auf Wolken heranschwebenden Begleiter des Dogen, Markus als Stadtpatron, und Nikolaus als Namenspatron, sind Teil einer Inszenierung, in deren Zentrum Nicolò da Ponte kniet. Dies Knien war bei Staatsporträts in der Wahlkapitulation vorgeschrieben, eine Beschränkung, die Tintoretto nicht daran hinderte, dem amtierenden Dogen besondere Würde zu geben. Hatte nicht Francesco Sansovino 1581 der ›grandezza‹ und der ›dignità‹ des Dogen (›Dux‹) ein eigenes Kapitel gewidmet und ihn dabei mit feiner Unterscheidung als Führer (›Duce‹), aber nicht als Fürst (›Duca‹) apostrophiert?

Jacopo Tintoretto (?): *Devotionsbild des Dogen Alvise Mocenigo*
(W4, Abb. 69)

Tintorettos Prägungen kamen dem Selbstverständnis der Dogen wohl entgegen. Dass es dennoch beim Dialog mit den Auftraggebern Schwierigkeiten geben könnte, belegt ein großformatiger ›modello‹ zum Devotionsbild des Dogen Alvise Mocenigo (1570–1577) für die Sala del Collegio (The Metropolitan Museum, New York). Alvise Mocenigos Ruhm als Doge des Sieges von Lepanto, aber auch eine verheerende Pestepidemie hatten sein Dogat geprägt.

Im ›modello‹ sind mehrere Phasen der Ausarbeitung einer Inszenierung erkennbar. In einer ersten, übermalten Version näherte sich der Stadtpatron, sein Buch unter den Arm geklemmt, den Kopf leicht geneigt, von vorne dem Podest, auf dem Alvise Mocenigo kniet. Des Dogen Blick war wohl auf den Boden vor den Heiligen gerichtet. Die Darstellung des Stadtpatrons als Rückenfigur scheint Widerspruch herausgefordert zu haben, möglicherweise war Tintoretto hier doch zu weit gegangen. So übermalte er die Rückenfigur ebenso wie den Löwen und skizzierte mit sicheren Pinselstrichen zwei Varianten, bei denen der Stadtpatron, nun ganz konventionell, hinter den Rücken des knienden Dogen versetzt wurde. Vielleicht entstanden diese Varianten während eines Gesprächs mit den Auftraggebern. Der vor einer hohen Säule (?) kniende Doge blickt aus dem Bild, während von links der Er-

69 Jacopo Tintoretto (?): Devotionsbild des Dogen Alvise Mocenigo

löser (von der Pest), begleitet von einem die Laute spielenden Engel, auf den Dogen zuschwebt. Die venezianische Flotte im Hintergrund war wohl ein Hinweis auf den Seesieg von Lepanto.

Im schließlich abgelieferten Devotionsbild finden sich nicht allein formale Veränderungen gegenüber dem Entwurf. Der Erlöser von der Pest und eine Viktoria mit der Palme des militärischen Triumphs (von Lepanto) schweben von links ins Bild, eine Veränderung, die Tintorettos ursprüngliche Erfindung trivialisiert. Der ausführende Maler gehörte zu den weniger begabten Mitarbeitern Tintorettos. Könnte Tintoretto das Interesse an diesem Auftrag verloren und die letzte Fassung vom Entwurf bis zur Ausführung einem Mitarbeiter überlassen haben?

Paolo Veronese: *Devotionsbild des Dogen Sebastiano Venier*
(W5, Abb. 70)

Tintoretto und Palma erhielten nach den Bränden von 1574 und 1577 die meisten Aufträge für Devotionsbilder. Paolo Veroneses Tod 1588 dürfte die Entscheidungen mitbestimmt haben.

Für das Devotionsbild des Dogen Sebastiano Venier (1577–1578) an der Stirnseite der Sala del Collegio ist ein Entwurf von Veronese erhalten, der inhaltlich vom Bild abweicht. Dabei nutzte der Maler später die Komposition seines Entwurfs und beschränkte sich auf einen Austausch und Umstellungen bei den Protagonisten und Statisten.

Die politischen Implikationen von Veroneses Devotionsbild werden deutlicher, erinnert man sich an den Jubel über den Sieg der vereinigten Flotten der Liga über die Türken bei Lepanto, an den wohl die wenigsten geglaubt hatten. Sebastiano Venier, der venezianische Generalkapitän, wurde als Sieger gefeiert, hymnische Gelegenheitsschriften rühmten den venezianischen Beitrag, graphische Blätter dokumentierten die Schlachtordnung oder zeigten die kämpfenden Flotten. Noch im gleichen Jahr erhielt Tintoretto den Auftrag, für die Sala dello Scrutinio in einem Schlachtenbild, das 1577 verbrannte, das Ereignis zu schildern. So war es kaum überraschend, dass mit Sebastiano Venier nach dem Tod Alvise Mocenigos der verdiente und in Vene-

70   Paolo Veronese: Devotionsbild des Dogen Sebastiano Venier

dig hochangesehene ›capitano generale‹ der venezianischen Flottenteile ins höchste Staatsamt gewählt wurde.

Veronese hatte in einem Entwurf Veniers Einsatz für den christlichen Glauben (bei Lepanto) und seinen Aufstieg ins höchste Amt der Republik wie Ursache und Wirkung verbunden. Dogenmütze und Kelch standen ihm zugleich vor Augen.

In der ausgeführten Fassung setzte Veronese die Heilige Justina in die Mitte an Stelle der Venetia, die Erinnerung an den Sieg von Lepanto ersetzte den Hinweis auf dessen Folgen für die Karriere Veniers. Christus als Weltenherrscher erscheint segnend auf Wolken, begleitet von Engeln mit Lorbeerzweigen und Palmwedeln. Veniers Eintreten für den christlichen Glauben war wohl notwendiges Bekenntnis nach dem Separatfrieden mit den Türken von 1573, der bei den Alliierten Zorn und Enttäuschung hervorgerufen hatte. Weiter rechts steht Markus hinter dem knienden Venier. Hinter Markus erkennt man Venetia mit dem ›cornu ducale‹ in den Händen. Zwischen den Heiligen Justina und Markus, ins Distanz schaffende Profil gewendet, hat Veronese den in der Schlacht tödlich von einem Pfeil verwundeten Agostino Barbarigo dargestellt. Der Knabe im weißen Überwurf, der den langen Dogenmantel wie ein Page bei Hof anhebt, ist vermutlich der kindliche ›ballottino‹, der bei der Dogenwahl die Loskugeln im hochkomplizierten Wahlverfahren zog. Er sollte in seiner Unschuld Manipulationen bei der Wahl unmöglich machen.

Zu Veroneses Bild gehören die fingierten Skulpturen in Nischen. Die Heilige Justina erinnerte an die Schlacht von Lepanto, der Heilge Sebastian an den Namen des Dogen. Die Säulen am Rand der Bildbühne lassen eine von Tintoretto grundverschiedene Auffassung erkennen.

Die Sala del Senato (Diagramm S.107, Abb. 71)

Dem Senat gehörten circa sechzig ausgewählte Vertreter verschiedener Räte und Magistrate an. Eine ›aggiunta‹ von weiteren sechzig Senatoren wurde vom scheidenden Senat und dem Großen Rat besetzt. Der Senat versammelte sich auf Antrag, um über Gesetzesvorlagen abzustimmen. Zu den Kompetenzen des Senats gehörten Entscheidungen über Krieg und Frieden, Schiffahrt und Handel, militärische ebenso wie kirchenpolitische Fragen, Staatsverträge, Bildung und Ausbildung auf allen Ebenen, also auch Akademien und Bibliotheken bis hin zu Botanischen Gärten. Zugleich hatte er die Aufsicht über die Münzprägung. An seinen Sitzungen konnten Botschafter sowie männliche Angehörige des Dogen teilnehmen.

An diese Aufgabenvielfalt erinnert das Bildprogramm der reichgeschnitzten Flachdecke, für die der Kartograph, Maler und Kunstschriftsteller Christoforo Sorte 1578 eine Vertragszeichnung lieferte. 1587 scheint das Schnitzwerk vollendet und die Anbringung der Bilder begonnen worden zu sein.

Den geschnitzten Fries unterhalb der Decke zieren vier Tugenden, eine Heilige Justina (als ein Hinweis auf den Sieg von Lepanto) und die in Venedig

71 Die Sala del Senato

unzertrennlichen Mars und Neptun. Die Gliederung der Wände zu den Ecken hin mit Hermen war in Venedig nicht nur im Palast unüblich.

Zwei Uhren an der Wand gegenüber den Fenstern zählen die Stunden und zeigen das jeweilige Tierkreiszeichen, beide Angaben sind in der älteren Uhr am Uhrturm zur Piazza hin kombiniert.

Im 16. Jahrhundert gehörte zuerst eine, später dann zwei Rednerkanzeln zur Einrichtung. Von diesen wurden auch die Gesandtenberichte verlesen. 1774 wurde die Bestuhlung erneuert und die Form des Tribunals in wesentlichen Elementen verändert. Aus dieser Zeit stammen die Chiaroscuri von Domenico Tiepolo (1775) anstelle der sonst üblichen hölzernen Rückenlehnen: *Ciceros Rede gegen Catilina* (?) und *Demosthenes wird mit Lorbeer gekrönt*. Historienbilder boten Domenicos großer Begabung nur enge Spielräume und so sind auch diese Bilder eher konventionell.

Die venezianischen Territorien zu Land und zu Wasser

Venedig war stets bemüht, Territorien zu bewahren und, so dies opportun und möglich erschien, neue hinzuzugewinnen. Die an Erfolgen und bittern Rückschlägen reiche Geschichte haben schon damals Historiker geschildert. Hier stellt sich die Frage, was von all dem in die Bildprogramme des Dogenpalasts, der Piazza sowie anderer öffentlicher Bereiche Venedigs einging.

Zentrale Themen des Selbstverständnisses erscheinen im Dogenpalast in vielerlei Gewand und stets neuen Zusammenhängen. Dazu gehört der Anspruch der Republik, die Herrschaft über die Adria und die Terraferma, das zur Republik gehörende Festland, auszuüben. So ließ sich die Republik bald nach 1340 in einem Relieftondo im Maßwerk der Westfassade des Dogenpalasts als Herrscherin des Meeres darstellen, wobei in einem Atemzug, auf einer Schriftrolle, Venedigs Stärke und Gerechtigkeit betont wurden. Später, im 16. Jahrhundert, wurden Medaillen geprägt, auf deren Rückseite Venetia als Herrscherin über das Adriatische Meer dargestellt ist. In diesen Zusammenhang gehören Bilder, die den Markuslöwen im Profil mit seinen Pranken zugleich im Wasser und auf dem Land zeigen.

Seit 1540 schmückte eine über Flussgöttern und somit über Städten der Terraferma thronende Venetia die Attika von Jacopo Sansovinos Loggetta am Fuß des Campanile. In dieser Loggia versammelten sich Mitglieder der ratsfähigen Familien, die dort ihre Zeit im Gespräch verbrachten. Seit 1569 aber wachten hier Arbeiter des Arsenals und ein Prokurator während der Sitzungen des Großen Rats. Neben Venetia finden sich die Inseln Zypern und Kreta in Gestalt von Venus und Jupiter. Venezianische Land- und Seeherrschaft wurde als ein Ergebnis guten Regierens erklärt, das, so ein kompetenter Zeitgenosse, angeblich der kunstvoll verschlüsselte Sinn von Jacopo Sansovinos vier Bronzefiguren antiker Götter an der Fassade der Loggetta sei. Dies Bildprogramm wurde naturgemäß den politischen Wechselfällen nicht angepasst. Solche Aktionen blieben den venezianischen Bilderstürmern nach dem Fall der Republik (1797) vorbehalten. Und so wurde nach dem Verlust von Zypern (1571) und Kreta (1669) aus einer Demonstration des Status quo das Insistieren auf einem Anspruch, den die Republik auch nach der politischen und militärischen Niederlage nicht aufgeben wollte.

Auf die Republik bezogene Darstellungen forderten Kommentare der Bürger und Besucher heraus. Da sie fast nie aufgezeichnet wurden, sind diese für eine Wirkungsgeschichte kostbaren Quellen rar. Nur selten, etwa wenn Autoren eigene Deutungen von Bildwerken als Argument nutzen wollten, finden sich Spuren. So wurde die Aufstellung des Löwen auf der östlichen Säule der Piazzetta und sein Blick nach Osten nicht allein von Girolamo Priuli in seinen Tagebüchern (um 1509) als eine Mahnung gedeutet, die venezianische Zukunft auf den Meeren und somit im Seehandel und nicht im Ackerbau auf der Terraferma zu sehen. Seehandel gegen Ackerbau war eine der politisch-gesellschaftlichen Kontroversen im Venedig des 16. Jahrhunderts.

Schon früh wurden im Dogenpalast Landkarten angebracht, auf denen die damals bekannte Welt ebenso wie die venezianischen Territorien abgebildet waren. Landkarten argumentierten näher an den geopolitischen Realitäten als Allegorien. Waren Weltkarten ein eher unverfängliches und allseits beliebtes Thema bei der Ausstattung von Residenzen, so konnte das Zeigen von Landkarten, mit genauen Angaben der Grenzen der venezianischen Territorien, auch als nicht opportun betrachtet werden. So überrascht es nicht, dass 1582 großformatige, von Cristoforo Sorte seit 1578 für die Sala del Senato gefertigte Karten auf Geheiß des einflussreichen Giacomo Contarini in der danebengelegenen Chiesetta in Schränken weggeschlossen wurden. Aus einer selbstbewussten Demonstration des Erreichten wurden schwerzugängliche Archivalien. Es scheint, als hätten erfahrene Politiker die Einsicht vertreten, die nicht justiziablen Allegorien böten weniger Angriffspunkte als der ›schwarz auf weiß‹ an den Wänden des Senats dokumentierte Status quo. Während die Landkarten von den Wänden entfernt und durch Devotionsbilder von Dogen ersetzt wurden, blieb Tintorettos Deckenbild mit seinem umfassenden Anspruch Venedigs auf Herrschaft über das Meer unbehelligt vor Ort.

Jacopo Tintoretto: *Venedigs Herrschaft über das Meer* (D1, Abb. 72)

Ähnlich wie Francesco Sansovino in seinem Programm für die Decke der Sala delle Quattro Porte argumentierte auch der unbekannte Autor des Programms für die Deckenbilder der Sala del Senato. In ihrem mittleren Bild wurde von Tintoretto Venedigs Herrschaft über das Meer von einer im Himmel thronenden Venetia als Beherrscherin des Meeres, als ›dominatrix Adriatici‹, wahrgenommen. In einem anderen Raum und nahezu gleichzeitig wur-

Sala del Senato

72   Jacopo Tintoretto: Venedigs Herrschaft über das Meer

de diese Herrschaft in der Sala del Maggior Consiglio mit päpstlichen Privilegien und somit als eine Folge des Friedens von Venedig (1177) belegt. In diesen Jahren hatten politisch versierte Venezianer wie Paolo Sarpi darauf verwiesen, dass es klug sei, kontroverse Herrschaftsansprüche als von Anfang an bestehend zu vertreten, statt sich mit historisch gebildeten Kritikern der Republik auf Debatten über Daten und meist dubiose Dokumente einzulassen.

Venetia thront umgeben von Göttern auf Wolken. Schräg unter ihr, exzentrisch, wird ein Viertel einer riesigen Erdkugel sichtbar. Nereiden und Tritonen bringen Venetia Schätze des Meeres dar. Zwischen beiden Sphären schweben Neptun und Mars. Wer die Frauen und Männer auf den niedrigeren Wolkenbändern sind, ist nicht bekannt. Keinesfalls sind sie an den Himmel versetzte purpurgewandete Zeitgenossen des Malers.

Venetia, herausgehoben von einer Strahlenglorie, empfängt im Kreis antiker Götter die Gaben des Meeres. Hierzu aber bedarf es der Unterstützung von Neptun, dem Herrscher der Meere, und Mars, des launischen Kriegsgottes. Ohne militärische Stärke ist eine Herrschaft, auch wenn sie vom Götterhimmel garantiert erscheint, nicht möglich und schon gar nicht von Dauer.

Auch in diesem Bild verbindet sich der Anspruch mit der Topik des Städtelobs, für die die Wirklichkeit kein Gradmesser war. Wenn Paolo Veronese an der Decke der Sala del Collegio Venetia thronend auf einer Weltkugel darstellte, während Personifikationen der Gerechtigkeit und des Friedens als Garanten und als Ergebnis venezianischer ›Weltherrschaft‹ sich ihr andächtig nähern, so war dies nicht als Spiegel realer Verhältnisse und Ansprüche misszuverstehen. So ging es auch bei der Bildformel ›Weltherrschaftsanspruch‹ einzig um das begrenzte venezianische Imperium.

Weitere Deckenbilder

Schräg über dem Eingang zur Sala delle Quattro Porte hat Marco Vecellio das Prägen von Münzen (D2) aus dem Inneren der Staatlichen Münze in eine Loggia und auf deren Stufen verlegt. Diese Prägungen und andere Kostbarkeiten werden auf Geheiß eines Beamten zu einem Schatzhaus (?) und den davor versammelten Würdenträgern, vermutlich Senatoren, gebracht.

Im ovalen Rahmen über dem ›tribunale‹ malte Tommaso Dolabella den tiefgläubigen Dogen Pasquale Cicogna (1585–95) kniend vor den Stufen eines Altars während der Messe (D3). Durch ein Fenster fällt Licht auf die ausgestellte Hostie. Eine Schriftrolle nennt den christlichen Glauben als Beschützer der Republik (TUTELA R.P.). Für diese steht der Doge. Nicht sicher ist, ob ein Zusammenhang zwischen der Verehrung der Eucharistie durch den Dogen und der eucharistischen Thematik des Devotionsbildes an der Stirnseite des Raums gewollt war.

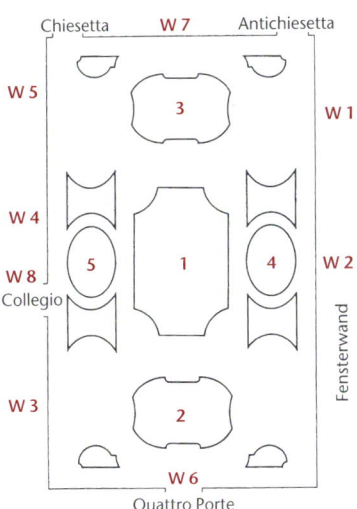

Sala del Senato

In der unteren Bildhälfte hat Tommaso Dolabella ein einprägsames Sinnbild eines friedlichen Miteinanders im Glauben von Armen und Wohlhabenden, im Bild vermutlich Senatoren, geschaffen. Ähnlich hatte Vasari (um 1546) in der römischen Cancellaria den Friedensschluss von Nizza zwischen zuvor verfeindeten Staaten dargestellt. Der rücklings sich aufstützende, zum Altar aufsehende nackte Mann liegt auf gleicher Höhe wie der kniende Doge in seiner opulenten Amtstracht. Er verkörpert die Armut, die zu überwinden die Republik mit ihren vielfältigen caritativen Infrastrukturen sich vorgenommen hatte. Nicht nur die venezianischen Autoren hoben den sozialen Frieden zwischen den regierenden Aristokraten (den ›nobili‹, im Jahr 1581 circa 4,5 %), den wohlhabenden Bürgern (›cittadini‹, circa 5,3 %) und der übrigen Bevölkerung (den ›popolani‹, circa 90,2 %) hervor.

Im Oval der Fensterseite haben Girolamo Gambarato und (?) Aliense Dichter und Denker um den Dogen versammelt (D4). Ein sinnender, mit Lorbeer bekränzter Poet im roten Harnisch (!) stützt sich, zurückgelehnt, auf dicke Folianten, Bücher stapeln sich zu seinen Füßen. Weitere namenlose Gelehrte unterschiedlicher Herkunft bevölkern das Bild. Die Beachtung der ungeschriebenen Regeln durch Dichter und Denker zum Wohl des Staats wird durch die über den Bildrand hinausweisende Gebärde des Dogen angemahnt. In den beiden seitlich zugeordneten Rahmen finden sich Philosophen (?) mit ihren Büchern.

Im Oval gegenüber stellte Andrea Vicentino die Schmiede des Vulkan dar (D5). Venus, in deren Auftrag die Waffen geschmiedet werden, sitzt rechts mit herrischem Gestus. Kaum denkbar, dass die verbreitete Gleichsetzung von Venus und Venetia nicht ihren Auftritt bestimmte. In den beiden seitlich zugeordneten Rahmen sitzen Gerüstete.

Die Bilder an den Wänden

Nachdem die für die Wände bestimmten Landkarten in Schränken vor unberechtigten Blicken sicher weggeschlossen waren, wurden die frei gewordenen Flächen für Devotionsbilder bereits verstorbener Dogen reserviert. Vom territorialen Programm blieb, auf der Fensterseite und im Gegenlicht nur schlecht zu sehen, das von Palma il Giovane gemalte Porträt des ägyptischen

Sala del Senato

73 Jacopo Tintoretto: Devotionsbild des Dogen Pietro Loredan

Geographen, Astronomen und Mathematikers Ptolemäus (W1). Dessen Lehrbuch der Geographie war in der Renaissance für Kartographen verbindlich und so wurden auch in Venedig zahleiche Ausgaben seines Hauptwerks verlegt. Die Darstellung Ptolomäus' scheint ein Porträt des Marco Trevisan (gest. 1478) ersetzt zu haben, der im Bild auf die venezianische Flotte verwiesen hatte, während eine Beischrift darauf bestand, dass Ehre und Ruhm zur See erworben werde.

Ebenfalls auf der Fensterwand wurde Beato Lorenzo Giustiniani, erster Patriarch Venedigs (seit 1451), vor dem Hochaltar der Bischofskirche San Pietro di Castello von Marco Vecellio gemalt (W2). Auf den Stufen warten Bittende und Bettler, Arme und Kranke. Ein Kleriker bringt auf einem Teller Speisen, ein anderer versucht, mit einem Stock Ruhe zu schaffen. Vielleicht war der prominente Ort dieses Bildes über einem Rednerpult auch durch den Wunsch der Republik zu erklären, die erhoffte Heiligsprechung zu unterstützen.

Jacopo Tintoretto: **Devotionsbild des Dogen Pietro Loredan** (W3, Abb. 73)

Tintoretto hat im Devotionsbild des Dogen Pietro Loredan (1567–1570) den Dogen aus der Knechtschaft des Stifterbildes befreit. Alle Anwesenden, sei es die über einem überwundenen Drachen heranschwebende Madonna, sei es der von rechts sich dem Dogen fliegend mit ausgebreiteten Armen nähernde Markus, beziehen sich auf den Knienden, der ungerührt aus dem Bild blickt. Petrus am linken Bildrand und der Heilige Ludwig von Toulouse rahmen die Szene. Hinter dem Dogen ist, vergleichbar einem Bühnenbild, der Markusplatz zu erkennen, die traditionelle Chiffre für die Republik. Größe und Würde des Dogen werden nicht dadurch gemindert, dass er kniet, vielmehr wird ein Bekenntnis zum Glauben, der für das Selbstverständnis Venedigs zentralen Tugend, unvermittelt anschaulich.

74 Jacopo Palma d.J.: Devotionsbild des Dogen Pasquale Cicogna

Jacopo Palma d.J.: **Devotionsbild des Dogen Pasquale Cicogna** (W4, Abb. 74)

Anders als Tintoretto, der seine Bilder wohl hauptsächlich mit Studien einzelner Figuren vorbereitete, erlauben Kompositionszeichnungen Palmas beim Devotionsbild des Dogen Pasquale Cicogna (1585–1595) einen Einblick in den formalen und inhaltlichen Klärungsprozess.

So scheint die Entscheidung über das Thema erst im Verlauf des Entwurfsvorgangs gefallen zu sein. Vermutlich war hier die Auswahl der Darzustellenden dem Maler überlassen. Auf einem Blatt finden sich zwei Varianten, darunter eine der ausgeführten Fassung nahe mit dem Standbild des Cicogna, das diesem, wohl nicht ohne sein Zutun, in Kreta errichtet worden war. Carlo Ridolfi (1648) verharmloste diese für einen Vertreter Venedigs unangemessene Ehrung, indem er die Initiative dazu allein den Bürgern von Candia zuschrieb. Diese Statue im Devotionsbild zu zeigen, hieß, an eine in der Hauptstadt undenkbare Ehrung durch ein frei aufgestelltes Standbild zu erinnern. Die Personifikationen von Kreta (mit dem Labyrinth und dem Fuß auf einem Überwundenen) und die weißgekleidete Fides verweisen auf die Karriere und Ideale seiner Regierungszeit. Die im Hintergrund abgebildete, später durch einen barocken Bau ersetzte Kirche mit dem Konvent der Crociferi erinnert an die zentrale Rolle des Dogen bei dessen Förderung. Dieser Verdienst wurde auch in Palmas sehenswerten Bildern im nahegelegenen Oratorio dei Crociferi festgehalten. Mit der Linken weist Pasquale Cicogna auf den hinter ihm ins Bild schwebenden, dem Knienden unsichtbaren Erlöser. So kniet der Doge nicht wie in den meisten von Tintorettos Votivbildern dem Betrachter isoliert gegenüber, sondern weist über seine Person hinaus auf eine höhere Instanz.

Jacopo Palma d. J.: **Staatsporträt des Dogen Francesco Venier** (W5, Abb. 75)

Jacopo Palma hat gegen Ende des 16. Jahrhunderts den Dogen Francesco Venier (1554–1556) stehend vor einer thronenden Venetia, begleitet vom ›ballottino‹ und allegorischen Figuren, gemalt. Personifikationen von vier Städten der Terraferma, in denen der Doge zuvor als Statthalter tätig gewesen war, präsentieren und überreichen Venetia Zeichen ihrer Treue. Das Wirken des Dogen Venier zum Wohl der Republik ist das zentrale Thema eines Staatsporträts, nicht eines Devotionsbildes.

Jacopo Palma d. J.: **Devotionsbild der Dogen Lorenzo und Girolamo Priuli** (W6, Abb. 76)

75 Jacopo Palma d. J.: Staatsporträt des Dogen Francesco Venier

Tintorettos Darstellungen der Dogen Pietro Lando und Marcantonio Trevisan (Abb. 77) scheinen den Erwartungen vieler Besteller entsprochen zu haben. Dies trug wohl dazu bei, dass Jacopo Palma beim Doppelporträt der Dogen Lorenzo (1556–1559) und Girolamo Priuli (1559–1567) von seinem Entwurf abwich. Womöglich auf Drängen der Besteller – wer hätte ihn in dieser Angelegenheit sonst drängen sollen? – löste er Lorenzo Priuli aus der traditionellen Bethaltung und dem Distanz schaffenden Profil wie noch auf seinem Entwurf und ließ beide, dem Betrachter zugewandt, in würdigen Hal-

76   Jacopo Palma d. J.: Devotionsbild der Dogen Lorenzo und Girolamo Priuli

tungen knien. Diese Veränderung hatte eine Entfremdung der Dogen von ihren Namenpatronen zur Folge, die nun allein der am Himmel erscheinenden, ›venezianischen‹ Deesis mit Maria und dem Stadtpatron zugewandt sind. Dass sich Markus aus dem Himmel mit zeigender Gebärde an Girolamo Priuli wendet, kann die fehlende Beziehung dieses Dogen zum hingerissen auf die Knie gesunkenen Hieronymus nicht ausgleichen.

Jacopo Tintoretto: *Devotionsbild der Dogen Pietro Lando und Marcantonio Trevisan* (W7, Abb. 77)

Vermutlich wurden die Veränderungen in Palmas Bild nicht unabhängig von Tintorettos über dem ›tribunale‹ angebrachten Doppelporträt der Dogen Pietro Lando (1539–1545) und Marcantonio Trevisan (1553–1554) entschieden. Dies Bild lässt Spannungen zwischen der christlichen Thematik und dem Staatsporträt erkennen. Über dem Sitz des Dogen hat Tintoretto eine ergreifende Engelspietà gemalt, die, wie kein zweites Bild der Ratssäle, die sakrale Dimension der Republik anschaulich werden lässt. Schon Tizians verbranntes Devotionsbild des Marcantonio Trevisan könnte eine Pietà gezeigt haben. Die Enthüllung der Bilderwelt für die Betrachter wird durch den gerafften roten Vorhang am Bildrand angezeigt, der den Blick auf die in den Ratssaal drängende himmlische Erscheinung freigibt.

Die himmlische Erscheinung scheint die beiden knienden Dogen nicht zu berühren. Sie wird allein vom Heiligen Sebastian am linken Bildrand, also

77   Jacopo Tintoretto: Devotionsbild der Dogen Pietro Lando und Marcantonio Trevisan

am ›Eingang‹ des Bildes wahrgenommen. Dessen Blick führt den Betrachter zum Leichnam Christi. Offen bleibt, ob der Stadtpatron die Erscheinung wahrnimmt. Gegenüber der bestürzenden Gegenwart des geopferten, vom Kreuz abgenommenen und von Engeln auf einem Tuch präsentierten Christus wirken die Heiligen wie Statisten. Die dem Betrachter zugewandten Dogen aber sind auch in diesem Bild Repräsentanten der Republik, die vom dramatischen Geschehen erstaunlich unberührt bleiben.

Temporäre Herrichtungen bei besonderen Anlässen im Leben der Republik konnten Bildern für eine kurze Zeit eine erweiterte Bedeutung geben. So stellte man im Senat bei der Wahl des Dogen durch die 41 Wahlmänner vor dem ›tribunale‹ und unterhalb von Tintorettos Devotionsbild einen Altartisch zum Feiern der Messe auf. Tintorettos Bild konnte so bei diesem wichtigen Ereignis über dem Altartisch als monumentales Altarbild gesehen werden. In seinem Deckenbild darüber hatte Dolabella um das offene Tabernakel ein beiseite gezogenes Tuch drapiert. So könnte auch Tintoretto die eucharistische Dimension seiner Darstellung des toten Christus mit dem glutroten Vorhang verdeutlicht haben.

Jacopo Palma d. J.: ***Die Republik widersteht 1509 der Liga von Cambrai***
(W8, Abb. 78)

Jacopo Palmas Allegorie des venezianischen Widerstands gegen die Verbündeten der Liga von Cambrai wurde über der Tür zum Collegio angebracht. Sie erinnert an den glücklichen Ausgang einer existenzbedrohenden Krise im Dogat Leonardo Loredans (1501–1521). Ähnlich bedrohlich war lange zuvor nur die Belagerung der Stadt durch die Genuesen (1380), an deren Scheitern ein großes Bild gegenüber dem Dogenthron der Sala del Maggior Consiglio erinnert. Nach der militärischen Niederlage der venezianischen Truppen bei Agnadello (1509) gegen die übermächtigen, vom Papst angestachelten Verbündeten, gelang es der venezianischen Diplomatie, die Voraussetzungen für den Wiedergewinn verlorener Territorien auf dem Festland zu schaffen. Ein erster, wichtiger Schritt war die Wiedereinnahme von Padua noch im Jahr der Niederlage durch das venezianische Heer unter Andrea Gritti, der als ›capitano generale‹ die Truppen führte.

Die Heldin von Palmas Bild ist Venetia, die mit erhobenem Schwert auf einen Reiter losgeht. Dieser sitzt auf einem Stier (für Europa), wobei auf seinem Schild die Wappen der Gegner Venedigs vereint sind. Personifikationen des Überflusses und des Friedens auf Seiten Venedigs verkörpern Ideale, für die es sich lohnte zu kämpfen. Der für Venedig unerwartet günstige Ausgang

78 Jacopo Palma d. J.: Die Republik widersteht 1509 der Liga von Cambrai

dieser Krise, der mit dem Frieden von Bologna (1529) besiegelt wurde, bestärkte den Mythos von der unbesiegbaren Republik.

Palma hat dem Dogen eine staatsmännische Rolle gegeben. Ruhig begleitet er mit ausgebreiteten Armen und weisender Gebärde den Angriff. Der Triumph aber gebührt nicht dem Dogen, sondern der Republik, verkörpert durch den Markuslöwen, hoch über den Viktorien den Lorbeerkranz haltend. Palma kannte vermutlich das vom literarisch versierten Bildhauer Danese Cattaneo spätestens 1568 erdachte Programm für das Grabmal des Dogen Leonardo Loredan im Chor von SS. Giovanni e Paolo. Die zahlreichen Übereinstimmungen sind anders nicht zu erklären.

Spätere Devotionsbilder der Dogen

Im 17. Jahrhundert fand man in den bisher bevorzugten Ratssälen für Devotionsbilder keine ausreichenden Flächen mehr. So wurde das von Marco Vecellio gemalte Devotionsbild des Dogen Leonardo Donà (1606–1612) in der Sala della Bussola, einem Vorraum des Rates der Zehn, als Teil eines umfassenden Programms untergebracht. In der Folge wich man dann auf den Vorraum der Sala del Maggior Consiglio aus. Palma malte dort die Devotionsbilder des Giovanni Bembo (1615–1618) und des Marcantonio Memmo (1612–1615). Als auch dort keine ausreichende Wandfläche mehr verfügbar war, wurde das von Palma gemalte Doppelporträt der Dogen Antonio Priuli (1618–1623) und Francesco Contarini (1623–1624) in der damals neuerrichteten Sala dei Banchetti untergebracht (seit dem 19. Jahrhundert in der Kirche von Montegaldello bei Padua). Während andere Räume wie die Sala del Maggior Consiglio oder die Sala delle Quattro Porte nur gelegentlich für festliche Bankette genutzt wurden, hatte man mit der Sala dei Banchetti nun einen Raum, in dem Feste, etwa zu Ehren der Botschafter, jederzeit veranstaltet werden konnten. Diese Funktion sprach nicht gegen die Anbringung eines Devotionsbildes.

CHIESETTA UND ANTICHIESETTA

Beide Räume sind derzeit nicht Teil des Rundgangs.

Über die Chiesetta und ihren Vorraum, die Antichiesetta, der seit 1523 für einige Zeit als Ausstellungsort der Antiken aus der Sammlung des Kardinals Giovanni Grimani diente (damals: Sala delle Teste), ist Widersprüchliches überliefert. Die Chiesetta diente der Serenissima Signoria zum regelmäßigen Feiern der Messe. Sie war für den Dogen auch eine Station auf dem täglichen Weg aus seiner Wohnung in den Senat. Heute zeigen die Chiesetta und ihr Vorraum eine Ausmalung des 18. Jahrhunderts. Beide Räume sind von der Sala del Senato durch einen heute meist verschlossenen Eingang rechts vom ›tribunale‹ zugänglich.

DIE SAMMLUNG GRIMANI IM DOGENPALAST

Das Sammeln von Kunstwerken war in Venedig eine Domäne der ratsfähigen Familien (›nobili‹) und wohlhabender Bürger (›cittadini‹). Francesco Sansovino und seine späteren Herausgeber schilderten den Reichtum dieser Sammlungen, frühe, meist lakonische Verzeichnisse wie das berühmte eines anonymen Autors, des *Anonimo Morelliano*, waren vorausgegangen. Und dennoch erregte das wahrhaft fürstliche Geschenk des Kardinals Domenico Grimani an die Republik (1523) nicht nur Dankbarkeit. Dazu mag ein Passus in Domenicos Testament beigetragen haben, nach dem das Geschenk auch der Erinnerung an ihn diene. Dies musste als eine familienpolitische Herausforderung der mit den Grimani regierenden Familien verstanden werden. In der alsbald gefertigten Inschriftplatte (Museo Civico Correr) wurde neben dem Namen des regierenden Dogen Andrea Gritti naturgemäß der des Stifters genannt. Schließlich wurden nur elf antike Büsten und fünf Statuen vom Staat akzeptiert, während immerhin 170 antike Stücke und viele Bilder 1528 an die Grimani ohne schriftliche Angaben von Gründen zurückgegeben wurden. Fürchtete man vielleicht ein ›Museo Grimani‹ im Dogenpalast? Die verbliebenen Stücke wurden in der Sala delle Teste neben dem Senat und der Chiesetta aufgestellt. Die von Hieronymus Bosch, Antonello da Messina und Albrecht Dürer stammenden oder diesen zugeschriebenen Bilder blieben im Palast. Während einige dieser Bilder heute im ehemaligen Magistrato dei correttori alle Leggi museal präsentiert werden, wurden die Antiken schon im späten 16. Jahrhundert mit dem Statuario pubblico, einer Stiftung des Patriarchen Giovanni Grimani, vereinigt. Sie gehören heute zu den Hauptwerken des Museo Archeologico. Der Statuario pubblico, die damals öffentlich zugängliche Antikensammlung, fand seit 1596 ihre Aufstellung im Vorraum des Lesesaals der Libreria im Prokuratorenpalast.

Der Altar der Chiesetta (Abb. 79)

79   Die Madonna am Altar der Chiesetta

Vincenzo Scamozzi entwarf 1593 den Altar der Chiesetta und nutzte dabei die topographische Situation zur Öffnung eines kleinen Fensters, um einen versteckten Lichteinfall von der linken Seite auf den Altar und die Madonnenfigur zu schaffen. Eine vergleichbare Lichtregie hatte zuvor schon der für uns anonyme Maler des *Emmausmahls* in San Salvatore (1513) gewählt.

Die Signatur der Madonna nennt Jacopo Sansovino aus Florenz. Da die Figur nicht Sansovinos Fähigkeiten entspricht, wurden auch Tommaso Lombardo und Francesco Segala als Ausführende genannt. Unverhüllte Inkongruenzen in der Drapierung des Gewandes über dem Unterleib sowie unterschiedliche Gewandstile sprechen für eine Fertigstellung durch wenigstens zwei Bildhauer. Die segnende Zuwendung des Jesusknaben, der nach links gerichtete Blick seiner Mutter und beider Haltungen sind ohne eine Bezugsperson wie den Johannesknaben unmotiviert.

Die Überlieferung zu dieser Figur ist reich an scheinbaren Widersprüchen. 1574 versuchte Francesco Sansovino sie dem bayerischen Herzog zu verkaufen, der ihn vertröstete. 1581 wird sie von Sansovino (in seiner *Venetia città nobilissima et singolare*) in der Sala del Maggior Consiglio in einer Nische gegenüber dem Dogenthron erwähnt. Vermutlich bestand damals die Absicht, sie dort aufzustellen. Nicht den Realitäten im Raum, sondern Texten folgend, wurde die Figur an dieser Stelle noch Girolamo Bardi in seiner Programmerklärung von 1587 genannt. Die vom Brand vom 20. Dezember 1577 ausgeglühten Reste einer aufwendigen Nische hinter Veroneses *Heimkehr des Dogen Contarini aus Chioggia 1380* belegen die Absicht, an dieser Stelle bereits vor dem Brand eine Figur aufzustellen. Im handschriftlichen Programm wird für die Zeit nach dem Brand eine Aufstellung der Madonna unter der Inschriftplatte, die auch einen Markuslöwen zeigt, anvisiert und zwar zusammen mit einem Bild der Ereignisse von 1380. Aus diesen Mitteilungen lässt sich schließen, dass die Figur nie in der schon vor dem Brand für sie gefertigten Nische gezeigt worden war. 1593 schließlich wurde mit ihrer Aufstellung im Altar der Chiesetta endlich eine Lösung gefunden.

Die Ausmalung (Abb. 80)

Barocke Ausmalungen waren im Dogenpalast häufiger als es scheinen mag. Die Ausmalung der Flachdecke in der riesigen Sala dei Banchetti zuerst durch die Brescianer Domenico Bruni und Giovanni Jacopo Pedrali zusammen mit Matteo Ingoli (1623) wurde 1768 durch Jacopo Guarana und Francesco Zanchi erneuert. Die nur wenige Jahre jüngere Ausmalung der Chiesetta ebenfalls durch Jacopo Guarana, diesmal in Zusammenarbeit mit dem Quadraturamaler und Trompe-l'œil-Spezialisten Girolamo Mengozzi Colonna, ist ein weiteres Beispiel. Dabei war Guarana für den Dogen Alvise Mocenigo nicht die erste Wahl. Dessen Versuch, Giambattista Tiepolo für die Sala dei Banchetti zu gewinnen, scheiterte an den Verpflichtungen des allseits umworbenen Malers für die spanische Krone. Mit Jacopo Guarana wurde ein damals erfolgreicher

80 Die Chiesetta

Künstler gewonnen und so konnte die Republik, zumindest in ihren Ansprüchen, mit den Festsälen privater Palazzi wetteifern. Besondere Beachtung verdienen die Malereien von Mengozzi Colonna. Seine phantasievolle Fiktion eines sich zu den Seiten öffnenden Raums machte den Erfinder fingierter architektonischer Strukturen und nicht den ›Figurenmaler‹ zum künstlerischen Protagonisten.

Im mittleren Deckenbild der Chiesetta malte Jacopo Guarana den Stadtpatron ›in gloria‹ auf Wolken. Rechts kniet unter einem Baldachin, ihm zugewandt, Venetia. Die Personifikationen im unteren Drittel des Bildes verkörpern Schifffahrt, Ackerbau und Handel. An den Wänden finden sich die Personifikationen der (Staats)Klugheit und der Besonnenheit.

Von Guaranas Deckenbild des Vorraums, der Antichiesetta (1774), gab Cicogna 1817 eine Erklärung, die auf einem älteren Text basieren könnte. Dort finde man Friede, Glück und Überfluss. Dazu Gerechtigkeit, Weise Regierung und, in den begleitenden Ovalen, Stärke, Gerechtigkeit, Wissenschaft und Herrschaft. (Zwei der Ovale wurden 1815 von C. Bevilacqua neu gemalt.)

Vom Senat leitet die Führungslinie zurück in die Sala delle Quattro Porte und von dort in die Räume des Rats der Zehn.

DIE RÄUME DES RATS DER ZEHN (Plan S. 122)

Der Besuch der Räume des Rats der Zehn, eines Machtzentrums der Republik, wird durch die Führungslinie erschwert, die den Raum der drei Häupter dieses Rats sowie den der Staatsinquisition (Sala degli Inquisitori) zu Stationen der ›Itinerari segreti‹, dem besonders zu buchenden Rundgang, macht. Jedem zugänglich sind der Versammlungsraum des Rats (Sala dell'Udienza) und die vorgelagerte Sala della Bussola.

In diesen Räumen versammelte sich ein einflussreicher und machthungriger Rat, der – nur ein Beispiel unter vielen – zuerst 1540 und dann wieder 1573 (also zwei Jahre nach dem militärischen Sieg vor Lepanto) unabhängig vom zuständigen Senat Friedensverhandlungen mit den Türken führte. 1582 wollte der Rat durch eine personelle Verstärkung um 15 Mitglieder, die Zonta, einen weiteren Machtzuwachs erreichen, den der Große Rat jedoch nicht bestätigen wollte. Die aus dieser Weigerung resultierende Verfassungskrise sollte noch Jahrzehnte später in vielen Bereichen der Politik spürbar bleiben.

Wer die Räume des Consiglio dei Dieci besucht, widmet sich vor allem den Deckenbildern (1553–1555). Diese waren durch einzeln angebrachte Gemälde an den Wänden ergänzt, die zu Beginn des 17. Jahrhunderts flächendeckenden Wandbildern weichen mussten. Zu klären bleibt, für welchen der Räume ein Madonnenbild des Domenico Biondo (1541) oder, nach dem Sieg in der Schlacht von Lepanto (1571), eine Heilige Justina gestiftet wurde. Ein *Auferstandener Christus* von Tintoretto war wohl über dem Sitz der Ratsherren angebracht. Verloren sind drei Schlachtbilder vom Beginn des 17. Jahrhunderts auf der Fensterwand sowie die ursprüngliche Möblierung, die 1797 von antirepublikanischen Bürgern verbrannt wurde.

Die Sala dell'Udienza
(der Anhörungen)
Die Bilder an der Decke (Diagramm S.117, Abb. 81)

Das Dekorationssystem der 1553 vollendeten Holzdecke bot den Malern neun Rahmen für Bilder und dazwischen unregelmäßig begrenzte Flächen, die Paolo Veronese, Giambattista Zelotti und Giovanni Battista Ponchino für Grisaillen nutzten. Die Themen sollen von Daniele Barbaro, dem gelehrten Patriarchen von Aquileia, stammen.

Erhebliche Schwierigkeiten bei der Nutzung und Deutung mythologisch-allegorischer Figuren riefen seit der Mitte des 16. Jahrhunderts eine Blütezeit ikonologischer Handbücher hervor. Diese teilweise reichillustrierten Kompendien wurden damals ebenso von Künstlern wie von Kunstinteressierten konsultiert. Aber auch mit ihrer Hilfe lassen sich nicht alle Personifikationen oder Allegorien deuten. Das nicht selten ratlose Schweigen des belesenen Francesco Sansovino spricht Bände. Vermutlich gehörte auch hier die Verrätselung zu den Regeln eines ernstgenommenen Spiels, bei dem der Wissende als Führer durch ein Labyrinth auftreten konnte. Hatte der in ikonologischen Fragen erfahrene Giorgio Vasari nicht ärgerlich über einen fehlenden Schlüssel zu den Fassadenmalereien Giorgiones und Tizians am Fondaco dei Tedeschi in Venedig räsonniert?

Im mittleren, von Paolo Veronese kurz nach seiner Ankunft in Venedig gemalten Deckenbild treibt, hoch über uns, Jupiter mit seinem Blitz Personifikationen von Lastern in den Abgrund, die Francesco Sansovino als Häresie, Rebellion, Sodomie und Falschmünzerei identifizierte (D1, Abb. 81). Mit dieser Themenwahl wurde das Selbstverständnis des Rats unmittelbar anschaulich, was schon Vasari 1568 betonte. (Das Original befindet sich seit dem frühen 19. Jahrhundert im Louvre und ist vor Ort durch eine Kopie von Jacopo d'Andrea ersetzt.)

81 Die Decke des Rates des Zehn (Consiglio dei Dieci)

Anders als in der Sala della Bussola verzichtete Veronese auf vordergründige Verkürzungen der Dargestellten, so als blicke man durch eine Öffnung. Zwischen den auf den Betrachter zustürzenden Lastern schwebt ein Engel mit einem blau eingebundenen, aufgeschlagenen Buch. Sein ernster Blick trifft den rücklings Stürzenden, dessen beschriebenes Blatt an einen Häretiker denken lässt. Protestanten und ihre Sympathisanten wurden in diesen Jahren im sonst so weltoffenen, undogmatischen Venedig ungewöhnlich heftig verfolgt. Ein weiterer, am unteren Bildrand Fallender hält (gefälschte?) Münzen in der Hand, ein dritter stürzt mit zerrissenen Fesseln und einem Strick um den Hals. Michelangelos *Jüngstes Gericht*, das Veronese von graphischen Reproduktionen kannte, war für die Ballung stürzender Körper wohl ebenso Anregung wie Maß. Hinzu kam die selbstbewusste Botschaft des noch jungen Malers, dass er sich mit dem bewunderten Michelangelo fruchtbar auseinandersetzen konnte.

Von den kleineren Deckenbildern wurde vermutlich das rechts über der Stirnwand mit dem rechts über der Fensterwand vertauscht.

Über dem ›tribunale‹ malte Zelotti, in starker Verkürzung die zum Himmel aufblickende Personifikation der Freiheit (D2) mit gesprengten Ketten und Joch. Die Götter hoch über ihr sind miteinander beschäftigt, einzig Merkur blickt nach unten, auf die Freiheit ebenso wie auf uns. Im Bild links davon malte Zelotti Venetia auf dem Erdball (D3), und rechts, bevor die Bilder vertauscht wurden, Ponchino den auf dem Meer heranstürmenden Neptun (D4).

Links, über der Wand zur Sala della Bussola, empfängt Venetia mit freudiger Gebärde Herrschaftszeichen und Reichtümer, darunter die Dogenmütze, eine Krone (für die venezianischen Königreiche, die ›regni‹) Gold und Lorbeer (D5, Abb. 82). Bei ihr liegt ein anschmiegsamer Markuslöwe und unter ihr ist eine Erdkugel zu erkennen. Die auf Wolken bequem gelagerte Spenderin der Gaben wird meist mit Juno, der Gattin Jupiters, identifiziert. Mit dieser Figur hatte Veronese sein Ideal weiblicher Schönheit gefunden.

Gegenüber zeigte Ponchino sich mit Merkur und Pax (D6) als ein routinierter Vertreter einer von Giulio Romano in Mantua mitgeprägten, an römischen Vorbildern orientierten Schule. Pax reicht dem heranschwebenden Merkur, der vermutlich den Handel verkörpert, den Olivenzweig des Friedens. Kunstvolle Drehungen und Wendungen sowie ein perspektivisch verkürzter Akt sollten von der Kunst des Malers zeugen. Die wie eingefroren wirkende Pose ersetzt Bewegung, was Kritik erfahren haben könnte.

Ponchino löste noch während der Arbeiten seinen Vertrag und zog sich auf eine Pfarrstelle in Castelfran-

82 Paolo Veronese: Juno (?) belohnt Venetia

co Veneto zurück. Dort bekam er, Ironie des Schicksals, wegen nicht geziemend gekleideter Figuren auf einem Altarbild für den dortigen Dom Schwierigkeiten mit der kirchlichen Inquisition. Dies lange vor dem vergleichbaren ›Fall‹ des großen Michelangelo, dessen Figuren im *Jüngsten Gericht*s in der Sixtinischen Kapelle des Vatikans, wie die seines Bewunderers Ponchino in Castelfranco, mit dem Pinsel bekleidet werden mussten.

Im mittleren Bild über der Fensterwand malte Veronese den Kriegsgott Mars, vom Rücken gesehen, und ihm gegenüber, bequem gelagert, Neptun, dahinter, von einem flatternden Tuch kaum verhüllt und eiligen Schritts Venetia in Gestalt der dem Meer entstiegenen Venus, begleitet vom Markuslöwen (D7). Ein Putto bekrönt Neptun mit Lorbeer. Mit diesem Bild wurde auf die stets angestrebte Herrschaft und militärische Dominanz der Republik auf den Meeren hingewiesen.

Daneben, über der Tür zur Sala della Bussola, malte Zelotti Janus und Juno (D8). Dem entsprach, bevor Bilder vertauscht wurden, auf der gegenüberliegenden Seite Veroneses Oval in dem man, frei vom politischen Bildprogramm, Personifikationen der Jugend und des Alters (D9) erkennen wollte. Sinnend, vor einer gebrochenen Säule sitzt erhöht ein Turbanträger, vielleicht Saturn. Ihm nähert sich, zugeneigt, eine junge Frau, vermutlich Venetia. Saturns Begegnung mit Janus leitete, so eine Überlieferung, das Goldene Zeitalter ein, das Venedig für sich in Anspruch nahm. Saturns herkulische Gestalt und seine auffällig in den Blick gerückte Hand zeigen Veroneses fruchtbare Auseinandersetzung mit Michelangelos Propheten an der Sixtinischen Decke im Vatikan.

Die monochromen Bilder (Grisaillen)

Die Zuschreibung der Grisaillen an Veronese, Zelotti und Ponchino ist kontrovers. Von Veronese stammen wohl die Personikfikationen der Inseln Kreta (mit Adler; D10) und Zypern (mit Krone; D11).

Monochrome Bilder wurden von Kunstschriftstellern des 16. Jahrhunderts als fingierte Marmor- oder Bronzebildwerke bezeichnet. Dieser Begriff verweist auf Materiallimitation, kann aber Veroneses Grisaillen nicht erklären. Veronese fingierte nicht den kalten, glänzenden Marmor oder den polierten Stuck. Er malte Figuren wie in einem kühlen Mondlicht, die zu atmen scheinen, aber nie unter der Sonne zu farbigem Leben erwachen werden. Den Figuren von Veroneses Mitstreitern Ponchino und Zelotti fehlen der Atem und auch das Geheimnisvolle einer wirklichkeitsfernen Existenz. Ähnliches hatte Correggio in seiner ›camera‹ des Konvents von San Paolo in Parma (um 1518–20) erreicht. Man wird an den Wettstreit der Maler und Bildhauer (den ›paragone‹) erinnert, der im 16. Jahrhundert manche Akademie beschäftigte.

Die Inschriften im Fries

Die vier Inschriften im Fries des Giambattista Zelotti wurden gleichzeitig mit der Deckendekoration angebracht. Anders als an der Decke der Sala del Collegio sind deren Mitteilungen nicht auf einzelne Bilder, sondern unvermittelt auf die Republik gemünzt:

1. Durch das bewundernswerte Beispiel der guten Herrschaft (Venedigs) steigert sich der Glanz des Ruhms (MIRO BENE REGNANDI EXEMPLO DUM SPLENDORE GLORIAE AUGETUR).

2. Die unbesiegte Tugend (Venedigs) hat groß gemacht, was die unverfälschte Religion (Venedigs) hervorbrachte (INVICTAQUE VIRTUS EDUCAVIT QUOD INCORRUPTA RELIGIO PEPERIT).

3. Glück macht die Herrschaft durch die Verdienste der ruhmreichen Stadt (Venedig) ewig (FELICITAS ETERNAT IMPERIUM PRAECLARE URBIS MERITIS).

4. Durch die Gunst des höchsten Gottes paart sich die Tugend niemals mit Unbesonnenheit (DEO OPTIMO MAXIMO FAVE[N]TE TANDEM VIRTUS NUNQUAM TEMERITATE CONIUNCTA). Die hier angesprochenen Qualitäten der Republik und ihre Folgen für die Bewohner finden sich später in Bildern anderer Räume wieder, wurden aber nie in einem Bildprogramm verbunden. Als von visuellen Darstellungen unabhängige Texte blieben sie in den Ratssälen ohne Nachfolge.

Die Bilder an den Wänden (Diagramm S.117)

An den beiden Seitenwänden wurde an Venedigs Rolle beim Friedensschluss von Venedig von 1177 und beim Friedensschluss von Bologna von 1529 erinnert. Als diese Bilder entstanden, strebte der Konflikt der Republik mit der römischen Kirche seinem Höhepunkt, dem Kirchenbann von 1606, zu. Was lag näher, als Venedigs ›historische Sendung‹ und seine Verdienste als Vermittler bei Konflikten der Weltmächte zu betonen. Im Frieden von Bologna 1529 musste Venedig zwar territoriale Federn lassen, gewann aber durch den Friedensschluss zwischen Kaiser und Papst die lange ersehnte Sicherheit.

Noch im frühen 19. Jahrhundert hatten drei Schlachtenbilder von Aliense auf der Fensterwand ein Gegengewicht zu den friedfertigen Themen der Längswände gebildet.

In Marco Vecellios *Frieden von Bologna* (W1, Abb. 83) reichen sich Kaiser und Papst nicht, wie sonst auf Bildern von Friedensschlüssen, die Hände oder umarmen sich. Beide thronen, gleichrangig aber doch getrennt, auf zwei Stühlen unter einem Baldachin. Dabei hören sie, was ihnen von einem

83 Marco Vecellio: Der Friede von Bologna (1529)

84   Francesco Bassano: Der Doge Ziani, Papst Alexander III. und Kaiser Barbarossa (1177)

weiter rechts stehenden Würdenträger vom Blatt vorgetragen wird. Die Inschrift betont den Beitrag der Republik zum Friedensschluss und deren Frömmigkeit. Die ureigene Frömmigkeit der Venezianer trage dazu bei, die Sicherheit Italiens zu stärken. (»Ad Italae securitatem firmandam accessit prisca Venetorum pietas«). Kluge Argumente des Kardinals Gasparo Contarini, Botschafter der Venezianer beim Papst in Bologna, hatten Karl V. zum Frieden mit Venedig bewogen und den Frieden zwischen Kaiser und Papst befördert. So wurde der Stehende vom englischen Reisenden Coryate 1611 mit Gasparo Contarini identifiziert. Wer aber sind die Porträtierten neben den Protagonisten und wer begegnet wem links im Bild auf der Piazza vor San Petronio in Bologna?

Auf der gegenüberliegenden Wand hat Francesco Bassano (gest. 1592) die *Begegnung von Papst Alexander III. mit dem Dogen Ziani (1177) in Anwesenheit des Kaisers Barbarossa* in eine Landschaft versetzt (W2, Abb. 84). Doge und Papst sehen sich in die Augen, der Papst ist mit segnender Gebärde dargestellt. Hinter dem Dogen begrenzt ein Wald aus Fahnen, die der Papst der Republik verliehen hatte, sowie aus zahllosen Lanzen das Bild. Die Flotte ist wohl ein Hinweis auf die für die Sache des Papstes von den Venezianern gewonnene Seeschlacht bei Punta Salvore. Leandro Bassano hat das Bild nach dem Tod Francescos vollendet und wohl manche der Statisten gemalt.

Die *Anbetung der Könige* über dem ›tribunale‹ stammt von Antonio Vassillacchi, genannt Aliense (W3, Abb. 85).

Die Gründe für die Themenwahl sind nicht überliefert. Nicht völlig ausgeschlossen ist, dass die unvorsichtige Feststellung eines Ratsherrn, die Mitglieder des Rats seien gleichsam Könige in Einklang mit dieser Entscheidung

85   Antonio Vassillacchi (genannt Aliense): Die Anbetung der Könige

stand. Selbst wenn Wappen und Initialen fehlen, könnten die Könige als Zeitgenossen erkennbar gewesen sein. Dabei war eine *Anbetung der Könige* in Venedig zuvor schon mehrfach für Amtsräume gewählt worden. Im Palazzo dei Camerlenghi, der Steuerverwaltung am Rialto, und in der Staatlichen Münze waren Beamte von geringerem Rang als Könige verkleidet porträtiert worden. Deren Wappen und Initialen machten eine Identifizierung leicht. Auch Tintoretto scheint drei namentlich bekannte Magistrate (›giudici‹ des Magistrato dei Conti) als Könige in ihrer Amtsstube porträtiert zu haben.

Das überlange Querformat erforderte eine kluge Flächenaufteilung. Mit der Anbetung füllte der Maler die linke Bildhälfte, rechts davon schilderte er das emsige Auspacken der mitgebrachten Kostbarkeiten aus großen Truhen. Ganz rechts, fast wie ein Bild im Bild, malte er einen Reiter und seinen Begleiter, zu denen ein Bedürftiger (?) aufsieht. Tintoretto ist als Vorbild und Lieferant von Erfindungen einzelner Figuren allgegenwärtig. Dazu gehört auch eine barfüßige junge Frau, die Täubchen als Geschenk in einem geflochtenen Korb mitgebracht hat.

Die Sala della Bussola (Plan S. 122, Abb. 86)

Die Sala della Bussola diente als Vorraum der Sala dell'Udienza, in dem die vor den Rat der Zehn oder vor die Staatsinquisition Geladenen warten mussten. Der schöne frühbarocke Windfang (›bussola‹) ist durch das Dogenwappen des Marino Grimani (1595–1605) datiert.

Gleichzeitig mit der Bemalung der Decke wurden 1554 die Wände mit kostbaren Ledertapeten und Teppichen ausgestattet. In venezianischen Archivalien werden in jenen Jahren oft vergoldete, auch mehrfarbige, mit Grotesken oder ›persischen‹ Mustern geschmückte Ledertapeten erwähnt, für deren Herstellung Venedig berühmt war. Der damals in Privathäusern mit diesem Wandschmuck getriebene Aufwand rief sogar die für Luxus zuständige Behörde (den ›Magistrato alle pompe‹) auf den Plan, deren einschränkende Vorschriften wohl auch hier weitgehend folgenlos blieben.

Die Wandbilder

Die Anbringung der Querformate an den Seitenwänden fällt erst in das Dogat des Leonardo Donà (1606–1612).

Das *Devotionsbild des Dogen Leonardo Donà* (1) von Marco Vecellio wurde an der Wand neben dem Windfang, der ›bussola‹, und somit neben dem Eingang zur Sala dei Tre Capi angebracht. Marco Vecellio thematisierte im Devotionsbild seines Förderers

86 Die Sala della Bussola

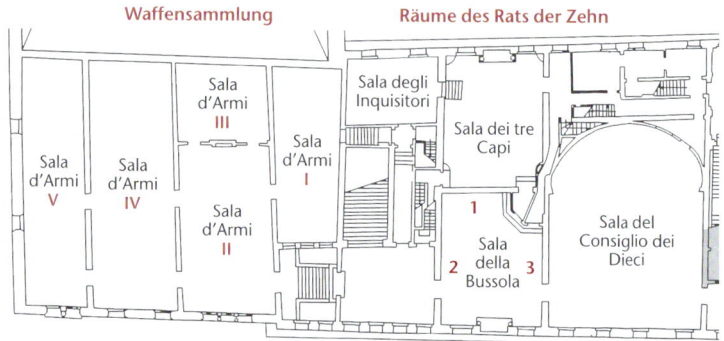

die tiefe Frömmigkeit dieses bedeutenden Staatsmanns und verzichtete auf die in dieser Gattung üblich gewordenen Hinweise auf dessen Karriere oder politische Erfolge. Der Doge kniet, empfohlen von einem Engel, vor der Madonna und dem ihn segnenden Kind. Die Nähe des ernsten Gesichts zum Fuß des Kindes sollte wohl als Zeichen tiefer Verehrung verstanden werden. Im Buch des Markus, dem Dogen gegenüber, steht eine für diesen Heiligen ungewöhnliche Inschrift, die den spirituellen Charakter der Devotion und nicht die Sendung des Stadtpatrons hervorhebt: »Evangelium Jesu Christi Filij Dei« (Dies ist das Evangelium Jesu Christi, Gottes Sohn).

Die *Übergabe von Brescia an Carmagnola* (1426) (2) und die *Vorbereitungen zur Belagerung von Bergamo durch Carmagnola* (1427) (3), beide von Aliense, könnten an Städte der Terraferma erinnern, die zum Gebiet des Dogen Donà als ›Provveditore generale di Terraferma‹ gehörten. Spezifischer ist jedoch die Hervorhebung des ›capitano generale‹ Francesco Bussoni, genannt Carmagnola, der nach wichtigen Siegen für Venedig 1432 als Verräter auf der Piazzetta zwischen den beiden Säulen enthauptet wurde. Der Florentiner Historiker Niccolò Macchiavelli sah in dieser Verurteilung einen Justizmord. Eine vergleichbare Einschätzung des Urteils durch den Dogen Donà könnte die späte Rehabilitierung durch die Darstellung seiner erfolgreichen Kriegsführung erklären.

Die Kamine

87 Jacopo Sansovino (?), Danese Cattaneo und Pietro da Salò: Kamin

Die Kamine der Sala della Bussola und der Stanza dei Tre Capi (Abb. 87) wurden um 1553 und 1554 im Dogat des Dogen Marc Antonio Trevisan (Wappen am Kamin) ausgeführt. Vincenzo Scamozzi bezeichnete 1615 in seinem Architekturtraktat diesen auch in Venedig weitverbreiteten Typus als in der Lombardei üblich. Jacopo Sansovino hatte einen solchen Kamin in seiner Wohnung in den Alten Prokuratien, andere entstanden nach seinen Entwürfen in der von ihm erbauten, besonders sehenswerten Villa Garzoni bei

Pontecasale. So sprechen nicht nur die weiblichen Tragefiguren (Karyatiden) von Danese Cattaneo (links) und Pietro Grazioli da Salò (rechts) für einen Auftrag an Jacopo Sansovino, der hier, wie auch sonst bei ehrenvollen Aufträgen, es vorgezogen hatte, sich auf bewährte Mitarbeiter zu verlassen. In der Praxis der Bildhauerwerkstätten waren zur Verständigung Entwurfszeichnungen üblich, die im Figürlichen die Spielräume weniger als im Architektonischen einschränkten.

Die Deckenbilder

Die sehr kleinen, teilweise überlangen Rahmen im Schnitzwerk der Decke zwangen Paolo Veronese (und seine Mitarbeiter) zu Notlösungen. Während die bäuchlings Ruhm kündende Fama vielleicht als Bravourstück Aufmerksamkeit gefunden haben wird, gehörten Triumphzüge ›all'antica‹ damals zu den Ausstattungsprogrammen auch privater Residenzen.

Veroneses Mittelbild befindet sich im Louvre, vor Ort ist es durch eine qualitätvolle Kopie von Giulio Carlini ersetzt. Veronese hat die Herausforderung seines Rivalen Tintoretto mit einem aus dem Himmel stürzenden Markus im Sklavenwunder von 1548 aus der Scuola Grande di San Marco angenommen und die formale Brillanz durch einen begleitenden Engel gesteigert. Das gekippte, noch offene Buch zeigt die plötzlich unterbrochene Lektüre. Das helle Licht der oberen Bildhälfte und ein aufblickender Engel links erinnern an eine himmlische Gegenwart, der Kronreif inmitten des Bildes und direkt über dem Betrachter an den Lohn der Tugend. Die theologischen Tugenden Liebe (rechts), Hoffnung und Glaube (links) knien auf steinigem Boden und werden von Engeln liebevoll auf den krönenden Heiligen Markus verwiesen.

Die beiden in der Folge beschriebenen Räume sind Stationen der ›Itinerari segreti‹, des besonders zu buchenden Rundgangs.

DER RAUM DER DREI HÄUPTER DES RATS DER ZEHN (STANZA DEI TRE CAPI) (Abb. 88)

1626 wurde nach Entwürfen des damaligen Bauleiters der Steinfußboden verlegt. Durch die Wahl des Materials sollte wohl die Bedeutung des Raums gegenüber anderen mit den üblichen Terrazzoböden hervorgehoben werden.

An der Holzdecke nutzte Ponchino den Bildtypus der Psychomachie, des Siegs der Tugend über ein Laster. Das Knie in der Seite des Taumelnden oder der Fuß auf dem Rücken des Überwundenen sind für jeden verständliche Mitteilungen. Veronese hat sich nicht auf solche Formeln beschränkt. Die Kraft seiner Personifikationen der Tugenden kommt von innen und spricht aus unaufgeregten Blicken und Handlungen. Wenn eine vom Rücken gesehene, mit Lorbeer bekränzte Tugend einen unentschieden aufblickenden, vom Bildrand überschnittenen Mann am Gewand berührt, weist sie ihm den rechten Weg. Wenn in einem weiteren Bild die Freiheit mit der Kraft ihres

88 Decke im Saal der Häupter der Zehn (Capi dei Dieci)

Blicks und einem wie abwehrend angezogenem Knie die Knechtschaft vertreibt, wird niemand am Ausgang dieser Begegnung zweifeln.

Im mittleren Bild des Giambattista Zelotti vertreibt ein klein wirkender Engel mit Schwerthieben scheinbar mühelos Luzifer (?), mit einem Drachen am Gängelband, aus dem Himmel. Unten, auf der felsigen Erde, präsentiert Chronos, der Gott der Zeit, zwei junge Frauen mit bittend oder betend zusammengelegten Händen. Die Zeit ist auf der Seite der Schwachen und der Gerechten. Rechts flüchten drei Laster, eine Frau mit Messer, eine zweite mit wirrem Haar (vielleicht eine Personifikation des Zorns), während die dritte ihr Haupt verhüllt. Routiniert, im Formalen nicht so artifiziell wie Ponchino, blieb auch Zelotti der Argumentationsweise der ikonologischen Handbücher verpflichtet.

Antonio da Saliba: *Engelspietà*

Das Bild wurde schon 1581 in der Sala della Bussola als Werk des auch damals berühmten Antonello da Messina erwähnt. Heute wird es trotz einer späteren Signatur »Antonius Messanensis« dem weniger begabten Antonio da Saliba zugeschrieben und ins letzte Jahrzehnt des 15. Jahrhunderts datiert. Der venezianische Rahmen des 16. Jahrhunderts könnte speziell für die Anbringung in der Sala della Bussola gefertigt worden sein. Da Saliba nutzte Erfindungen von Antonello da Messinas Pietà im Museo Correr, wie die quer auf den Sarkophag gelegte Deckplatte, auf der ein im Sitzen scheinbar schlafender Christus von Engeln gestützt und berührt wird. Was diesem pedantisch wirkenden Werk fehlt sind bewegende Affekte und eine Mitleiden einfordernde Gegenwart des toten Christus.

Der Kamin ähnelt dem der Sala della Bussola und wurde vermutlich ebenfalls nach einem Entwurf von Jacopo Sansovino gefertigt. Auch hier stammen die Figuren von Danese Cattaneo und Pietro Grazioli da Salò.

DER RAUM DER STAATSINQUISITOREN (SALA DEGLI INQUISITORI)

Mit dem Consiglio dei Dieci verbunden ist der Raum der Inquisitoren gegen den Verrat von Staatsgeheimnissen, ein 1539 geschaffenes staatliches Organ, das der Bedrohung der Republik durch Geheimnisverrat entgegen zu wirken hatte. Erst seit 1592 wurden die zuständigen Beamten knapp als Staatsinquisitoren bezeichnet.

Im rekonstruierten Schnitzwerk der Decke sind Bilder von Tintoretto eingelassen. Die *Heimkehr des verlorenen Sohns*, ein Bild, das Raffaello Borghini (1584) als eine Geschichte um das Schweigen fehldeutete, barg für die in den Blick der Inquisitoren geratenen Personen auch ein Versprechen (Abb. 89). Im Rechtfertigungsdekret des Konzils von Trient (1547) ist der verlorene Sohn Exemplum des Sünders, der nicht aus Furcht vor der Strafe umkehrt, vielmehr durch die Liebe bewogen wird, seine Schuld als Verfehlung gegen die göttliche Güte zu erkennen und durch die Buße zu sühnen.

89 Jacopo Tintoretto: Die Heimkehr des verlorenen Sohns

Tintoretto folgt bei der *Heimkehr des verlorenen Sohns* seiner Lieblingseröffnung für Deckenbilder und führt über Stufen den Betrachter zur Begegnung von Vater und Sohn. Die Gebärde des alten Mannes und die gebeugte Haltung des Heimkehrenden verbindet beide in einem schweigenden Dialog. Tafelfreuden in einer Laube im Hintergrund und, am Weg auf den Stufen, eine schöne Frau mit Gefäßen, wie sie auf eine festliche Tafel gehören, erinnern an den Weg des Heimgekehrten. Das biblische Gleichnis sollte wohl all denen, die vom Weg der republikanischen Tugenden abgewichen waren, Mahnung, aber auch Versprechen sein.

Vier Tugendallegorien in rechteckigen Rahmen – Glaube, Gesetz, Gerechtigkeit und Eintracht – verkörpern Qualitäten der Republik.

DIE WAFFENSAMMLUNG (SALE D'ARMI)

In der Waffensammlung, den Sale d'Armi, werden heute Reste der Schätze gezeigt, die einmal Stolz der Republik und Attraktion für Staatsgäste waren. Die Zuständigkeit lag beim Rat der Zehn. Normalerweise hatten Fremde hier keinen Zugang, worüber sich der englische Reisende Coryate zu Beginn des 17. Jahrhunderts bitter beklagte. Neben einem Besuch der Waffensammlung gehörte der von San Marco aus zugängliche Staatsschatz zu den fast obligatorischen Stationen.

Riesige Verluste, vor allem nach 1797 durch Plündern, Stehlen, Verschenken, Verkaufen, Verleihen und Auslagern, haben eine herausragende Sammlung von Waffen, Trophäen und Feldherrnporträts, von Rüstungen, vaterländischen Altertümern und Kuriosa dezimiert. Bis auf wenige verstreute Reste verloren ist auch das kostbare ›studiolo‹, der prall nicht nur mit Münzen und Medaillen angefüllte Kunstschrank des Kardinals Giovanni Grimani. Dieser konnte seit 1623 als Schenkung der Familie in der Waffensammlung bewundert werden. Wichtige Stücke dieser Sammlung befinden sich heute im Museo Storico Navale beim Arsenal, im Archäologischen Museum, in der Biblioteca Marciana, aber auch im Vicentiner Museo Civico. Ein Verzeichnis der Verluste, ausgehend von Beschreibungen und von Inventaren, würde Seiten füllen.

Nicht nur die weißen Wände und die karg aus den Wänden geschnittenen Türöffnungen verraten, dass es sich bei diesen Räumen um eine museale Teilrekonstruktion des 20. Jahrhunderts handelt. Zur Waffensammlung gehörten im Stockwerk darüber unter dem Dach gelegene Räumlichkeiten, in denen heute wieder Waffen museal präsentiert werden.

Die Geschichte der Sale d'Armi beginnt mit einem Raum, in dem Waffen für den Ernstfall akuter innenpolitischer Bedrohungen bereitgehalten wurden. Die Sala dell'Armamento, nah bei der Sala del Maggior Consiglio, in der heute Guarientos *Paradies* ausgestellt ist, diente für einige Zeit dieser abschreckenden Funktion. Damals zeigten auch standes- und geschichtsbewusste Familien Trophäen und Waffen in ihren Palästen. 1486 wurde zuerst ein Raum in der Südostecke des Dogenpalasts für die unterdessen gewachsene Sammlung in direkter Nachbarschaft zu damals noch bestehenden Zellen für prominente Gefangene eingerichtet, 1532 folgten weitere Räume. Der heute meist benutzte Zugang über eine schmale Treppe und enge Tür ist schon seit 1569 im Gebrauch.

Die gezeigten Gegenstände sollten zusammen dem Ruhm, die eigens angeschafften Waffen der Sicherheit der Republik dienen. Trophäen standen neben Gastgeschenken, Porträts verdienter Heerführer nicht weit von jenen überwundener Gegner. Dazu eine große Zahl erbeuteter, aber auch noch nutzbarer Waffen. Die 1603 geschenkte Rüstung König Heinrichs IV. von Frankreich kann man in einer eigens von Vincenzo Scamozzi hierfür entworfenen Nische bewundern. Ins Museo Civico von Vicenza sind hingegen die Statuen Francesco Sforzas und seiner Gemahlin Bianca Maria gelangt, die Alberto Maffioli, Bildhauer aus Carrara, 1494 für die Fassade des Doms von Cremona geschaffen hatte. Schon 1499 hatten sie die Venezianer bei der Einnahme der Stadt als Kriegsbeute mitgenommen.

Aus der großen Zahl sehenswerter Stücke können hier nur wenige hervorgehoben werden.

In Raum I werden hinter einer Glaswand Reiterrüstungen gezeigt, darunter die sogenannte Rüstung des Gattamelata (gest. 1443) aus der ersten Hälfte des 16. Jahrhunderts, sodann eine Rüstung angeblich des Francesco Duodo, der sich bei Lepanto (1571) auszeichnete. Die Kinderrüstung wird in die erste Hälfte des 16. Jahrhunderts datiert. In weiteren Vitrinen finden sich Hieb- und Stichwaffen, Sturmhauben (Morioni) sowie Köcher und Pfeile. Einzelvitrinen bergen zwei Mailänder Turnierrüstungen aus der Zeit um 1490 und einen außen mit Seidenstoff verkleideten Brustpanzer (Brigantina) aus dem späten 15. Jahrhundert.

Hauptstück von Raum II ist die Rüstung des französischen Königs Heinrich IV., die er 1603 der Republik schenkte. Die Präsentationsnische wurde von Vincenzo Scamozzi entworfen.

In weiteren Vitrinen findet sich Kriegsgerät wie Rüstungen, Schwerter, Schilde, auch Pfeile und Bogen. Hinzu kommen prächtige, mit Arabesken verzierte oder bemalte Schilde, die ›rotelle‹. Persische Waffen und ein päpstliches Zeremonialschwert komplettieren die Ausstellung.

Der benachbarte Raum III mit Kriegsgerät in Vitrinen ist nicht begehbar, Umfangreiche Reste von Inschriften auf dessen linker Wand belegen eine frühere Nutzung als Gefängniszelle.

Auch in Raum IV wird militärisches Gerät sowie eine kleinkalibrige Kanone gezeigt, die wohl in der Werkstatt der Gießerdynastie der Alberghetto um die Mitte des 16. Jahrhunderts entstand, sowie eine Vorform des Maschinengewehrs aus der Zeit um 1620.

Francesco Morosini, Feldherr und Sieger gegen die Türken in der Peleponnes

Beginnend mit dem 17. und dann vor allem im 18. Jahrhundert erhielten die Sale d'Armi mit dem schwerzugänglichen Arsenal Konkurrenz. Nun wurden vornehmlich dort rühmende und erinnernde Reliefs, Inschriften und Statuen angebracht. Eine gewichtige Ausnahme war der 1687 verfügte Guss eines Porträts des ›capitano da Mar‹ Francesco Morosini, des ebenso gescholtenen wie bewunderten und gefürchteten Siegers gegen die Türken in der Peleponnes, was ihm den Beinamen Peleponnesiaco einbrachte. Der Auftrag hierzu wurde dem Bernini-Schüler Filippo Parodi aus Genua erteilt, der zuvor schon das sehenswerte Grabmal des Patriarchen Francesco Morosini in San Nicolò dei Tolentini geschaffen hatte.

Die Republik beanspruchte anderenorts im Zeremoniell wie ein Königreich behandelt zu werden. Man betonte, der Doge habe eine sakrale Weihe sowie Majestät und Macht wie ein König. In Kriegen wie in dem um Kreta (1645–1669) war es nicht zuletzt um das empfindliche Selbstverständnis der im europäischen Kräftespiel nicht mehr einflussreichen Republik und deren Positionierung im Zeremoniell gegangen. 1669 ging Kreta verloren, und dem in Venedig umstrittenen ›capitano generale da Mar‹ wurde von vielen die Schuld an dem Desaster gegeben. Dennoch wurde er 1684 erneut als ›supremo commandante‹ eingesetzt und konnte mit seinen Schiffen das Königreich Morea für Venedig erobern.

Die Wahl der anspruchsvollen Bronze wurde 1687 mit der Existenz von Bronzebüsten dreier Helden von Lepanto (1571) in den Sale d'Armi begründet. Eine zweite, in manchem derbere Version der Halbfigur, diesmal im bescheideneren Marmor, zierte die lange Wand der Sala im ersten Obergeschoss des Familienpalasts der Morosini am Campo Santo Stefano. In diesem hing auch ein zu Standesvergleichen einladendes Reiterporträt des Dogen von Giovanni Carboncino (beide im Museo Civico Correr). Andere Formen der Huldigung und der Erinnerung an den Peleponnesiaco wurden am Portal des Arsenals und mit dem Bronzesockel des Fahnenmasts, dem Eingang gegenüber, gewählt. Antonio Gasparis Entwürfe für eine prunkvolle Grabkapelle des gefeierten Helden, die an Santo Stefano angebaut werden sollte, wurden nie realisiert. Stattdessenn erinnert eine ungewöhnlich große, teilweise aus Bronze gefertigte Grabplatte an den Verstorbenen. 1694 und gegen alle repu-

Waffensammlung

blikanischen Traditionen ließ der Senat dem Peleponnesiaco einen Triumphbogen auf der Eingangswand der Sala dello Scrutinio errichten.

Die Figur des Morosini von Filippo Parodi
(Abb. 90)

90 Filippo Parodi: Halbfigur des Francesco Morosini in der Waffensammlung (Sale d'Armi)

Francesco Morosini blickt herrisch über die Schulter ins Weite. Sein Admiralsmantel enthüllt die Rüstung. Den Brustpanzer schmücken ein Markuslöwe mit drohend erhobenem Schwert und eine Nereide auf einem Delphin, letztere stand wohl für das Meer, auf dem der Feldherr siegte. In seiner behandschuhten Linken wird ein Schwertknauf erkennbar. Die zur Hüfte hin leer gebliebene Rüstung ruht auf einem konischen Sockel. Eine Karte des Königreichs Morea, eine Krone über seinem Wappen und zwei Kommandostäbe verweisen auf die Gründe für eine ungewöhnliche Ehrung. Der Marmorsockel der ›statua‹, unter dem hier Waffen und Trophäen an drei Seiten hervorquellen, ähnelt einem damals verbreiteten Typus von Sockeln für Büsten und Figuren. Die Inschrift nennt neben dem Porträtierten den Senat als Stifter.

In Raum V werden kunstvoll gearbeitete Pistolen, Gewehre und Dolche, aber auch kulturgeschichtlich bemerkenswerte Gegenstände wie ein Keuschheitsgürtel (angeblich aus dem 15. Jahrhundert) und ein Halsband (vielleicht 16. Jahrhundert) gezeigt. Letzteres war vermutlich zum Bändigen eines großen Hundes und nicht zum Quälen von Gefangenen bestimmt.

Büsten des Tiziano Aspetti

91 Tiziano Aspetti: Bronzebüste des Marcantonio Bragadin

Tiziano Aspettis Bronzebüsten dreier venezianischer Helden in der Seeschlacht von Lepanto (1571) (entstanden um 1596–1599) waren ursprünglich über Türen aufgestellt. Heute stehen sie zu niedrig, so wie die meisten Büsten in Museen, so dass Kopfhaltung und Blick nicht ohne Hinweis auf den ursprünglichen, vom Künstler beachteten Standort verständlich sind (Abb. 91).

Marcantonio Bragadin, der Verteidiger von Famagosta, Agostino Barbarigo, der in der Schlacht von einem tödlichen Pfeil ins Auge getroffene Galeerenkapitän, und Sebastiano Venier, Admiral des venezianischen Flottenkontingents, waren bald nach dem Brand von 1577 in monochromen Bildern an der Decke der Sala del Maggior Consiglio als Beispiele tugendhaften Handelns hervorgehoben worden. Marcantonio Bragadin für das standhafte Ertragen seiner Schindung durch türkische Schergen, Sebastiano Venier für heroisches Handeln in der Schlacht und Agostino Barbarigo für seine Standhaftigkeit trotz einer letztlich tödlichen Verwundung. Als verdienten Helden im Kampf gegen die Osmanen wurde ihren Bildnissen posthum und über 25 Jahre nach der Schlacht von Lepanto in der Ruhmeshalle der Republik Ehrenplätze über den Türen zugestanden. Inschriften an deren Basen rühmen die Verdienste. Für alle drei konnte die fast gleichzeitige Inschrift unter Alessandro Vittorias Büste des Dogen Giovanni Donà gelten, die außen an einem Portal von SS. Giovanni e Paolo zum damaligen Friedhof hin aufgestellt wurde: »Nunquam mihi sed semper patriae« (Nicht mir sondern stets dem Vaterland).

92   Alessandro Vittoria: Büste Sebastiano Veniers als Sieger von Lepanto

Dabei hatten die venezianischen Aristokraten erst in der zweiten Jahrhunderthälfte und in der Folge rechtshistorischer Kontroversen Büsten als Medium entdeckt, um ihre edle Herkunft in der Öffentlichkeit zu demonstrieren.

Aspetti gab Sebastiano Venier, dem Triumphator von Lepanto und späteren Dogen, durch die gefurchte Stirn und einen entschiedenen Blick den Ausdruck des Heroen. (Diese Büste ist derzeit nicht ausgestellt). Bragadin und Barbarigo sind ernste, würdevolle Republikaner.

Nur wenige Schritte davon entfernt, an der Wand über einer kurzen Treppe zur Scala dei Censori, wurde eine weitere, 1608 vom Bildhauer Alessandro Vittoria der Republik vermachte Büste Veniers aufgestellt (Abb. 92). Diese sollte, so die Inschrift, an den Triumph von 1571 erinnern und wurde im Auftrag des für die Waffensammlung zuständigen Präfekten Leonardo Mocenigo vor einem Leinwandbild angebracht. Dies zeigt den kämpferisch wirkenden Markuslöwen mit einem Schwert in der Pranke. In der Projektion ergibt sich ein schönes Beispiel für das Zusammenwirken verschiedener Medien. Vittoria zeigte seinen Helden barhäuptig, noch ohne Dogenmütze, aber gerüstet und im Mantel des Feldherrn mit seinen großen konischen Knöpfen. Der löwenhafte Ausdruck sollte wohl ebenso den Charakter wie die Physiognomie des Porträtierten vermitteln.

Über die Scala dei Censori führt der Weg zurück ins zweite Obergeschoss.

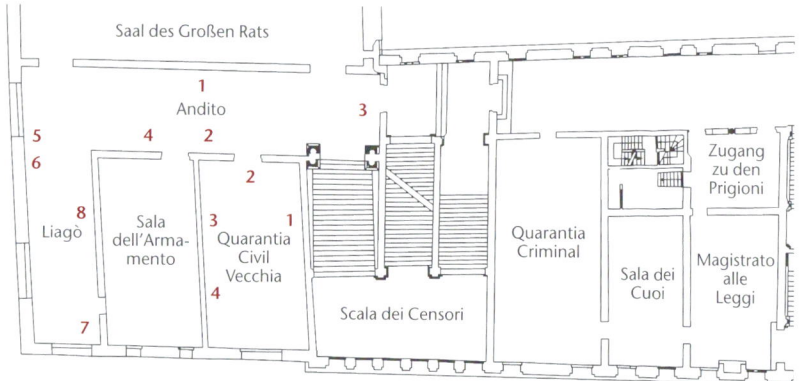

DIE RÄUME DES GROSSEN RATS (MAGGIOR CONSIGLIO)
ANDITO DEL MAGGIOR CONSIGLIO

Dieser Raum bildete zusammen mit dem Liagò, einem Vorraum hinter der Südfassade während der Sitzungspausen eine Lobby für die Mitglieder des Großen Rats. So ist auch die Ausstattung mit Bildern anspruchsvoll. Auf eine Verkleidung der charakteristischen venezianischen Balkendecke wurde hingegen verzichtet. Die Bänke eines schönen Chorgestühls stammen nicht aus dem Palast.

Auf Jacopo Palmas *Devotionsbild des Dogen Marcantonio Memmo* (1612–1615) (1) ist der Doge selbst Ziel der Zuwendung (Abb. 93). Man könnte glauben, die Heiligen, darunter Markus und Antonius, seien gekommen, ihm zu huldigen. Während die Heiligen sich um die Madonna scharen, bleibt der Doge ungerührt und würdevoll dem Betrachter zugewandt. Mit gefalteten Händen kniet er auf einem roten Teppich. Der Markuslöwe vor ihm hält Memmos Familienwappen. Von oben bringt ein Putto die Dogenkrone, als käme sie vom Himmel. Personifikationen herausragender Städte, von Bergamo bis Palmanova, erinnern an die Herrschaft der Republik über die Terraferma. Schon im Staatsporträt des Dogen Francesco Venier (1577–78) in der Sala del Senato hatten Personifikationen von Städten der Republik gehuldigt.

93 Jacopo Palma d.J.: Devotionsbild des Dogen Marcantonio Memmo

Domenico Tintoretto nutzte im *Devotionsbild des Dogen Giovanni Bembo* (1615–1618) (4) alle Flächen um die beiden Eingänge (heute ohne Türflügel) in die Sala della Quarantia Civil Vecchia, einer Jusitzbehörde, und die Sala dell'Armamento, einem Waffensaal. Die Transfiguration zwischen und über den Türen gehört ebenso wie eine in Teilen noch ungedeutete Allegorie links zu dieser ungewöhnlich ausgedehnten Fassade. Giovanni Bembo kniet auf einem Kissen und wird mit dem ›cornu ducale‹, dem Dogenhut, gekrönt. Ein Engel weist ihn auf Christus, ein weiterer auf Venetia, denen beiden er Loyalität schuldet. Die erheblichen künstlerischen Defizite dieser Bilder rechtfertigen eine nur knappe Erwähnung.

Über dem Durchgang zur Treppe hängt das Antonio Balestra zugeschriebene *Devotionsbild des Dogen Giovanni II. Corner* (1709–1722) (3). Der Doge kniet auf einem glutroten Kissen, Fides, die Personifikation des Glaubens, im Rücken. Markus, auf Wolken erscheinend, hält ihm sein Buch hin. Neben Markus erscheint dem Dogen noch eine Madonna mit Kind. Der Heilige, dem sich der Doge zuwendet, wird verschieden identifiziert.

Zwischen den bereits genannten Eingängen hat Bartolomeo Litterini (?) (1669–1745) *Venetia vor der Immaculata* (2) gemalt. Venetia kniet vor einem Buch, in dem vermutlich die Apokalypse des Johannes aufgeschlagen ist. Vor ihren Augen erscheint Maria als Immaculata, als Unbefleckte, mit der Schlange und einer Mondsichel zu ihren Füßen. Venetia, die Jungfräuliche, also nie Besiegte, hat in der Immaculata ein Gegenüber gefunden, das an die Stelle der traditionellen Madonna trat.

Vorraum zum Saal des Grossen Rats (Liagò)

Im Abschnitt der Lobby hinter der Südfassade werden Antonio Rizzos Figuren vom Arco Foscari gezeigt. Eingeschlossen in enge Kunstglasgehäuse bezeugen sie die Absicht der Museumsleitung, alles Betastbare vor den Folgen des Massentourismus zu schützen und sei's mit Notlösungen. Evas rechte Hand mit dem Apfel ist ergänzt. Die Schäden im Gesicht des Adam sind bereits 1709 entstanden.

Antonio Rizzo zeigt das erste Menschenpaar im Augenblick der Erkenntnis (5 und 6) (Abb. 94 und 95). Adam greift sich an die Brust, sein klagend geöffneter Mund und sein hilfesuchender Blick verraten tiefes Erschrecken. Eva hingegen scheint ungerührt. Ihre Geste der Scham kannten Gebildete von antiken Skulpturen vom Typus der Venus pudica. Evas Blick unter den gesenkten Lidern ist ruhig, von dem Adams grundverschieden. Rizzo konzentrierte sich auf seine Modelle und bildete sie ab, auch wenn diese, am antiken Kanon gemessen, unschön waren. Die Präsenz seiner Figuren macht noch heute betroffen und fordert auch das Nachdenken über die Folgen der Nichtbeachtung eines göttlichen Gebots.

Rizzo stand damals mit seiner Auffassung dem großen Paduaner Maler Andrea Mantegna und dem jungen Venezianer Giovanni Bellini viel näher als antiken Werken. Gebildete Zeitgenossen haben trotz der Distanz Rizzos

Räume des Großen Rats

zu antiken Prägungen seinen Rang erkannt und ihn in lateinischen Dichtungen gerühmt.

Neben Adam und Eva verdient ein Schildknappe (7), der ›ums Eck‹ an der Südseite des Foscaribogens (Arco Foscari) stand, Aufmerksamkeit. Sein Wappenschild wurde wohl schon 1728 beschädigt und später, ohne ein Dogenwappen, ersetzt. Vermutlich hielt er ursprünglich das Wappen des am Bogen kniend dargestellten Dogen Cristoforo Moro (1462–71). In dessen späten Regierungsjahren dürften Rizzos Figuren entstanden sein.

Teile der Figur des Schildknappen, die, wie der rechte Handrücken, aus der Nähe und in Aufsicht unfertig wirken, waren bei der vom Bildhauer einkalkulierten Untersicht nicht sichtbar. Auch beim Schildknappen bestimmen naturalistische Details, wie die prall aufliegenden Adern auf den doch recht krummen Beinen, die Wirkung. Sein Unterleib quillt muskulös und wohlgenährt über den engen Schurz. Über seiner niedrigen Stirn türmen sich Locken unter einem hochgezogenen Visier. Im Gewand über der Rüstung dominieren Dellen, nicht anders als bei Rizzos Figuren an den vom Dogen Moro gestifteten, zwischen 1464 und 1469 geschaffenen Altären in San Marco. Qualitäten der Stoffe, nicht vorgeprägte Faltenwürfe interessierten damals den Bildhauer.

94 Antonio Rizzo: Adam am Arco Foscari vor dessen Transport ins Museum

95 Antonio Rizzo: Eva am Arco Foscari vor deren Transport ins Museum

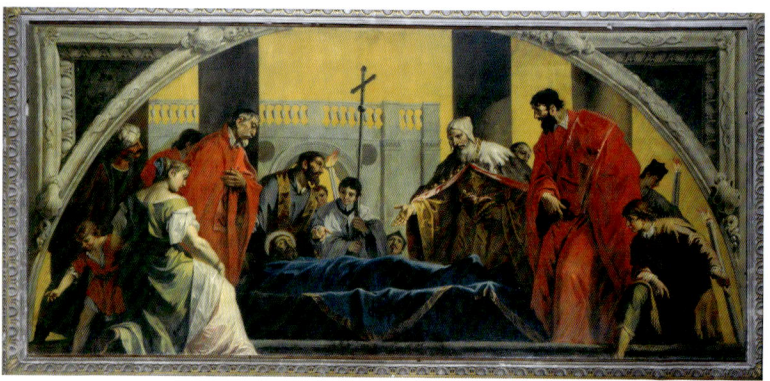

96 Sebastiano Ricci: Ankunft des Leichnams des heiligen Markus in Venedig

An der Innenwand des Liagò, dem Vorraum, ist der dreiteilige Karton von Sebastiano Ricci (signiert und 1728 datiert) für ein Mosaik der Wölbung des zweiten Portals von Norden der Westfassade von San Marco mit der *Ankunft des Leichnams des Heiligen in Venedig* (828) ausgestellt (8) (Abb. 96). 1733 waren die damals bewunderten Entwürfe über einem Portal zur Chiesetta angebracht und so Teile eines Bildprogramms geworden. Der Goldgrund erinnert an die Hintergründe der damals abgeschlagenen Mosaiken des 13. Jahrhunderts. Die vom Maler vorgegebenen Changeants wurden vor Ort von den Mosaizisten virtuos umgesetzt.

Quarantia Civil Vecchia

Seit dem 16. Jahrhundert diente dieser Raum vierzig ›nobili‹, die hier Zivilklagen der Bürger Venedigs verhandelten.

Die Ausmalung stammt aus dem 17. Jahrhundert mit Ausnahme eines qualitätvollen Madonnenbildes des 15. Jahrhunderts in einem Rahmen von 1519. Dieses Bild wurde 1615 von Pietro Malombra in sein Wandbild auch inhaltlich integriert, indem er neben das ›Einsatzbild‹ die vermutlichen Stifter, zwei von der Republik bestellte Verteidiger in Revisionsverfahren und über diese Gottvater malte.

Madonnenbilder gehörten zur Ausstattung mehrerer Magistrate wie auch privater Paläste und markierten zudem als ›capitelli‹ Stationen für das Gebet an öffentlichen Wegen. Noch heute sind Madonnenbilder in der Sala dei Censori und der Sala della Quarantia Civil Nuova (unzugänglich) in spätere Ausmalungen integriert. Madonnenreliefs zierten den Magistrato alle Biade, der für die Getreideversorgung zuständig war, und den Magistrato dei Feudi, die Lehensverwaltung (heute staatliche Denkmalpflege).

Pietro Malombras großes Querformat (1605–06?) (1) erinnert an Aufgaben der Quarantia. Venetia, begleitet von Tugenden, nimmt Bittschriften entgegen und wendet sich denen zu, die Hilfe benötigen Unter ihnen ist auch eine blaugekleidete, lahme Frau. Im Vordergrund stehen weitere allegorische Figuren, darunter Caritas (Liebe) mit ihren beiden Kindern. Rechts vom Madonnenbild malte Malombra Gefesselte, vielleicht ein Hinweis auf die Macht der Justiz, Fesseln zu lösen. Die in verschiedenen Zusammenhängen gezeigten Wappen von Mitgliedern der Quarantia sind Teil des Ausstattungsprogramms.

Das große Bild über der Tür schuf der aus Verona stammende Giambattista Lorenzi. Es wird angenommen, dass hier die Macht ihr Zepter Venedig überreicht (2) (Abb. 97). Wie bei einem *Jüngsten Gericht* stürzen links im Vordergrund sechs von Justitia gerichtete Laster, während auf der gegenüberliegenden Seite die Gerechten harmonisch zusammenleben. Tugenden stehen in der Mitte. Weiter links, auf Stufen, steht der Thron der Stadtgöttin. Fünf Wappen mit Initialen halten die Erinnerung an Magistrate wach, ein Porträt am unteren Bildrand konnte noch nicht identifiziert werden.

97 Giambattista Lorenzetti: Venetia empfängt Symbole ihrer Macht

Auf der rechten Wand malte Andrea Celesti (1682–1685) *Mose lässt das Goldene Kalb zerstören* (3) (Abb. 98) und *Mose befiehlt die Bestrafung der Israeliten, die das Goldene Kalb angebetet hatten (4)*. Beide, von einer vergoldeten Leiste getrennte Szenen spielen in einer durchgehenden Landschaft.

Celestis Komposition erinnert nicht nur durch die angelegte Leiter an Darstellungen der Kreuzigung Christi. Drei mit Hammer und Beil bewaffnete Israeliten rücken auf Befehl Moses dem hoch aufgestellten Goldenen Kalb zu Leibe. Bei den Figuren dominieren Erinnerungen an Tintorettos Bilder.

Für das benachbarte Bild mit der *Bestrafung der Israeliten* (2. Moses 32, 25–29) nutzte Celesti Prägungen, wie sie in Schlachtenbildern üblich waren. Dabei steigert der Anblick fliehender und hingemetzelter Frauen die schockierende Wirkung des selbstgerechten Mordens aus religiöser Überzeugung. Mit diesen Bildern wurde in der Quarantia unter Verweis auf die alttestamentliche Überlieferung der rechte Glaube eingefordert und all denen, die Idole verehrten, Bestrafung angedroht.

98 Andrea Celesti: Moses lässt das Goldene Kalb zerstören

99 Die Marienkrönung des Guariento in der Sala del Maggior Consiglio (vor deren Abnahme)

Die Sala dell'Armamento

Auf die Stirnwand der Sala del Maggior Consiglio hatte der angesehene Paduaner Maler Guariento d'Arpo im Dogat Marco Corners (1365–1368) eine *Marienkrönung* und, an deren Seiten, eine *Verkündigung* gemalt. 1577 beim Brand schwer beschädigt (Abb. 99), wurde die Ruine nicht restauriert, sondern mit Tintorettos *Paradies* zugedeckt. Vermutlich wollte man dies materielle Zeugnis einer großen republikanischen Tradition nicht ohne Not aufgeben. Im frühen 20. Jahrhundert wurden dann als wichtig erachtete Teile von der Wand abgenommen und in die viel zu kleine Sala dell'Armamento transferiert (Abb. 100).

Der heutige Zustand zeigt an einigen Stellen die in den noch feuchten Verputz (›al fresco‹) skizzierten Figuren, also die Vorzeichnung (›sinopia‹) des Wandbildes (Abb. 100). Auf einer weiteren Putzschicht malte Guariento auf den trockenen Malgrund (›a secco‹) die farbig angelegten Figuren. Letztere sind meist nur noch Schatten des ursprünglichen farbigen Reichtums.

Christus und seine Mutter sitzen auf einem hohen Thron. Nischen gliedern dessen Basis. Evangelisten warten dort auf Inspiration oder bringen ihre Texte zu Pergament, während in der Nähe sieben musizierende Engel Platz gefunden haben. Eine nicht mehr lesbare, an Dantes *Paradies* orientierte Inschrift kommentierte die Krönung. Um den Thron stehen und sitzen weitere Engel und, an den Seiten, Heilige und Propheten. Separat ausgestellt sind Gabriel und die Verkündigungsmaria, die ursprünglich rechts und links die himmlische Ver-

100 Guariento: Marienkrönung (Das Paradies) (Detail)

sammlung begleiteten und an den Beginn des Heilsgeschehens erinnerten. Noch entzifferbare Beischriften erleichtern die Identifizierung einzelner Himmelsbewohner.

Das Thema Marienkrönung wurde gerne für Ratssäle gewählt. Die Himmelsbewohner sitzen zu Seiten des Throns auf langen, parallel aufgestellten Bänken, die an die Aufstellung der Bänke im Großen Rat erinnern konnte, wie sie in einer Ansicht vor dem Brand von 1577 überliefert ist. Diese Entsprechung, die auch ohne Kenntnis theologischer Texte zu Gleichsetzungen einlud, könnte der verbreiteten Auffassung entsprechen, dass ein geordnetes Gemeinwesen die himmlische Ordnung spiegle.

Der Saal des Grossen Rats nach dem Brand von 1577 (Abb. 101)

101 Der Saal des Großen Rats (Maggior Consiglio)

Aufgabe des Großen Rats war vor allem die Wahl der Beamten (›magistrati‹) sowie der Angehörigen mächtiger Räte wie des Senats (der ›pregadi‹) und des Rats der Zehn. Dem Großen Rat gehörten alle männlichen Mitglieder der ratsfähigen Familien über 25 Jahre an. Deren Namen waren 1297 mit der Serrata festgeschrieben und in einem goldenen Buch dokumentiert, womit sie endültig als ratsfähige Familien hervorgehoben waren. Die Überwachung der Rechtmäßigkeit der Eintragung war Sache der Avogadori. Der Große Rat versammelte sich in der Regel jeden Sonntagnachmittag, bei Bedarf auch häufiger. In einem ausgeklügelten Verfahren besetzte diese ›Wahlmaschine‹ alle frei werdenden Stellen. Sanudo sprach von immerhin 831. Diese bedeuteten für die Bewerber Prestige und, für die weniger wohlhabenden Familien, eine unverzichtbare Einnahmequelle. Magistrate konnten nur für kurze Zeit, meist weniger als zwei Jahre, ein Amt innehaben, um dann für eine längere Zeit für dieses Amt nicht mehr in Frage zu kommen.

Die ursprüngliche Möblierung

Kupferstiche und Beschreibungen überliefern Elemente der Einrichtung und die ursprüngliche Sitzordnung vor dem Brand von 1577 (Abb. 102). Die heutige Möblierung stammt aus dem 19. (so das ›tribunale‹) und dem Beginn des 20. Jahrhunderts. Bis 1797 boten neun Bankreihen in der Längsachse und weitere, vor die Wände gestellte doppelreihige Bänke Sitzmöglichkeiten und lenkten die Blicke der Ratsherren auf die Bilder der Längswände. 1550, wenige Jahre bevor der älteste Kupferstich mit einer Innenansicht des Raums verbreitet wurde, zählte der Rat nominell ungefähr 1600 Mitglieder. Anders als heute bot eine herausgehobene, über Stufen betretbare, an den Seiten von Wänden begrenzte Bühne der Serenissima Signoria und herausgehobenen Ratsherren Platz. Man erkennt den Dogen, seine sechs Ratgeber, die drei Häupter der Quaranta sowie den Großkanzler, den Cancelliere Grande. Weitere wichtige Funktionäre, die auf den Bänken vor den seitlichen Wänden ihren Platz fanden, sind auf der graphischen Wiedergabe mit Ziffern markiert und mit der Hilfe der Legende zu identifizieren.

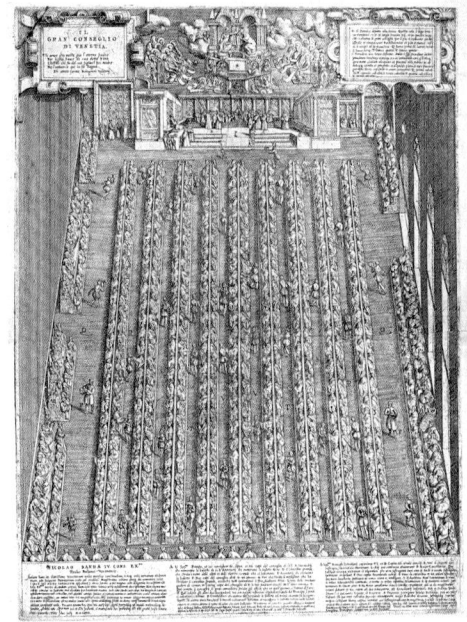

102   F. P. Furlani: Der Saal des Großen Rats vor dem Brand

Die Ausmalung

Vor 1797, während der regelmäßigen Sitzungen des Rats, konnten die Versammelten sich mit den Bildern beschäftigen. Sie erhielten so einprägsame Lektionen über Höhepunkte der venezianischen Geschichte wie über Ideale der Republik und somit auch der die Republik tragenden Aristokratie. Dabei wurden nicht selten die Grenzen zur Indoktrinierung überschritten. In Rom aber ging man damals noch weiter. So war es im Kapitolspalast üblich, vor den Sitzungen durch Historiker Vorlesungen über römische Geschichte halten zu lassen, deren republikanischen Höhepunkte an den Wänden in Bildern dargestellt waren.

Ein Ziel der malerischen und skulpturalen Ausstattung des Dogenpalasts wie der offiziellen Geschichtsschreibung war die Mehrung der Reputation der Republik. Hierzu nutzte man die oft nur schwer zu entschlüsselnden Allegorien sowie Historien und Staatsporträts. Dass die Programmgestalter gern Mitglieder der eigenen Familien hervorhoben, wird niemanden überraschen. Dabei wurden, so wie damals üblich, die ›historischen Ereignisbilder‹ als Spiegel historischer Ereignisse ausgegeben. Es war die erklärte Absicht des Senats wie der Autoren, in einprägsamen Bildern aller Welt zu zeigen, »dass die Republik von Anbeginn an bis auf den heutigen Tag von militärischen Erfolgen und tugendhaften Handlungen ihrer Bürger ausgezeichnet ist«. Dabei konnte man davon ausgehen, dass die Belesenen wussten, dass die in Venedig von vielen akzeptierte Überlieferung, der Doge Sebastiano Ziani habe in einer Seeschlacht 1177 Otto, Sohn des Kaisers Friedrich Barbarossa, besiegt, einer Überprüfung durch unabhängige Historiker nicht standhielt. Andererseits schien es in Venedig der Mehrheit nicht opportun, vielleicht gar undenkbar, die erstmals im 14. Jahrhundert in der Cappella di San Niccolò dargestellte venezianische Version der Ereignisse nun als historisch nicht bezeugt reumütig ad acta zu legen. Dies hätte bedeutet, auch die päpstliche Herkunft und somit das politische Gewicht der Insignien in Frage zu stellen. Und so wären nicht nur das Selbstverständnis, sondern ebenso die Ambitionen und vermutlich sogar die Rolle der Republik im internationalen Kräftespiel beeinträchtigt worden. Somit lag es im Interesse der Mehrheit, dass Autoren wie Girolamo Bardi den Versuch unternahmen, die Richtigkeit der lokalen Überlieferung in materialreichen Büchern zu beweisen. In ihren Argumentationen spielte der Hinweis auf ältere Darstellungen an öffentlichen Orten in Venedig, aber auch in Siena, der Heimat von Papst Alexander III., eine zentrale Rolle. Waren Bilder nicht vorhanden, galt es, auf angeblich nachweisbare, ältere Darstellungen zu verweisen oder doch zu behaupten, es habe solche einmal gegeben. So wurde der 1525 beim Abbruch der Cappella di San Niccolò zerstörte Freskenzyklus von 1319, schriftlichen Dokumenten vergleichbar, als Beleg für die Richtigkeit der venezianischen Version angeführt. Damit nicht genug. Man erfand eine ›erste‹ Ausmalung mit der gleichen Thematik einer älteren Sala del Maggior Consiglio und verwies auf eine dort einmal angeblich angebrachte Inschrift von 1229. Schließlich waren die Ereignisse auch von Spinello Aretino gegen Ende des 14. Jahrhunderts im Palazzo Pubblico in Siena dargestellt worden, wobei man sich dort allerdings venezianischer Texte bedient hatte. Die Versuchung, die für solche Geschichtsklitterung Verantwortlichen als verbohrte Lokalpatrioten zu bezeichnen, ist groß. Ein solches Urteil verkennt jedoch, dass es sich bei den genannten Büchern und Bildern von Anfang an gar nicht um ›Geschichte‹, sondern um historisch verbrämte Propaganda handelte. Es galt schon im 14. Jahrhundert, durch die gemalte Erinnerung an ein politisches und angeblich auch militärisches Engagement für Papst Alexander III. die stets reservierte, nicht selten kritische Haltung der Republik gegenüber den Päpsten und dem Papsttum auszugleichen. Schlechte Erfahrungen mit Rom musste man in Venedig über die Jahrhunderte zu Genüge machen. Die Liga von Cambrai (1509) oder der Interdikt von 1606 sind eklatante Beispiele für eine eher feindselige Politik des päpstlichen Rom gegenüber der Republik.

Bei den Bildern, die an die Ereignisse um den Frieden von Venedig erinnern sollten, ging es um die Solidarität der Republik mit dem rechtmäßigen Nachfolger Petri, ihre Rolle als Friedensstifterin zwischen Kaiser und Papst und nicht zuletzt um die angebliche Verleihung bedeutungsschwerer Insignien durch einen dankbaren Papst. Diese und andere Herrschaftszeichen wurden bei den festlichen Umzügen, den ›andate in trionfo‹, stolz gezeigt.

Dass damals Geschichtsklitterungen in bestimmten Fällen als kunstvolle literarische Fiktion geschätzt werden konnten, belegt die Ausmalung des Cataio, des Landsitzes der Obizzi nahe bei Padua, also im venezianischen

Territorium. Der Historiker Giuseppe Betussi hatte im Auftrag der Obizzi eine fiktive Geschichte der Familie verfasst und 1573 veröffentlicht. Sie wurde wenig später von Giambattista Zelotti an Wänden und Decken dargestellt, wobei ausführliche Beischriften die Ereignisse ebenso wie die Protagonisten und Statisten nennen. Dass Betussi damit rechnete, dass seine Leser die kunstvolle Fiktion erkannten und genossen, scheint sicher. Verglichen mit den Bildern von Cataio war der Anteil des venezianischen Zyklus an historisch zweifelsfrei belegten Ereignissen größer. Dennoch: Die Antwort eines venezianischen Botschafters auf die Frage, wo denn die den Venezianern verliehenen päpstlichen Privilegien aufgezeichnet seien, spricht Bände: Auf der Rückseite der Konstantinischen Schenkung. Beide waren Legende.

Venedigs Geschichte ist von Auseinandersetzungen um Landbesitz geprägt. Höhepunkte der Verteidigungs- und Angriffskriege seit dem 9. Jahrhundert wurden nach dem Brand von 1577 zur Ausmalung der Sala del Maggior Consiglio und der Sala dello Scrutinio ausgewählt und mit politischen Allegorien und herausragenden Taten illustrer Venezianer und Venezianerinnen verbunden. Dabei ging es mehrfach darum, die Existenz der Republik durch Widerstand gegen Usurpatoren zu sichern. Oft waren es aber auch Feldzüge, bei denen es um Sicherung oder Mehrung des eigenen Territoriums ging. Die am Erfolg orientierte Realpolitik der Venezianer zeigte sich unverhüllt beim Angriffskrieg gegen das christliche Konstantinopel (1202–1204). Territorien, Titel für den Dogen und unermessliche Reichtümer – edle Materialien ebenso wie Reliquien und wundertätige Kunstwerke – waren der Gewinn. Was nicht in der staatlichen Schatzkammer oder in privaten Häusern verschwand, wurde vor allem zum Schmuck der Markuskirche verwandt. Die vier goldglänzenden Rosse konnten ebenso als Zeichen eines militärischen Triumphs wie Symbole eines quasi imperialen Anspruchs der Republik verstanden werden.

In nicht wenigen der Allegorien verbindet sich der innerhalb der Gattung der Lobrede vertretbare Anspruch mit einer Topik und somit Formeln des Städtelobs, für die die Wirklichkeit kein Gradmesser war. Wenn Paolo Veronese an der Decke der Sala del Collegio eine Venetia thronend auf einer Weltkugel malte, während Justitia und Pax als Garanten und als Ergebnis venezianischer ›Weltherrschaft‹ sich ihr über Stufen andächtig aufblickend nähern, so ist dies nicht als Spiegel der Verhältnisse oder als Anspruch misszuverstehen. Nur wer mit dem Genre und seinen Übertreibungen nicht vertraut war, musste sich von solchen realitätsfernen Darstellungen zu kritischen Kommentaren herausgefordert fühlen. Es ging auch bei der Bildformel ›Weltherrschaftsanspruch‹ in erster Linie um das venezianische Imperium, dessen Grenzen den meisten Nutzern und Besuchern des Dogenpalasts in groben Zügen bekannt gewesen sein dürften. Dieses Imperium gründete, so zwei weitere Bilder der Decke des Collegio, auf dem Glauben ebenso wie auf militärischer Stärke, und zwar zu Land und auf dem Meer.

Territorialgewinne und das Bewahren erworbener Herrschaft über Land und Meer waren oft ein Ergebnis militärischer Unternehmungen. Deren politische Dimension, so wie man sie in Venedig verstand, wurde den Betrachtern durch Bardis handliche Erklärung von 1587 in den meisten Fällen gleich mitgeliefert.

Die Annahme, Maler hätten Texte ohne nennenswerte inhaltliche Veränderungen ins Bild umgesetzt, ist unzutreffend. Nur selten verlangten durchsetzungswillige Auftraggeber Korrekturen. So ist es in der Regel nicht möglich, von Bildern auf Texte zu schließen und verlorene Texte mit Hilfe der Bilder, zumindest in Umrissen, zurückzugewinnen.

Bei der Wiedergabe von historischen Ereignissen wurde topographische Genauigkeit erwartet. Fehlten dem Maler entsprechende Kenntnisse, konnten Besuche verlassener Schlachtfelder oder des schwerzugänglichen venezianischen Arsenals zum Studium der Galeeren gefordert werden. Die Wiedergabe des Orts und von Realien wie der Kleidung der Soldaten und von deren Waffen sollte die wirklichkeitsgetreue Wiedergabe des Handlungsablaufs unterstreichen. Dort wo ein Besuch vor Ort nicht möglich war, versuchten die Maler, ausgehend von älteren Darstellungen, von schriftlichen Zeugnissen oder Skizzen Dritter, ein Bild des Orts oder zumindest doch einiger seiner Besonderheiten zu vermitteln. Eine Wiedergabe der Örtlichkeiten war im Fall des Vierten Kreuzzugs (1202–1204) besonders schwierig. Eine Reise der Maler nach Zara und Konstantinopel verbot sich aus vielerlei Gründen und dies hatte Folgen für die Bilder.

In dem nach dem Brand von 1577 formulierten, 1587 in einer erweiterten Fassung veröffentlichten Programm zur Ausmalung der Räume wurden die Namen von Malern genannt, denen man die Bilder übertragen wollte und teilweise auch übertrug. Da einige der Bilder von anderen Malern als den genannten ausgeführt wurden, vermutete man, in diesen Fällen seien die von eindringendem Wasser beschädigten Werke durch die jetzt sichtbaren ersetzt worden. Die spätere Praxis im Umgang mit beschädigten Leinwandbildern und in einem Fall auch Archivalien sprechen jedoch dafür, dass in der Sala del Maggior Consiglio und Sala dello Scrutinio Flächen erst einmal leer geblieben waren und erst später mit Bildern von Malern gefüllt wurden, an die man zuvor nicht gedacht hatte. Ununterbrochene pauschale Kassenanweisungen erheblicher Summen noch über das Jahr 1600 hinaus für die Ausstattung der verbrannten Räume zeigen, dass man für das große Unternehmen viel Zeit und sehr viel Geld benötigte.

DIE BILDER AN DEN WÄNDEN (Diagramm S. 141)
Das ›Unternehmen Konstantinopel‹ oder der Vierte Kreuzzug.

Zu den 1577 erstmals im Palast gezeigten Ereignissen gehören Stationen des Vierten Kreuzzugs, bei dem die Venezianer und vor allem der Doge Enrico Dandolo das Kreuzfahrerheer für ihre Ziele zu instrumentalisieren wussten. Statt nach Jerusalem zu fahren und das Heilige Land zu ›befreien‹, halfen die Franken unter Balduin von Flandern den Venezianern bei der ›Befreiung‹ von Zara an Dalmatiens Küste von der ungarischen Herrschaft und danach bei der Zerstörung des christlichen Konstantinopel. Verklausulierte, aber auch unverhüllte Proteste des Papstes gegen die neuen Ziele des Unternehmens konnten die Venezianer nicht hindern. So ging es bei der Schilderung der Ereignisse auch darum, die Mitverantwortung des Papstes für die Niederwerfung des christlichen Konstantinopel zu zeigen. Dabei konnte niemand hoffen, dass die Stimmen der Unterlegenen ungehört verhallten. Der hochgebildete Byzantiner Niketas Akominatos hatte als Zeuge der Ereignisse eine bewegende und faktenreiche Geschichte der Belagerung und Eroberung verfasst, in der sich die Klage über die Zerstörung der herrlichen Stadt mit bitteren Passagen über die Gier und die Brutalität der Eroberer verband. Dies lesenswerte Werk lag in Venedig in Übersetzungen von 1562 und von 1569 vor. Dennoch zog man, verständlicherweise, die Schilderung des verbündeten Franken Geoffroy de Villehardouin vor, der die Rolle der Venezianer unkritisch sah. So wurde der propagandistische Wert einer lateinischen Übersetzung seines Texts von 1556 von der zuständigen Zensurbehörde betont.

Drei Bilder waren politisch brisant. Das erste, das dem Beginn des umstrittenen Unternehmens gewidmet war, und die beiden letzten, die die politischen Folgen festhalten sollten. Im handschriftlichen Programm wurden die Vorgänge knapp geschildert, deren Protagonisten genannt und weiterführende Literatur zum Thema empfohlen.

Jean Leclerc, der erst um 1620 die *Kreuzfahrer in San Marco* malte (W1, Abb. 103), wählte das Innere von San Marco als Bühne für den greisen Enrico Dandolo, der von der nördlichen Kanzel aus wie gebannt in Richtung des Hochaltars blickt. Unter ihm, im Gewühl der Franzosen und Venezianer, gab er dem Patriarch und seinem Kreuzstab einen hervorgehobenen Platz. Die fromme Haltung des Dogen sollte wohl einer Bewer-

103   Jean Leclerc: Zusammenkunft der Kreuzfahrer in S. Marco

104 Andrea Vicentino: Alexios wirbt in Zara für die Befreiung seines eingekerkerten Vaters durch die Kreuzfahrer

tung der venezianischen Pläne und Handlungen als ›Realpolitik‹ widersprechen, während die herausgehobene Position des Patriarchen den Konsens der römischen Kirche signalisierte. Dass der Maler den greisen Dogen zum Protagonisten machte, entsprach dem Urteil vieler Zeitgenossen und späterer Historiker.

Die Niederwerfung von Zara von Andrea Vicentino (W2) und die darauf folgende *Schlüsselübergabe der Unterlegenen an den Sieger* von Domenico Tintoretto (W3) sind konventionelle Darstellungen eines erfolgreich abgeschlossenen Feldzugs. Wichtiger für die Rechtfertigung des venezianischen Handelns ist der im nachfolgenden Bild dargestellte Auftritt des Knaben Alexios, der, der Gefangenschaft in Konstantinopel entkommen, in Deutschland ebenso wie in Rom um Unterstützung für die Befreiung seines Vaters Isaak, des entthronten und geblendeten Kaisers von Ost-Rom, geworben hatte. Andrea Vicentino hat den Knaben bei der *Übergabe einer Bittschrift an den Dogen und Heerführer Enrico Dandolo* gemalt, den übrigen Teilnehmern gab er nur eine Statistenrolle (W4, Abb. 104). Das Eintreten für einen zu Unrecht entthronten und eingekerkerten Herrscher sowie das Versprechen, die Kirchen von Ost- und West-Rom zu vereinigen, sollten als Legitimation für den Richtungswechsel ausreichen.

Die erste, erfolgreiche *Erstürmung der Mauern von Konstantinopel* (Palma il Giovane; W5) und, auf einem zweiten Bild, die definitive *Kapitulation Konstantinopels* (Domenico Tintoretto; W6, Abb. 105) sind oft von Historikern geschildert worden. Sieht man genauer hin, entdeckt man auf dem Bild mit der Kapitulation einen verjüngten Enrico Dandolo, der die Seinen anzufeuern scheint, während der christliche Klerus unter dem Zeichen des Kreuzes aus dem geöffneten Tor dem christlichen Kreuzfahrer entgegenzieht. Nicht einmal diese eindrucksvolle Geste konnte die Brandschatzung und Plünderung einer der schönsten und reichsten Städte der damaligen Welt noch verhindern. Das ›Unternehmen Konstantinopel‹, wie es im 16. Jahrhundert mehrfach genannt wurde, ist so zu einem noch heute schreckenerregenden Beispiel für die

105 Domenico Tintoretto: Der Fall Konstantinopels

Zerstörungswut und die Grausamkeit der Sieger geworden. Von Exzessen ist, verständlicherweise, in den beiden Bildern jedoch nichts zu sehen.

Dabei gab es Orte, an denen man bei der Darstellung von Christen, die vom römischen Katholizismus abgefallen waren, inhumaner als in Venedig verfuhr. So hat Giorgio Vasari im Vatikan die Ermordung der evangelischen Christen in der Bartholomäusnacht als ein gerechtes Morden von ›Unmenschen‹ darzustellen gewagt. So voller Verachtung und zugleich politisch unklug war man in Venedig nicht, das kein Interesse an einer Zuspitzung der Debatte über das ›Unternehmen Konstantinopel‹ haben konnte.

Die beiden folgenden Bilder sind propagandistische Umdeutungen historischer Ereignisse durch die Maler. So überliefern damalige Autoren, einige hätten versucht, den venezianischen

106   Andrea Vicentino: Balduin von Flandern erweist dem Dogen Enrico Dandolo seine Reverenz

Dogen zum Imperator zu machen. Dieser habe jedoch, gedrängt von einem Venezianer Barbo, auf die Unvereinbarkeit seines Amtes mit der Kaiserwürde verwiesen. Das von Andrea Vicentino geschaffene Bild *Balduin von Flandern erweist Enrico Dandolo seine Reverenz* (W7, Abb. 106) zeigt den gelöst auf einem Stuhl sitzenden Dandolo und ihm gegenüber, ausschreitend, mit geneigtem Haupt und dem Hut in der Hand, Balduin von Flandern. Haltung und Gebärden Balduins sind die eines Hofmannes, der, dem Zeremoniell entsprechend, dem Dogen seine Reverenz erweist. Kein politisch brisantes Bild und doch eine unübersehbare Akzentverschiebung, mit der das Gewicht des siegreichen Heerführers gegenüber dem des zukünftigen Kaisers von Ost-Rom erheblich gesteigert wurde.

Eine historisch nicht belegte *Krönung Balduins durch den Dogen zum Kaiser* beschließt die Bildfolge (W8, Abb. 107). 1204 war es der neu eingesetzte Patriarch, der Venezianer Tommaso Morosini, dem die Ehre zu krönen zustand. Auch wenn Enrico Dandolo selbst nicht Kaiser geworden war, so suggeriert der Maler Antonio Vassillacchi gen. l'Aliense durch den Krönungsakt, Balduin habe die Krone aus den Händen des venezianischen Dogen empfangen. Diese Abweichung vom Text der Programmschrift ebenso wie von allen gedruckten Schilderungen der Ereignisse stammt entweder vom Maler selbst oder wurde diesem suggeriert. Er begab sich da-

107   Aliense: Die Krönung Balduins von Flandern zum Kaiser von Ostrom durch den Dogen Enrico Dandolo

mit in eine unüberbrückbare Distanz zum ›historischen Ereignisbild‹ und entschied sich für eine Darstellung, die die Nutzer der Sala del Maggior Consiglio nicht für bare Münze genommen haben können. Nach den Spielregeln der Lobrede wäre allein die Behauptung, Balduin verdanke sein Amt dem siegreichen Feldherrn, denkbar gewesen. Anders als Paolo Veronese, der sich wegen seiner Abweichungen von biblischen Texten vor der Inquisition verantworten musste, entgingen die Maler historischer Ereignisbilder einer Kontrollinstanz, die die Texte der offiziellen Historiker penibel und kritisch auswertete.

Tagespolitische Akzente und Überlegungen im Bildprogramm

Giacomo Contarini, Jacopo Marcello und Girolamo Bardi verbanden mit der Auswahl der Ereignisse aus dem Vierten Kreuzzug wohl auch tagespolitische Überlegungen. Neben dem militärischen Erfolg der Verbündeten war es die gemeinsame Unternehmung mit den Franken, die, so kann man vermuten, als Beleg für die Chancen einer gemeinsamen Politik mit Frankreich gesehen werden sollte. Gegen Ende des 16. und zu Beginn des 17. Jahrhunderts war es in erster Linie die dem Papst eher fernstehende Gruppe der ›giovani‹, die sich für ein enges politisches Zusammengehen der Republik mit Frankreich einsetzte. Der Doge Nicolò da Ponte, in dessen Dogat das Programm formuliert wurde, war als frankophil bekannt. So war es vermutlich die politische Überzeugung des amtierenden Dogen, die Paolo Veronese dazu brachte, die Verkörperung der Ehre, also der aristokratischen Tugend par eccellence, in seinem Bild der *Pax Veneta* an der Decke der Sala (Abb. 127) die Züge des französischen Königs Heinrichs III. zu geben. Hinzu kam, dass die Einsetzung des venezianischen Patriarchen in Konstantinopel wohl als ein politisches Signal verstanden werden sollte. Venedig habe somit schon 1204 wesentliches zur Vereinigung der bis dato getrennten christlichen Kirchen unter dem römischen Papsttum beigetragen. Warum also sollte man in Rom am rechten Glauben der Republik zweifeln?

Der Friede von Venedig zwischen Kaiser und Papst (1177)

Beim Brand von 1577 gingen zahlreiche, damals weltberühmte Bilder von Tizian, Veronese, Tintoretto und Pordenone zusammen mit Hauptwerken von Giovanni Bellini und Carpaccio zugrunde. Diese hatten drei Wände des Raums geschmückt. Vorbereitende Zeichnungen, hie und da auch eine gezeichnete Kopie, vermitteln eine Vorstellung von Werken, die neben ihrer inhaltlichen Aussage so etwas wie ein Museum venezianischer Malkunst geworden waren.

Nach dem Brand reduzierten die Zuständigen die Zahl der vorher dargestellten Ereignisse und integrierten diese in einen neuen, dem Stil rühmender Programme entsprechenden Zusammenhang. Bei der Auswahl der Maler durch den Senat und seine ad hoc gebildeten Kommissionen spielte Protektion durch einflussreiche Aristokraten eine entscheidende Rolle. Hinzu kam, dass es kaum mehr möglich war, die großen, altgewordenen Maler Tintoretto (gest. 1594) oder Veronese (gest. 1588) für einen solchen, auch deren Kräfte übersteigenden Auftrag zu gewinnen. Die Chance, durch einen Großauftrag im Palast so etwas wie eine zweite Scuola Grande di San Rocco oder eine Kirche wie San Sebastiano zu schaffen, entsprach wohl kaum dem gefühlten Zeitdruck und den kunstpolitischen Interessen der Republik. Auch Palma der Jüngere, der anderenorts Proben für seine Fähigkeiten und auch für seine Bereitschaft abgelegt hatte, umfangreiche Aufträge auszuführen, konnte, wie seine Konkurrenten, nur Aufträge für einzelne Bilder erhoffen. So ist der Betrachter mit einer fortlaufenden Geschichte konfrontiert, deren Episoden von verschieden geprägten, unterschiedlich begabten Malern, ihren eigenen ›ikonographischen Stilen‹ folgend, erzählt wurden. Hinzu kommt, dass Eigenhändigkeit bei diesen Aufträgen vielleicht erhofft, aber nicht erwartet wurde.

Benedetto und Carletto Caliari: *Der Doge huldigt dem Papst vor Santa Maria della Carità* (W9, Abb. 108)

Nach der venezianischen Überlieferung hatte sich Papst Alexander III. vor Kaiser Friedrich Barbarossa inkognito nach Venedig geflüchtet, wo er im Kloster von Santa Maria della Carità Unterschlupf gefunden habe. Dort sei er von einem französischen Pilger erkannt worden. Auf diese Nachricht hin habe sich der Doge mit der Signoria zum Kloster begeben, habe den Flüchtling in päpstliche Gewänder gekleidet und ihn in festlichem Aufzug zum Wohnhaus des Patriarchen geleitet.

Aus dieser Überlieferung haben Benedetto und Carletto Caliari (die ihr Bild als »Haeredes Pauli« signierten) den Augenblick gewählt, als der Doge Sebastiano Ziani auf dem Campo vor Santa Maria della Carità dem als Mönch verkleideten Papst begegnet und vor ihm das Knie beugt. Dabei waren die Maler wohl gehalten, Giovanni Bellinis verbranntes Bild, an das eine kleinformatige Kopie des 16. Jahrhunderts (Gallerie dell'Accademia) erinnert, zu ›restaurieren‹. Dieser Rückgriff auf ein stilistisch älteres, bildliches Dokument erklärt und rechtfertigt die auffallend altertümliche Reihung der Figuren.

Was die Maler ohne bindende Vorgaben zeigen konnten, findet sich vor allem im Vordergrund. Figuren aus dem Alltag, wie ein Fischer mit vollen Körben und der Zusammenstoß zweier Gondeln mit all seinen Folgen, boten Möglichkeiten, kunstvoll verkürzte und stürzende Figuren zu zeigen. Nicht nur der sein Boot mit dem Ruder bremsende Gondoliere ist genau beobachtet.

108   Benedetto und Carletto Caliari: Der Doge Sebastiano Ziani huldigt Papst Alexander III. vor S. Maria della Carità

Dieser formale Kontrast zwischen der ruhigen, förmlichen Begegnung und dem bewegten Drumherum ist damals von vielgelesenen Autoren einer gegenreformatorischen Kunsttheorie für das Historienbild als angemessen beschrieben worden. Beim Ereignis selbst müsse sich der Maler an die historische Überlieferung halten, in peripheren Bereichen des Bildes dürfe er jedoch ungebunden seine Kunst zeigen. Folgt man dieser Unterscheidung, entspricht der zentrale Teil unseres Bildes der schriftlichen und auch der bildlichen Überlieferung, das Drumherum aber der schmückenden Poesie, für die keine strengen Gesetze galten.

Gabriele und Carletto Caliari: Venezianische Botschafter werden zum Kaiser nach Pavia gesandt (W10, Abb. 109)

Das Angebot des Dogen, sich für eine Versöhnung zwischen Kaiser und Papst einzusetzen, wurde vom Papst angenommen und es wurden Botschafter zum Kaiser nach Pavia gesandt. Gabriele und Carletto Caliari, die ihr Bild signierten, machten die Beauftragung der Botschafter durch den Papst zum Thema. Alexander III. thront unter einem kostbaren Baldachin am rechten Bildrand. Stufen führen zu seinem Thron, wo die Botschafter, teils kniend, teils stehend, ihren ehrenvollen Auftrag erhalten. Der Doge Ziani steht neben dem Thron, sein ernster Blick trifft die Botschafter, so als habe auch er Verantwortung für das nun Folgende übernommen. In einer korinthischen Loggia sind venezianische ›nobili‹ in gemessenen Haltungen versammelt. Deren heute kaum mehr identifizierbaren Porträts waren für die Zeitgenossen eine wichtige Sinnschicht der Historienbilder.

Wie schon im ersten Bild drängt sich das Volk auf engstem Raum. Auf einem Schaugerüst sehen Venezianerinnen der Begegnung zu, die Piazzetta ist weit über die beiden Säulen hinaus dicht mit Menschen gefüllt. (Nicht viel anders war es beim legendären Konzert von Pink Floyd, mit dem die Musiker, ohne es zu wollen, dem nationalen und internationalen Widerstand gegen die geplante Weltausstellung in Venedig (Expo 2000) den entscheidenden Schub gaben.) Für den Vordergrund entwarfen die Maler miteinander verschränkte Figurengruppen. Tintorettos Zeichnungen nach Skulpturen des Pierino da Vinci und somit letztlich nach Erfindungen des Michelangelo kommen in Erinnerung. Links im Bild begleiten Mitteilen und gespanntes Zuhören das Ereignis. Die gesucht wirkende Pose des erschrocken Zurückweichenden zitiert den ›sterbenden Gallier‹ aus der Sammlung Grimani, eine berühmte Antike,

109 Gabriele und Carletto Caliari: Botschafter werden von Venedig zu Kaiser Barbarossa gesandt

die, damals in der Sala delle teste gezeigt, heute im Archäologischen Museum ausgestellt ist.

Einer der Erben Paolo Veroneses wird den Entwurf gezeichnet und so die Mitteilungen des Bildes festgelegt, weitere Mitarbeiter vermutlich an der Ausführung beteiligt gewesen sein. Dass der Entwerfer dabei auf ›modelli‹ von Veronese zurückgriff, die von Ridolfi (1648) erwähnt wurden, bleibt Vermutung.

Leandro Bassano hat die *Übergabe der weißen Kerze an den Dogen Ziani* in den Chor von San Marco verlegt (W11). Die Pala d'Oro, die goldene Tafel, auf dem Hochaltar und Sansovinos Sakristeitür sind zu erkennen. Auch Leandro erfüllte in seinem Bild manchen Wunsch nach einem Porträt.

Jacopo Tintoretto: **Kaiser Barbarossa empfängt in Pavia die venezianischen Botschafter** (W12, Abb. 110)

110   Jacopo Tintoretto: Kaiser Barbarossa empfängt in Pavia die venezianischen Botschafter

Im vierten Bild hat Jacopo Tintoretto auf einem hohen Stufenthron und an einem architektonisch herausgehobenen Ort des damals kaiserlichen Pavia die venezianischen Botschafter vor Kaiser Barbarossa dargestellt (W12) (Abb. 110). Die gemessen vorgetragenen Argumente der Venezianer werden vom Kaiser verworfen. Dessen Einhalt gebietende Gebärde deutet das Scheitern der Mission an. Im Vordergrund leiten Figuren und Figurengruppen den Betrachter zur verbalen Auseinandersetzung. Der vom Rücken gesehene Herold in der Mitte des Vordergrunds, der sich Umwendende links und der hinweisende Krieger rechts sind Hinwendungsfiguren wie sie Tintoretto schätzte. Die Haltungen und Gebärden der Botschafter spiegeln den Ernst, mit dem die Venezianer ihre schwierige Mission unternommen hatten.

Die kunstvoll abwechslungsreiche Gruppierung der Figuren verdient Bewunderung. Auch wenn die Ausführung, wie in Tintorettos Werkstatt üblich, in weiten Teilen begabten Mitarbeitern überlassen blieb, stammt die Erfindung wohl vom Meister selbst.

Francesco Bassano: **Die Übergabe des Zeremonialschwerts in Venedig durch Papst Alexander III.** (W13)

Die Galeere des Dogen ist vor dem Markusplatz zum Ablegen bereit, viel Volk drängt heran, um nichts zu verpassen. Francesco Bassano nutzte auch hier die Gelegenheit, sein Repertoire vorzuführen. Er demonstrierte, unabhängig

111   Domenico Tintoretto: Die Seeschlacht von Punta Salvore

vom feierlichen Thema, ähnlich wie bei seinen Schlachtenbildern an der Decke, zuerst einmal seine unverwechselbare Kunst. Das Spielen mit dem Hund im Wasser, das mühsame Entern eines Boots waren Themen, die den Alltag in das Zeremoniell einbrechen ließen.

Paolo Fiammingo, ein in Venedig heimisch gewordener Niederländer, der sich vor allem mit schönen Landschaften hervorgetan hatte, scheiterte beim Versuch, es mit seinem Bild *Alexander III. segnet die auslaufende Flotte* mit der Konkurrenz auf deren Territorium aufzunehmen (W14).

Domenico Tintoretto: *Seeschlacht bei Punta Salvore* (W15, Abb. 111)

Domenico musste sich mit Giovanni Bellini messen, an dessen verbranntes Bild gleichen Themas sich noch manche Ratsmitglieder erinnert haben werden. Bei dieser Seeschlacht hatte, so die venezianische Überlieferung, der Doge Ziani als Admiral der venezianischen Flotte die von Otto, Sohn Friedrich Barbarossas, geführte kaiserliche Flotte besiegt. Dass Bellinis Bild berühmt war, geht auch aus einer detailreichen Beschreibung von Pietro Contarini (1542) hervor. Demnach hatte Giovanni Bellini den Sohn des Kaisers kniend vor dem siegreichen Dogen im Heck von Zianis Galeere dargestellt. In Domenicos Bild empfängt der Doge mit ausgebreiteten Armen den sich vor ihm neigenden Gegner, während die Schlacht ungemindert weitergeht. Wie in Schlachtenbildern üblich konzentrierte Domenico Episoden des Leidens und des Heldenmuts vor allem im unteren, dem Betrachter nahen Drittel des Bildes.

Andrea Vicentino: *Die Übergabe des Rings durch Papst Alexander III. an den Dogen Ziani* (W16, Abb. 112)

Nicht weit vom Dogen nähert sich untertänig auf den steilen Stufen Otto, Sohn Friedrich Barbarossas, dem thronenden Papst, der zum ihm herabschaut. Der ›ballottino‹ hält derweil die Dogenmütze.

Beim Ritus des ›sposalizio‹ vermählte sich seitdem der Doge symbolisch am Himmelfahrtstag mit dem Meer, indem er einen Ring in die Fluten warf. Der dem Dogen verliehene Ring wurde so im Staatszeremoniell zum Zeichen einer vom Papst verliehenen Seeherrschaft.

Unter den zahlreichen Porträtierten findet sich am rechten Bildrand auch der Selige Lorenzo Giustiniani. Schon lange und stets vergeblich hatte die Republik versucht, den 1456 verstorbenen Beato in Rom heiligsprechen zu lassen und mit ihrem ungeduldigen Insistieren den Päpsten ein Faustpfand bei vielen Verhandlungen gegeben. Ein weiteres Porträt Lorenzo Giustinianis vor dem Altar der Bischofskirche San Pietro di Castello ziert die Fensterwand der Sala del Senato.

112 Andrea Vicentino: Die Übergabe des Rings durch Papst Alexander III. an den Dogen Ziani

In Venedig war es schon lange Brauch, in Historienbildern neben Zeitgenossen auch Persönlichkeiten darzustellen, die in früheren Zeiten gelebt hatten. Dolce hat diese Praxis anhand eines Bildes von Tintoretto für den Saal des Großen Rats als Verstoß gegen das Angemessene gerügt. Nicht nur hier wird deutlich, wie praxisfern in vielen Fällen die Überlegungen und Setzungen der venezianischen Kunsttheoretiker des 16. Jahrhunderts waren.

Die derzeitige Abfolge von W17 und W18 ist wohl die Folge einer Vertauschung der beiden Bilder.

Federico Zuccari: *Die feierliche Unterwerfung Friedrich Barbarossas unter die Autorität des Papstes 1177 in Venedig* (W17, Abb. 113)

Federico Zuccari, der sein Werk selbstbewusst signierte und 1582 datierte, verlegte, wie vor ihm schon Tizian in seinem verbrannten Bild, die Handlung vor die Fassade von San Marco. Man erkennt die damalige Pflasterung mit rostroten Backsteinen in quadratischen Rahmen aus hellem istrischem Stein. Zugleich blickt man über die Piazzetta nach San Giorgio, dessen unvollendete Kirchenfassade damals noch von anderen Gebäuden verstellt war. Erst der Doge Leonardo Donà, nicht Andrea Palladio, sollte die bis auf den heutigen Tag vielbewunderte Inszenierung der Kirchenfassaden durchsetzen.

Barbarossa unterwarf sich, indem er dem Papst den Fuß küsste während dieser ihm seinen Fuß auf den Nacken setzte und die für den Kaiser ver-

113 Federico Zuccari: Die Unterwerfung von Kaiser Barbarossa unter Papst Alexander III. vor S. Marco

letzenden Worte in Anlehnung an den 91. Psalm sprach: »Über Nattern und Basilisken wirst Du schreiten und den Drachen niedertreten«. Darauf habe der Kaiser »nicht Dir sondern Petrus« geantwortet, das Papsttum also über seinen Bezwinger gestellt, worauf Alexander III. mit seiner Replik »Sowohl mir als auch Petrus« auf seinen auch persönlichen Triumph bestanden habe.

Das Zeremoniell der Unterwerfung hat Federico Zuccari lange beschäftigt, wie vom Bild abweichende Entwürfe belegen. Im Bild scheint der Kaiser vor dem Dogen auf die Knie gesunken zu sein, während der Papst dem Überwundenen den Fuß auf den Nacken setzt. Doge und Papst stehen Hand in Hand, der eher klein wirkende Doge niedriger – wie auf allen anderen Bildern dieser Geschichte. Zwischen den beiden Säulen mit ihren Symbolen dominiert ein Prozessionskreuz. Der Maler hat es verstanden, dem Dogen eine zentrale Rolle zu geben, ohne die des Papstes zu mindern. Zuccari beschränkte sich bei der Ausschmückung der Erzählung nicht allein auf die sonst allgegenwärtigen Gerüsteten. Eine junge Frau kniet auf dem Pflaster und erläutert ihrem mit gefalteten Händen knienden Kind die Bedeutung des Ereignisses. Ein Meisterstück politischer Bildpropaganda, der Geschichte ferner als der Kunst der Lobrede.

<blockquote>Jacopo Palma d. J.: *Die Verabschiedung Ottos in Venedig* (W18, Abb. 114)</blockquote>

Nach der siegreichen Schlacht von Punta Salvore wurde Otto, der Kaisersohn, in Venedig eingekerkert. Um den Frieden zwischen Papst und Kaiser zu erzwingen, holte man ihn jedoch bald aus seiner Zelle und sandte ihn zu seinem Vater mit der Auflage, den Friedensschluss zu erreichen oder nach Venedig in die Haft zurückzukehren.

Jacopo Palma hat die Verabschiedung Ottos auf die Piazza und in seine eigene Zeit verlegt. Der Papst thront auf einem hohen, von vier Säulen und zwei allegorischen Figuren gezierten Thron an der Stelle, wo man die Loggetta von Sansovino erwarten könnte. Der Doge wohnt in gemessener Haltung dem Geschehen bei. Vor den Stufen des Throns hat man Andrea de' Franceschi, den auf Lebenszeit gewählten, ebenso angesehenen wie einflussreichen Großkanzler erkennen wollen. Er blickt den Betrachter an und weist zugleich auf das vor unseren Augen ablaufende Verabschiedungszeremoniell.

114 Jacopo Palma d. J.: Die Verabschiedung Ottos in Venedig

Die folgenden Bilder sind eher enttäuschend. Die *Übergabe des zeremonialen Sonnenschirms an den Dogen in Anwesenheit des Kaisers* von Girolamo Gambarato ist Ergebnis von Routine (W19). Auf dem letzten Bild sollte Giulio Angolo del

Moro die in Rom erfolgte Übergabe der acht Banner, der zeremonialen Trompeten sowie des Zeremonialstuhls durch den Papst an den Dogen darstellen, damit jenem kein Zeichen der Herrschaft fehle (W20). Unbegreiflicherweise fehlen diese Gegenstände, ohne die die Geschichte der Insignien unvollständig blieb. Eine Kontrolle der Maler im Hinblick auf elementarste Mitteilungen ihrer Bilder hatte wohl nicht stattgefunden.

Paolo Veronese: *Einzug des Dogen Andrea Contarini nach der erfolgreichen Verteidigung Venedigs gegen die Genuesen bei Chioggia 1380* (W21, Abb. 115)

115   Paolo Veronese: Der Einzug des Dogen Andrea Contarini nach der siegreichen Verteidigung von Chioggia gegen die Genuesen (1380)

Zwischen der Krönung Balduins in Konstantinopel (1204) und der Verleihung der Insignien durch Papst Alexander III. in Rom (1177) erinnert ein Bild des Paolo Veronese an die erfolgreiche Verteidigung Venedigs gegen den Erzfeind Genua (1380). Andrea Contarini als Führer der venezianischen Flotte (›classis imperator‹) habe damals das Vaterland vor grausamen Feinden gerettet, so eine in Stein gehauene Inschrift im Bild. Zwischen der Südwestecke des Dogenpalasts und einer der Säulen erkennt man links Vertreter der Kirche mit Kerzen und einem Prozessionskreuz. Der Doge in seiner Amtstracht begleitet von einem Gerüsteten betritt von hinten rechts die Piazzetta. Drei Galeeren erinnern an die erfolgreich bestandene Prüfung.

Die Dogenporträts im Fries

Im Abschlussgebälk der Wände der Sala dello Scrutinio und der Sala del Maggior Consiglio wurden Dogenporträts eingefügt. Bereits in der 1577 verbrannten Ausstattung hatte eine nahtlose Reihe der Sukzessionsbilder auf die ununterbrochene Regierung und so die politische Autonomie der Republik verwiesen. Die Folge beginnt in der Sala del Maggior Consiglio etwa auf der Mitte der Hofseite mit Obelerio Antenoreo (804), in dessen Dogat der Sitz der Regierung von Malamocco nach Rialto verlegt wurde, und endet mit Francesco Venier (1554–1556). In der Sala dello Scrutinio beginnt sie auf der Hofseite mit Lorenzo Priuli (1556–1559) und endet auf der Piazzettaseite mit Lodovico Manin (1789–1797). Inschriften auf den Bildern und an der Unterseite des Abschlussgebälks, dazu die Namen, Wappen und das Datum der Dogenwahl, erleichtern die Identifizierung. Die Aufträge für die Porträts gingen nach dem Brand von 1577 mehrfach an so angesehene Maler wie Jacopo Tintoretto und Palma il Giovane, die die ehrenvolle, zugleich aber nicht besonders attraktive Aufgabe mit Hilfe ihrer Mitarbeiter erfüllten.

116   Porträt des Dogen Andrea Dondolo und Hinweis auf die Hinrichtung des Dogen Marin Falier (1355)

Unübersehbar ist im Großen Rat ein schwarzes Tuch anstelle des Porträts des Dogen Marin Falier, mit der Inschrift, dass dies der ›Ort‹ des Marin Falier sei, der 1355 als Verschwörer hingerichtet wurde (über W8, Abb. 116). Nach dem Vollzug des Urteils verzichtete man, den Vorschlag umzusetzen, das abgeschlagene Haupt des Unglücklichen ›wie es noch am Hals hängt‹ zu zeigen. Die ›damnatio memoriae‹ wäre so durch Schandmalerei gesteigert worden.

DIE BILDER AN DER DECKE
Die Schlachtenbilder

Das Erinnern an Schlachten zu Wasser und zu Lande war bei der Ausstattung von Residenzen beliebt. Der von Giorgio Vasari und seinen Mitarbeitern seit 1555 ausgemalte Salone dei Cinquecento im Palast des Cosimo I., der erst später als Palazzo Vecchio bezeichnet wurde, ist nur ein Beispiel unter vielen. Die Autoren des Programms für die Ausmalung der Sala dello Scrutinio und der Sala del Maggior Consiglio wollten zeigen, dass die Republik von Anfang an von Siegen und tugendhaftem Handeln ihrer Bürger geprägt wurde. Der einzelne in seinem selbstlosen Handeln für den Staat und das venezianische Heer sollten die Protagonisten sein. Hier öffneten sich den Malern Spielräume.

Im Programm war das Verhältnis der Maler zu Texten nicht verbindlich festgelegt. Die kurzen Abschnitte über die Ereignisse enthielten Hinweise auf ausführliche, staatstragende Texte, die von den Malern konsultiert, aber nicht ›wörtlich‹ genommen werden sollten.

Lomazzo formulierte um 1584 Regeln, die eine Summe seiner Erfahrungen als Leser und Maler waren. Er unterschied vom Maler erfundene Schlachten von historischen. Letztere seien so darzustellen, wie sie die Historiker geschildert hätten. Lomazzo befand sich hier in Übereinstimmung mit der gegenreformatorischen Kunsttheorie eines Armenini oder Paleotti. Lomazzo erwartete weiterhin vom Maler die Kenntnis militärtheoretischer und waffentechnischer Fakten, die er in illustrierten Büchern über die Kriegskunst finden konnte. Dass diese Forderung, Kleidung, Rüstungen und Waffen nach der Wirklichkeit darzustellen, bei länger zurückliegenden Schlachten unerfüllbar war, war wohl schon damals unbestritten. Sodann sei Zartheit bei Soldaten nicht angebracht, die statt dessen stolz, stark und furchterregend darzustellen seien und somit ganz anders als die Heerführer. Lomazzos Überlegungen wandten sich ebenso an die Maler wie an die Betrachter der Bilder, die er in Regeln der Kunst einweihte und, nicht zuletzt, mit Argumenten für ihre Gespräche über Kunst versorgte.

Für das Malen und Verstehen der Schlachtenbilder galten die Regeln für ›historische Ereignisbilder‹ und, umfassender, für ›Historien‹. Der Kern der Darstellungen sollte als ›historische Wahrheit‹ verstanden werden, das Drumherum die Kompetenz der Maler als Künstler bezeugen. Reflexionen über die Rolle des Malers zwischen Geschichtsschreibung und Poesie hatten unter den gegenreformatorischen Kunstschriftstellern Konjunktur. In diesem Spannungsfeld konnten Maler und Historiker die Überlieferung interpretieren und einprägsame, den Betrachter zum Handeln stimulierende Bilder schaffen. Dass sich die Maler oft über solche Vorgaben hinwegsetzten, zeigt ihre Freiräume.

In der gegen Ende des 16. Jahrhunderts von oligarchischen Strukturen und Tendenzen geprägten Republik war der Stolz einflussreicher Familien, erfolgreiche Schlachtenlenker unter ihren Ahnen zu wissen, unübersehbar. Der Wunsch, diese Heroen vaterländischer Geschichte in Bildern am öffentlichen Ort zu sehen, war verständlich. Dies auch, weil ungeschriebene Gesetze die Selbstdarstellung der Familien durch Historienbilder an den sonst reichbemalten Fassaden der Familienpaläste verboten. Möglich war es hingegen, durch den Erwerb der Rechte an Kirchenfassaden, einen öffentlichen Ort für die Selbstdarstellung einzelner und von Familien zu nutzen. Maler, die in ihren Bildern die Kommandierenden gegenüber den Soldaten hervorhoben, verstanden somit die Erwartungen der Familien nicht falsch. Dass das Rühmen und Erinnern in Bildern am öffentlichen Ort damals nicht der einzige Weg war, zeigen Druckwerke und Bilder aus dem privaten Bereich des Familienpalasts. Schlachtenschilderungen wie die von Lepanto konnten, je nach Standpunkt des Autors oder des literarischen Genres, ebenso die Soldaten wie den Feldherrn feiern.

Die zwölf großformatigen Schlachtenbilder an der Decke wurden Paolo Veronese, Jacopo Tintoretto, Francesco Bassano und Jacopo Palma anvertraut. Alle nutzten die Gelegenheit, ihre Kunst zu zeigen und so zugleich grundverschiedene Sichtweisen von der Schlacht zu vermitteln.

Jacopo Palma d. J.: *Der Sieg des Francesco Bembo über Filippo Maria Visconti auf dem Po 1427* (D1, Abb. 117)
und *Die Einnahme von Padua durch Andrea Gritti 1509* (D2)

Andrea Gritti, zu Pferd, auf seinem Weg in die Stadt Padua, wendet sich zum Betrachter um. Das Grittiwappen neben dem Markuslöwen auf der Fahne unterstreicht, wer damals siegte und Nachruhm erwarb.

Palma machte in seinen Schlachtenbildern nicht allein formale Anleihen bei Tintoretto. Auch seine Kämpfer sind meist gesichtslos, heftige Verkür-

117 Jacopo Palma d. J.: Der Sieg des Francesco Bembo über Filippo Maria Visconti auf dem Po 1427

zungen und die Untersicht lassen erkennen, mit wem er wetteiferte. So auch beim *Sieg Francesco Bembos über die Flotte von Filippo Visconti*, bei dem Tintoretto sich beklagt haben soll, Palma habe ihn bestohlen. Protagonist ist ein anonymer Soldat mit seinem riesigen Bidhänder, Francesco Bembo, der Feldherr, ist rechts vom Bildrand teilweise überschnitten, sein Wappen hingegen erscheint inmitten des Bildes.

Jacopo Tintoretto:
Francesco Barbaro verteidigt 1438 Brescia gegen Filippo Maria Visconti (D5, Abb. 118)
Stefano Contarini siegt 1440 auf dem Gardasee gegen die Flotte von Filippo Maria Visconti (D7, Abb. 119)
Giacomo Marcello nimmt 1484 Gallipoli ein (D6, Abb. 120)
Vettor Soranzo siegt 1482 gegen Sigismondo d'Este (D8)

In allen vier Bildern versetzte Tintoretto die venezianischen Heerführer an den Bildrand, von wo sie ungefährdet das Geschehen lenken. Tintoretto hat dabei den aufblickenden Betrachter in sein Kalkül aufgenommen. Untersicht und rapide Verkürzungen zum Bildhintergrund konfrontieren ihn unvermittelt mit der Gewalt.

Bei der *Verteidigung von Brescia* mäht mitten im Bild ein herkulischer Kämpfer mit dem Bidhänder seine Gegner nieder, ein anderer entlädt, scheinbar ungerührt, eine flammende Ladung ins Gesicht eines gestürzten Gegners. In der *Schlacht auf dem Gardasee* ragen drohend die metallbewehr-

118 Jacopo Tintoretto: Francesco Barbaro verteidigt 1438 Brescia gegen Filippo Maria Visconti

119 Jacopo Tintoretto: Stefano Contarini siegt 1440 auf dem Gardasee gegen die Flotte von Filippo Maria Visconti

ten Spitzen am Bug der Boote ins Bild. Ein Angreifer steht auf einer Planke in der Bildmitte und vor ihm eilen zwei kopflose Verkörperungen der Aggressivität venezianischer Soldaten auf die Gegner zu. Bei der *Einnahme von Gallipoli*, dem schwächsten Bild der Gruppe, gelang es Tintorettos Werkstatt nicht, posierende Figuren in einen erzählenden Zusammenhang zu integrieren. In der *Schlacht bei Argenta* bestimmen, wie üblich, gesichtslose Kämpfergruppen im Vordergrund und ein die Fahne schwingender Soldat am linken Bildrand das Geschehen.

120　Jacopo Tintoretto: Giacomo Marcello nimmt 1484 Gallipoli ein

Francesco Bassano:
Sieg der Venezianer über Ercole I. d'Este 1482 (D10, Abb. 121)
Sieg der Venezianer bei Maclodio über Filippo Maria Visconti 1427 (D3)
Niederlage Maximilians I. im Cadore gegen die Venezianer 1508 (D4, Abb. 122)
*Sieg der Venezianer über die Truppen des Herzogs von Mailand
bei Casalmaggiore 1446* (D9)

Francesco Bassano nutzte auch für seine Schlachtenbilder ein Repertoire, das die Bassano-Werkstatt berühmt und ihre Bilder bei Sammlern begehrt gemacht hatte. Seine Schlachtenbilder vermitteln so eine persönliche, den offiziellen Texten fremde und diese relativierende Darstellung von den militärischen Erfolgen der Venezianer. Francescos Kämpfer zeigen die Mühsal des militärischen Alltags, statt heroischen Dreinschlagens das Erleiden der Kriegsschrecken. Ein junger Soldat beschäftigt sich mit seinem Hund, ein nackter Toter am schneebedeckten Hang, ein ›povero Cristo‹, erinnert an prominente Bilder des toten Christus. Francescos Bilder sind von der offiziellen Triumphrhetorik weit entfernt.

121　Francesco Bassano: Sieg der Venezianer über Ercole I. d'Este (1482)

122　Francesco Bassano: Niederlage Maximilians I. im Cadore gegen die Venezianer (1508)

123 Paolo Veronese: Abwehr des türkischen Angriffs auf Skutari durch Leonardo Loredan (1474)

124 Paolo Veronese: Pietro Mocenigo befiehlt den Angriff auf Smyrna (1471)

Paolo Veronese:
Abwehr des türkischen Angriffs auf Skutari 1478 durch Leonardo Loredan (D12, Abb. 123)
Pietro Mocenigo befiehlt 1471 den Angriff auf Smyrna (D11, Abb. 124)

Paolo Veronese hat beide Bilder entworfen und, wie bei solchen Aufträgen üblich, mit der Hilfe von begabten Mitarbeitern vollendet.

Dabei entzog er sich den Konventionen von Schlachtenbildern mit ihren stürmenden oder dreinschlagenden Soldaten und setzte andere Akzente. Seine Themen waren Vorbereitung und Beginn eines Angriffs sowie der Rückzug der Besiegten.

Die militärische Seite der Verteidigung von Skutari – fern im Hintergrund auf einem Berg gelegen – war nicht sein Thema. Der Abzug, vielleicht auch der Abschied zweier berittener Anführer der türkischen Belagerer vor der Kulisse eines mächtigen Baums haben ihn gefesselt. Von einer jungen Frau, die Veronese kniend darstellte, ist in den Historien, die den Malern als vorbereitende Lektüre empfohlen waren, nicht die Rede. Dass die Niederlage der Angreifer besiegelt war, dokumentieren Verletzte im Vordergrund.

Im zweiten Bild liegt Smyrna, das heutige Izmir, noch friedlich am Hang. Im Vordergrund bereiten sich die Belagerer auf den Angriff vor, laden Geschütze und Gewehre, während am rechten Bildrand Pietro Mocenigo zu Pferd das Kommando zum Angriff gibt. Rechts im Bild greift ein Gerüsteter ans Schwert, die Fahne mit dem Familienwappen der Mocenigo hilft, den Feldherrn zu identifizieren. Den Ausgang des Angriffs zeigt ein Gefesselter, zu dem sich das Reitpferd dem Mocenigo mit wissenden Augen wendet.

HERAUSRAGENDE BEISPIELE TUGENDHAFTEN VERHALTENS EINZELNER UND DER REPUBLIK

An den Decken der Sala dello Scrutinio und der Sala del Maggior Consiglio wurden als monochrome Bilder herausragende Beispiele tugendhaften Verhaltens der Republik wie illustrer Bürger dargestellt und von Bardi 1587 erklärt. Die Auswahl war weniger durch kanonische Tugenden als durch beispielhaftes Verhalten im Hinblick auf die aktuelle und zukünftige Situation der Republik bestimmt. ›Kataloge‹, die Venezianer rühmten, lagen damals in Buchform vor. Auch in diesen spielten Venezianerinnen kaum eine Rolle. Caterina Cornaro, die 1484 die Krone des Königreichs Zypern nach dem Tod ihres Gemahls alles andere als freiwillig der Republik überließ, und ›die‹ venezianischen Frauen, die spendeten, damit die Republik ihre Soldaten besolden konnte, waren bei den Bildern die Ausnahme. Ganz anders die Welt der Privatpaläste. Hier fanden sich Familienbilder wie Paolo Veroneses der Familie Cuccina (Dresden, Gemäldegalerie Alte Meister), Devotionsbilder wie das Tintoretto zugeschriebene des Dogen Alvise Mocenigo und seiner Gemahlin (Washington, National Gallery). Bilder, die an die Hochzeit der Morosina Morosini mit dem Dogen Marino Grimani (1598) erinnerten, hatten ebenso eine gesellschaftliche wie eine staatspolitische Dimension.

Die Abfolge und Anbringung der Bilder entspricht nicht älteren Texten, eine Logik in der heutigen Anbringung ist mir nicht erkennbar. Auf eine Nennung der jeweiligen Maler kann hier verzichtet werden.

Die Reihe dieser Beispiele beginnt an der Decke der Sala dello Scrutinio in vier monochromen Ovalen (Diagramm S. 162).

Der Doge Ordelaffo Falier fällt in der ersten Reihe in einer Schlacht um Zara gegen die Ungarn (1117) (D6). Domenico Michiel nimmt das Angebot der Sizilianer, König von Sizilien zu werden, nicht an (1128) (D7). Enrico Dandolo wird als Botschafter in Konstantinopel im Auftrag des Kaisers nahezu geblendet (1173) (D8). Pietro Ziani entsagt der Dogenwürde und wird Mönch (D9).

Die Reihe wird im Maggior Consiglio, beginnend bei der zwischen den beiden Sälen gelegenen, derzeit unzugänglichen Quarantia in monochromen Bildern unterschiedlichen Formats fortgesetzt (Diagramm S. 141). Die hier wiedergegebenen Titel folgen trotz der geänderten Abfolge älteren Texten.

Die venezianischen Frauen spenden, um im Krieg gegen die Genuesen (1380) Soldaten anheuern zu können (D13). Ein des Verrats überführter Feldherr wird als Beispiel für strenge Gerechtigkeit ins feindliche Lager katapultiert (1281; D14). Sebastiano Venier kämpft 1571 trotz seines hohen Alters und einer Verletzung bei Lepanto (D15). Pietro Zen wird während der Messe ermordet (D16). Martyrium des Marcantonio Bragadin in Famagosta 1570 durch türkische Schergen (D17). Die Kriegslist Nicolò Pisanis von 1358 (D18). Agostino Barbarigo stirbt 1571 in der Schlacht von Lepanto durch einen Pfeil im Auge (D19). Carlo Zen besiegt 1403 seinen Gegner in der Seeschlacht, indem er sein Segel auf das gegnerische Schiff fallen lässt (D20). Das angebliche Angebot des Baiazet, der Republik gegen die Verschworenen der Liga von Cambrai zu Hilfe zu kommen, wird 1509 vom Dogen Leonardo Loredan abgelehnt (D21). Nürnberger Botschafter erbitten 1508 vom Senat die Gesetze, die das Zusammenleben der Venezianer betreffen (D22). Bernardo Contarini bietet der Republik an, Lodovico Moro zu töten, was diese ablehnt (D23). Die Venezianer lassen 1439 ihre Kriegsschiffe auf Karren über

Land zum Gardasee transportieren (D24). Alban Armerio wird von türkischen Schergen mit der Säge getötet (D25). Trotz schwerster Schmerzen lässt sich 1440 Stefano Contarini klaglos die in seinen Kopf eingedrungenen Bruchstücke seines Helms entfernen (D26). Caterina Cornaro übergibt 1484 nach dem Tod ihres Gemahls das Königreich Zypern der Republik (D27). Arbeiten am Isthmus von Korinth (D28).

Die Ergebnisse der kriegerischen Auseinandersetzungen

Jacopo Palma d. J.: *Unterwerfung von Städten und Provinzen*

125 Jacopo Palma d.J.: Unterwerfung von Städten und Provinzen mit militärischen Mitteln

Die Janusköpfigkeit des venezianischen Mythos wird bei den Bildern auf der Mittelachse der Decke im Großen Rat deutlich. Diese Werke sollten die Ergebnisse der ebenfalls dargestellten Schlachten zeigen. So malte Jacopo Palma d. J. im ersten Bild die *Unterwerfung von Städten und Provinzen* (DI, Abb. 125) mit militärischen Mitteln und wählte dazu Bildformeln, die aus der Darstellung militärischer Triumphe seit der Antike vertraut waren. Dass diese unterworfenen Provinzen damals zum venezianischen Imperium gehörten, hat Ridolfi (1648) ausgesprochen. Der Hinweis, die Unterworfenen seien bedrückt darzustellen, widerspricht der in Reden und Schriften immer wieder beschworenen freiwilligen Unterwerfung der Städte unter eine auch moralisch überlegene Republik.

Jacopo Tintoretto: *Die freiwollige Unterwerfung von Städten und Provinzen*

126 Jacopo Tintoretto: Freiwillige Unterwerfung von Städten und Provinzen unter venezianische Herrschaft

Ganz anders das mittlere Bild. Dort sollte Tintoretto auf einem hohen Sitzmöbel (der Text sagt »tribunale«) den Dogen und über ihm eine Venetia malen, der der Markuslöwe die Palme des Triumphs darbietet, während er eine Lorbeerkrone im Maul trägt (DII, Abb. 126). Der Doge hingegen sollte Botschafter der Griechen, Dalmatiens und Istriens sowie nicht einzeln genannte ›Italiener‹ empfangen, die sich ›spontan‹ der Republik unterwerfen und zum Zeichen ihrer Eingliederung in das venezianische Imperium Schlüssel, Dokumente und Siegel mit ihren Stadtwappen darbringen. Tintoretto hat den steilen

Weg von unten nach oben, aus unserer Nähe im Raum zum fern wirkenden Dogen zur Ouvertüre seines Bildes gemacht. Das gewünschte ›tribunale‹ hat er dabei zu einer Treppenanlage umgedeutet. Diese Erfindung wurde von späteren Malern studiert und auch nördlich der Alpen für Deckenbilder vorbildlich. Wie in seinen Devotionsbildern hat Tintoretto nicht darauf verzichtet, dem Dogen im Bild eine wichtigere Rolle zuzugestehen als es die Autoren des Textes vorgesehen hatten. So scheint Venetia dem Dogen einen Kranz zu verleihen, was der englische Reisende Thomas Coryate gesehen und in einer Beschreibung von Tintorettos Bild in den *Crudities* (1611) niedergeschrieben hat. So wurde der Doge vom Mittler zum Empfänger des Lohns.

Paolo Veronese: *Pax Veneta*

Veronese hat über der Regierungsbank mit dem Dogenthron Venedigs Herrschaft in Form einer Pax Veneta gemalt (DIII, Abb. 127). Ausgehend vom schriftlichen Programm gruppierte er um Venetia Tugendallegorien. Friede und Überfluss, Ruhm, Glück, Ehre, Sicherheit und Freiheit sind zu erkennen. Das zweitürmige, mittelalterliche Kastell wirkt wie die Wangen ihres Throns. Von der Erdkugel, auf der Venetia thront, ist nur ein kleines Stück sichtbar. Eine Viktoria bringt ihr die Krone. Eine triumphale Kulisse mit monumentalen gedrehten Säulen steigert die festliche Stimmung all derer, die, unterhalb der Venetia hinter einer Balustrade versammelt, die Zufriedenheit der zum Herrschaftsgebiet gehörenden Völker verkörpern sollen. Während sich die Autoren des Bildprogramms mit dieser Aussage zufrieden gaben, fügte Veronese im unteren Drittel Gerüstete auf temperamentvollen Rossen sowie

127 Paolo Veronese: Pax Veneta

allerlei Kriegsgerät hinzu und gab so dem Bild eine wirklichkeitsnahe Basis. Ohne militärische Stärke konnte die Republik nicht hoffen, Frieden und Wohlstand der Untertanen zu sichern. In einem weiteren Schritt gab der Maler der Verkörperung der Ehre die Züge des französischen Königs Heinrich III. und positionierte ihn ebenso hoch wie die Stadtgöttin auf Wolken. Hiermit huldigte der Maler nicht nur der Frankophilie des amtierenden Dogen Nicolò da Ponte, sondern gab seinem Bild, einer Summa venezianischen Selbstverständnisses, noch einen tagespolitischen Akzent.

Das Paradies (W22, Abb. 128)

Beim Brand von 1577 wurde Guarientos *Paradies* (um 1365) schwer beschädigt (Abb. 99). Die Argumente, die damals gegen eine Entfernung der Ruine sprachen, könnten denen entsprochen haben, die nach 1577 eine Modernisierung der Fassaden des ausgebrannten Bauwerks verhinderten. Auch Gua-

128   Jacopo Tintoretto: Das Paradies

rientos Bild könnte nicht nur als ein Dokument der frühen Ausmalung, sondern auch als Zeuge historischer Entscheidungen der Ratsmitglieder Schutz verdient haben. Dabei waren die Oberflächenverluste so groß, dass die Ergänzung der fehlenden Teile sinnlos erscheinen musste. So entschied man sich, das Bild vor Ort zu belassen und mit einem neuen Leinwandbild zu verdecken. Erst 1903 wurde es von der Wand genommen und, zerlegt, in die Sala dell'Armamento verbracht.

Der nach dem Brand von 1577 verfasste Programmtext für den Großen Rat überliefert die Erwartungen: »So wie zuvor« solle diese Wand mit der Versammlung der Seligen im Paradies geschmückt werden. Wie bei der Erneuerung mittelalterlicher Mosaiken in San Marco (die man damals als ›restauro‹ bezeichnete), ging es in erster Linie um die Bewahrung des Themas. Dies gelang bei den Mosaiken durch die Übernahme von Inschriften, der Nachahmung der altertümlichen Gewänder und wohl auch von Haltungen und Gebärden. Auf Guarientos Bild fanden sich die Namen der in den Kreis der Heiligen und Seligen Aufgenommenen. Weitere Namen nannte Pietro Contarini (1542). Hätte man gewollt, wäre es möglich gewesen, die Maler auf eine Wiederholung festzulegen. Ein Vergleich der Entwürfe lehrt, dass dies nicht der Fall war. So konnte jeder Teilnehmer hoffen, mit seiner Vorstellung von einer Versammlung der Seeligen im Paradies den Ruhm versprechenden Auftrag zu erhalten.

Tintorettos *Paradies* steht am Ende eines langen Prozesses, bei dem Zeichnungen und großformatige ›modelli‹ der Maler Paolo Veronese, Jacopo Tintoretto, Federico Zuccari sowie des jüngeren Palma und Francesco Bassanos verworfen wurden. Die Entwürfe sind erhalten und geben einen Einblick in den Entscheidungsprozess. Dabei scheint ein Entwurf von Tintoretto (Madrid) so berühmt gewesen zu sein, dass von ihm mehrere großformatige Versionen erhalten blieben, die wohl zum Schmuck privater Paläste ratsfähiger Familien bestimmt waren.

Großformatige farbige Entwürfe, die ›modelli‹, zeigen aber auch, dass mehrere Maler den engen Zusammenhang der Ausmalung der Sala dello Scrutinio und der Sala del Maggior Consiglio nicht beachteten. Wenn Palma in seinem Entwurf Christus als Weltenrichter und Maria als Fürbitterin darstellte, so kam diese Themenwahl einer Verdopplung gleich, die bei so eng zusammenhängenden Räumen keinen Sinn machte. Ob es allein diese Themenwahl war, die gegen Palmas Entwurf sprach, ist nicht überliefert. Ebenso könnte es Palmas unverhüllt tagespolitische, als Bekenntnis der Republik verstehbare Wahl einer siebenköpfigen Hydra und eines von einer Weltkugel kopfüber stürzenden Osmanen für die Wandflächen über den beiden Türen gewesen sein. Erinnert man sich an die Behutsamkeit, die man in Venedig nach dem kontroversen Separatfrieden mit den Türken (1573) beim Umgang mit dem sensiblen Thema ›Osmanische Bedrohung‹ walten ließ, wäre Palmas kaum verschlüsseltes Bekenntnis als undiplomatisch und somit für die Republik als nicht akzeptabel erschienen.

Weshalb Francesco Bassano zusammen mit Paolo Veronese zu Gewinnern des Wettbewerbs erklärt wurde, bleibt ein weiteres Rätsel. Auch wenn eine erstaunliche Anpassungsfähigkeit venezianischer Maler an den Stil der jeweiligen Konkurrenten bezeugt ist, hatte man es hier mit unvereinbaren inhaltlichen Vorstellungen und Malweisen zu tun. Und nach wessen Entwurf und unter wessen Leitung hätten die Maler arbeiten sollen? So war es wohl nicht allein der Tod Paolo Veroneses 1588, der die erhoffte Zusammenarbeit scheitern ließ. Bezeichnend ist, dass man Francesco Bassano in der Folge überging und sich erneut an Tintoretto wandte. Dieser lieferte einen großformatigen ›modello‹ (Madrid, Museo Thyssen-Bornemisza), der der ausgeführten Fassung näher kommt als sein erster Entwurf (Paris, Louvre).

Tintoretto entschied sich für eine Marienkrönung. Große Figuren bewegen sich hoch über einem blauen, von funkelnden Sternen besetzten Himmel in einem von Licht durchströmten Empyreum. Die musizierenden Engel des älteren Entwurfs im Louvre sind verschwunden. Viele der auf Wolken schwebenden Himmelsbewohner sind teilweise oder ganz verschattet.

Solange Eigenhändigkeit bei der Ausführung als einziges Kriterium für Zuschreibungen gilt, wird die riesige Leinwand in der Sala del Maggior Consiglio vor allem mit dem Namen Domenico Tintorettos verbunden bleiben. Dass Jacopo hinter diesem Bild stand, hat nicht nur Henry Thode gesehen.

Thema ist die Aufnahme Mariens in den Himmel. Marias Knien und das Zuneigen Christi könnten als Fürbitte Mariens verstanden werden. Die im Mythos so beliebte Gleichsetzung von Maria und Venetia hat neuere Deutungen angeregt, bei der Hinweise auf die Republik die christliche Thematik überlagern.

Tintoretto hat keine Grenze zwischen dem Versammlungsraum und seinem Bild vom himmlischen Paradies gezogen, beider Nähe aber an herausgehobenen Stellen deutlich gemacht. Anders aber als Francesco Bassano, der die Heiligen in Reihen so wie die Ratsherren in ihren Bänken anordnen wollte und damit einer Praxis von Bühnenbildern gefolgt wäre, ist Tintorettos

Ordnung im Paradies eine unserer Welt fremde. Tintoretto kannte berühmte und weitverbreitete illustrierte Kommentare von Dantes *Paradies*, distanzierte sich aber mit seinem Bild vom dort erklärten Aufbau. Über dem Sitz des Dogen gruppierte er Engel so, als sollten sie diesen auf seinem Weg begleiten. Und so ist nicht auszuschließen, dass Tintoretto auch den schmalen Lichtstrahl und die darin schwebende Figur, ohne banale Gleichsetzungen, auf den Dogen bezog. Das im himmlischen Paradies schweifende Auge wird einzelne Figuren identifizieren, darunter zwei große Engel mit Waage und Lilie. Die theologischen und politischen Implikationen dieser Darstellung sind vielfältig.

Im Durchgang zur Sala dello Scrutinio hat der Brescianer Camillo Ballini an der Decke um 1585 (?) die *Krönung der Venetia* durch eine heranstürmende Viktoria gemalt. Die gefesselten Osmanen auf den Stufen und eine Heilige Justina im Himmel vor Gottvater und dem Stadtpatron verweisen auf den Sieg gegen die Türken vor Lepanto (1571).

DIE SALA DELLO SCRUTINIO
(Diagramm S.162)

Der Raum wurde 1486 für die Büchersammlung des Kardinals Bessarion eingerichtet, die den Grundstock der Biblioteca Marciana bildet. Hier gaben die Zünfte ihren Empfang beim feierlichen Einzug der Dogaressa in den Palast. 1531 wurde die Nutzfläche durch den Einzug einer Flachdecke nach Entwürfen des Architekten Sebastiano Serlio verdoppelt. Auch diese verbrannte 1577. Der Hauptraum diente bei Abstimmungen des Großen Rats und wurde so zu einem Teil eines Funktionszusammenhangs. Darüber wurden die wachsenden Aktenberge der Cancellaria aufbewahrt.

Die heutige Decke wurde nach Entwürfen von Cristoforo Sorte geschnitzt.

Wie die Funktion ist auch das Bildprogramm untrennbar mit dem benachbarten Großen Rat verbunden. Die chronologisch angeordnete Folge von Schlachtenbildern beginnt an der Westwand und setzt sich an der Decke und schließlich im Großen Rat fort. Die Dogenporträts im Fries beginnen hingegen im Großen Rat und enden in der Sala dello Scrutinio.

Sala dello Scrutinio

129 Jacopo Palma d. J.: Das Jüngste Gericht

Das Jüngste Gericht (W1, Abb. 129)

Tintoretto hatte an der Stirnwand der Sala dello Scrutinio vor dem Brand ein *Jüngstes Gericht* gemalt, in dem sich, in der Tradition der Gerichtsbilder, Porträts hier der Dogen Pietro Loredan (1567–1570) und Alvise Mocenigo (1570–1577) befanden. Die Mitteilung, dies Bild habe ›Schrecken‹ verbreitet, war, wohl ebenso ein Topos der Kunstliteratur wie ein Hinweis auf Tintorettos Wetteifern mit Michelangelos ›terribilità‹. Michelangelos *Jüngstes Gericht*, das Tintoretto aus graphischen Blättern kannte, war auch bei anderen Themen eine Herausforderung für den venezianischen Maler.

Indem Jacopo Palma il Giovane nach dem Brand erneut ein *Jüngstes Gericht* auf die Stirnwand der Sala dello Scrutinio malte, ›restaurierte‹ er nicht nur Tintorettos verbranntes Bild, sondern besetzte zugleich das Gerichtsthema. So war der Weg über das *Jüngste Gericht* der Sala dello Scrutinio zur *Versammlung der Heiligen und Seligen im Paradies* in den Großen Rat Mahnung und Versprechen zugleich.

Aus der oberen Bildhälfte, in der sich Heilige und Selige auf Wolken drängen, fahren rot- und goldgewandete Engel hernieder. Rechts treiben sie mit Posaunen und Schwert übereinanderstürzende Sünder in die Hölle, in der sie ein gehörnter Teufel erwartet. Links stehen, dicht gedrängt, die Gerechten in Erwartung des Heils. Mehrere Porträts waren für die Zeitgenossen noch identifizierbar. Zwischen Seligen und Verdammten malte Palma die Auferstehung der Toten am Tag des Jüngsten Gerichts. Seismos, die Personifikation der bebenden Erde, zitierte er von Raffaels Teppich *Paulus im Gefängnis* für die Sixtinische Kapelle in Rom. Die Propheten und Evangelisten im Fries über dem Bild halten Spruchbänder, die auf das Jüngste Gericht verweisen.

In Palmas Gerichtsbild ist eine ohne Fernglas kaum lesbare, in Latein abgefasste Inschrift mit dem Wappen des Dogen Francesco Foscari (1423–1457) eingelassen. In Foscaris Regierungszeit wurde der Westflügel des Dogenpalasts errichtet, in dem nach mancherlei Umbauten und dem Brand von 1577 die heutige Sala dello Scrutinio eingerichtet wurde. Mit der Inschrift wurden republikanische Tugenden eingefordert und die Verantwortung der Bürger für das Wohlergehen des Staats beschworen. Zwei Kernsätze aus einem langen Text: »Es ist für den einzelnen besser für viele zu sterben als einer unter vielen.« Oder: »Als Diener der Gesetze dienten alle um frei zu sein.« Über dem *Jüngsten Gericht* wurden anstelle von Dogenporträts Propheten und Evangelisten angeordnet.

DIE BILDER

Nicht alle Bilder der Sala dello Scrutinio verdienen besonderes Interesse. Anders als bei der 1577 verbrannten Ausmalung der Sala del Maggior Consiglio ging es wohl nur noch in Ausnahmefällen darum, für wichtig erachtete Themen von Großen der Malerzunft darstellen zu lassen. Und welcher venezianische Maler hätte damals hohe Ansprüche noch befriedigen können? Der Versuch, mit gut dotierten Aufträgen auswärtige Künstler wie Federico Zuccari auf Dauer nach Venedig zu locken, scheint unterblieben oder gescheitert zu sein. Palma der Jüngere, der in seinen sehenswerten Bildern für das Oratorio dei Crociferi den hohen Rang seiner Malkunst demonstrierte, bewältigte die ihm gestellten Aufgaben im Palast eher routiniert und mit Hilfe von Mitarbeitern. Aufmerksamkeit verdienen Andrea Vicentinos *Seeschlacht von Lepanto* (1571; W 9) und, vor allen anderen, Tintorettos *Angriff der Venezianer auf das von den Ungarn beherrschte Zara* (1346; W 7).

Auch in diesem Raum wurden beschädigte Bilder im 18. Jahrhundert durch neue ersetzt, andere restauriert. So stammt die Personifikation des Ruhms, die Fama, oberhalb des Fensters rechts vom Triumphbogen von Sebstiano Ricci (1711), der damals noch fünf weitere Personifikationen restaurierte.

Eine Konzentration auf die künstlerische Leistung und die ›Handschrift‹ der Maler würde das propagandistische Ziel der Ausmalung verkennen. Sind einmal, wie bei Andrea Vicentinos *Belagerung Venedigs durch Pipin im Jahr 809* (W2), auch Skizzen von Jacopo Palma für das gleiche Bild erhalten, werden grundsätzliche Unterschiede in der Bewertung der Beteiligten durch die Maler deutlich.

DIE BILDER AN DEN WÄNDEN

Die Auswahl der Ereignisse lässt Schwerpunkte erkennen. Die Bilderfolge beginnt an der Westwand. Die *Belagerung Venedigs durch Pipin im Jahr 809* (W2) und die *Seeschlacht im Canale Orfano im Jahr 809* (W3) waren bereits im 14. Jahrhundert am Rialto in einer Loggia nahe bei der Brücke dargestellt. Sie scheinen schon damals als Höhepunkte der venezianischen Geschichte betrachtet worden zu sein. So wurden beide Ereignisse in der 1459 wiedererrichteten, von Jacopo de' Barbari auf seiner Stadtansicht abgebildeten Loggia erneut dargestellt.

Im ersten Bild erinnerte Andrea Vicentino an die bewährte Kriegslist der von Pipin belagerten Venezianer, die, so die lokale Überlieferung, den gegnerischen Truppen Brote mit Katapulten entgegen schleuderten. Zu diesem Bild sind auch Entwürfe von Palma erhalten. Anders als auf Palmas Entwürfen gab Andrea Vicentino dem venezianischen Feldherrn im Vordergrund eine prominente Position neben den Verteidigern, die emsig Brote in Körbe sammeln.

Auch das zweite Bild ist der venezianischen Version der Ereignisse von 809 gewidmet. Beide erinnern an eine erfolgreich bestandene militärische Auseinandersetzung mit dem Kaiser. Damals soll Pipin vergeblich versucht haben, über eine Bootsbrücke Venedig zu erobern. Nach seiner Niederlage sei Pipin von den Venezianern zum Friedensschluss gedrängt worden und er habe Venedig Privilegien gewährt. Dass es sich bei dieser Überlieferung um eine legendäre und zugleich propagandistische Ausschmückung der ›Neugründung‹ Venedigs am Rialto handelt, ist offenkundig. Aber auch Parallelen zu der Einschätzung der Venezianer von ihrer Rolle bei den Auseinandersetzungen mit den Kaiserlichen, die zum Frieden von Venedig (1177) führten, sind deutlich. Vicentino hat sich auf den Kampf in der Lagune konzentriert und im Vordergrund, wie in diesem Genre üblich, Nahkämpfe gezeigt. Die politische Dimension der Ereignisse blieb unausgesprochen.

Das dritte Bild von Sante Peranda zeigt eine Seeschlacht, bei der die Venezianer 1123 nicht weit von Askalon gegen die ägyptische Flotte siegten (W4). Damals war Balduin, König von Jerusalem, von den Sarazenen bedrängt. Im Bildprogramm wurde an eine Mitverantwortung des Papstes für den Kriegszug erinnert und natürlich die hehren Ziele der Venezianer im Heiligen Land betont. Auch Sante Peranda hat die für die Auswahl des Ereignisses wichtige politische Dimension beiseitegeschoben und sich auf das Martialische einer chaotisch ablaufenden Seeschlacht beschränkt.

Im folgenden Bild (W5) malte Marco Vecellio die *Eroberung von Tyrus* (1123-1124) unter Domenico Michiel zusammen mit den verbündeten Truppen des Königs von Jerusalem. Dabei ging es hauptsächlich darum, sich den begehrten Handelsplatz zu sichern. Um ihre Glaubwürdigkeit den Verbündeten zu demonstrieren, ließ der venezianische Feldherr während der Belagerung die Steuer und die Ruder der venezianischen Schiffe demontieren, so dass eine überraschende Umkehr unmöglich gewesen wäre.

Auf einem schlanken Hochformat erinnerte Marco Vecellio an den Seesieg der Venezianer unter Giovanni und Raniero Polani gegen die Normannen bei Kap Malea (1149; W6). In Ketten gelegte Gegner und siegreiche Venezianer sind auf einem Schiff vereint. Die Zuwendung eines Venezianers zu einem Gefesselten sollte wohl als eine für Venezianer bezeichnende Haltung verstanden werden.

Jacopo Tintoretto: *Die Eroberung von Zara 1346* (W7, Abb. 130)

Schlachtenbilder stellen anschaulich und einprägsam schriftlich überlieferte Ereignisse dar. Haupt- und Nebenhandlungen sollen zusammen eine Vorstellung vom Ablauf der Schlacht ergeben und die Sieger erkennen lassen. Da Schlachten meist komplizierte Abläufe hatten, die vom Verdienst der Truppen und des Feldherrn ebenso wie von Fortuna bestimmt wurden, standen die Maler und ihr Publikum vor besonderen Herausforderungen. Wer sich angesichts eines so großen, figurenreichen Bildes wie Tintorettos *Eroberung*

Sala dello Scrutinio

130 Jacopo Tintoretto: Die Eroberung von Zara (1346)

von Zara an der dalmatinischen Küste (1346) darauf beschränkt, nur das auf den ersten Blick dominierende Durcheinander wahrzunehmen, dem entgeht manch Sehenswertes.

Tintoretto malte eine Schlacht ohne Feldherrn. Einzig die Wappen der venezianischen Provveditori all'armata, der für den Feldzug Verantwortlichen, Marco Giustiniani, Andrea Morosini und Simone Dandolo auf einer Fahne vor den Mauern der besetzten Stadt heben venezianische Familien, nicht deren einzelne Angehörige hervor. Vor diesen Mauern kämpfen Soldaten mit langen, tödlichen Spießen gegen anstürmende Reiter. Weiter zur Bildmitte hin greifen Bogenschützen in zwei Reihen an. Pfeile schwirren in weitem Bogen auf die Fliehenden, deren Pfeile sich mit denen der Verfolger kreuzen. Tintoretto hat diesen von links nach rechts drängenden, unaufhaltsam wirkenden Angriff am linken Bildrand mit einer gescheiterten Erstürmung der Mauern von Zara durch venezianische Soldaten verbunden. Sturmleitern werden von den Verteidigern zurückgestoßen, Angreifer stürzen, ein schwerer Balken zertrümmert eine Leiter, von der ein Gerüsteter fällt. Tote und Verletzte liegen verrenkt am Boden. Im Vordergrund, zur Mitte des Bildes hin, dominieren Bogenschützen, Kämpfer mit Spießen, aber auch von Pfeilen tödlich verwundete Pferde und immer wieder sorgfältig gemalte Waffen aller Arten. Ein martialisches Stillleben mit Toten und zugleich ein Ausblick auf das Schlachtfeld nach dem Ende der Kämpfe. Zwischen den vorderen Bogenschützen und den Verfolgern pflanzt ein junger Kämpfer seine Fahne in den Boden, formal eine einprägsame Fermate und zugleich Sinnbild des militärischen Erfolgs.

Im folgenden Bild über dem Fenster erinnerte Andrea Vicentino an die *Eroberung von Cattaro* an der Südküste Dalmatiens 1379 (W8). Ein Schimmelreiter in glänzender Rüstung fesselt den Blick.

Die Heilige Liga von 1571

An die Heilige Liga von 1571, mit der Papst Pius V., König Philip II. von Spanien und Venedig gemeinsam gegen die Osmanen Front machten, ist im Dogenpalast nicht mit Bildern erinnert worden. Man begnügte sich mit einer feierlichen Prozession auf der Piazza, an die eine detailreiche anonyme Radierung erinnert. Erst der noch im gleichen Jahr errungene militärische Triumph der verbündeten Flotten vor Lepanto wurde umgehend in der Sala dello Scrutinio in einem monumentalen, 1577 verbrannten Wandbild von Jacopo Tintoretto gefeiert. Hinweise auf den Sieg von Lepanto finden sich zudem in den Devotionsbildern des damals amtierenden Dogen Alvise Mocenigo und dem von einem der Sieger und späterem Dogen Sebastiano Venier (beide in der Sala del Collegio). Jacopo Palmas triumphalistische Anspielungen an die Überwindung der Osmanen in seinem ›modello‹ für das *Paradies* der Sala del Maggior Consiglio haben die Juroren nicht überzeugt.

Sebastiano Venier führte in der Seeschlacht im Golf von Lepanto das venezianische Flottenkontingent als Generalkapitän, Agostino Barbarigo war Kommandant eines Flottenteils. Der militärische Erfolg der Verbündeten hat auch außerhalb des Dogenpalasts Spuren hinterlassen. Ein Raum der Villa Verlato bei Villaverla nicht weit von Vicenza, Altäre in Venedig und die 1867 verbrannte Ausmalung der Cappella del Rosario an SS. Giovanni e Paolo sind Beispiele. Graphische Blätter dokumentierten den Aufmarsch der Flotten und den Ablauf der Schlacht oder erinnerten an das Schlachtengetümmel; Gelegenheitsschriften, aber auch Feierlichkeiten, spontan oder organisiert, nahmen den Sieg zum Anlass; Historiker bemühten sich, den militärischen Erfolg zu bewerten. Dabei hatten die Venezianer trotz aller anfänglichen Euphorie bald erkannt, dass der Sieg von Lepanto nicht mehr als eine gewonnene Schlacht war. So war der Abschluss eines Separatfriedens mit den Türken (1573) die für Realpolitiker naheliegende Konsequenz, um den in der Zukunft zu erwartenden Schaden zu mindern. Alsbald veröffentlichte Rechtfertigungsschriften verraten, dass diese vernünftige Entscheidung erklärungsbedürftig war.

Andrea Vicentino: *Die Schlacht von Lepanto*
(W9, Abb.131)

1577 verbrannte Tintorettos *Seeschlacht bei Lepanto*, die er noch 1571 begonnen hatte. Nach zehn Monaten intensiver Arbeit hatte er das Bild der Republik als Geschenk überlassen. Dabei sollte der Ansehen, vielleicht sogar Ruhm versprechende Auftrag wohl zuerst an Tizian gehen. Dessen Zaudern ließ Tintoretto jedoch alsbald zum Zuge kommen. Damals musste Tintoretto sich noch mit Giovanni Bellinis *Seeschlacht der Venezianer gegen Otto, Sohn des Barbarossa, bei Punta Salvore* messen, ein vielbewundertes Bild, das ebenfalls 1577 verbrannte.

Andrea Vicentino (um 1542–1617), der Jahre nach dem Brand seine *Schlacht von Lepanto* ohne Datum signierte, konnte vielerlei Texte und graphische Darstellungen des Ereignisses studieren, um sich ein Bild zu machen. Thema

Sala dello Scrutinio

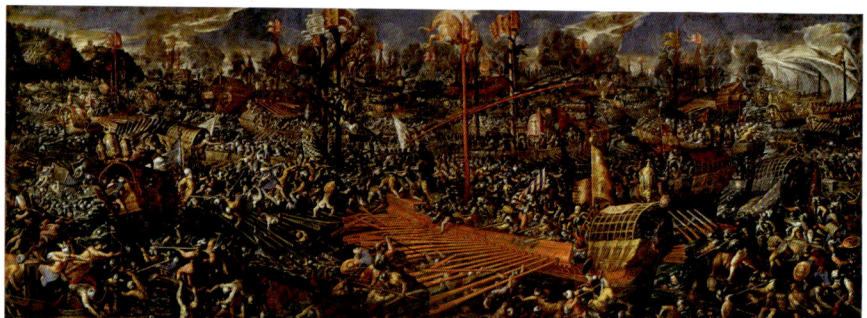

131 Andrea Vicentino: Die Seeschlacht von Lepanto (1571)

sei, so Ridolfi (1648), die Eroberung des Schiffs des osmanischen Feldherrn Ali Pascha in Gegenwart der drei christlichen Führer gewesen. Lomazzo, der Mailänder Maler und Kunstschriftsteller, hatte 1584 Hinweise zur malerischen Umsetzung auch von Seeschlachten gegeben. Sein Text liest sich wie Regieanweisungen für Vicentinos Bild.

Was auf den ersten Blick chaotisch erscheinen mag, entpuppt sich als klug geordnet. Der heutige Betrachter wird allerdings die Fahnen der venezianischen Galeerenkapitäne nur mehr selten identifizieren und so eine Mitteilung achtlos überfliegen, die für die jeweiligen Familien und deren Selbstbewusstsein wichtig war.

Die verbündeten Truppen unterscheiden sich von den Osmanen durch ihre Tracht und Bewaffnung. Ihre Kapitäne stehen ruhig, vom Kampf scheinbar unberührt, am Heck der Schiffe. Sebastiano Venier, der venezianische Protagonist und spätere Doge, steht, zusammen mit seinem Pagen, trotz der Gefahr, barhäuptig auf der vordersten Galeere, Don Juan d'Austria, der spanische Oberbefehlshaber und Halbbruder König Philipps II., befindet sich fast am rechten Bildrand und der päpstliche Condottiere Marcantonio Colonna am Heck der päpstlichen Galeere, nicht weit hinter der Fahne mit dem Bild des Gekreuzigten, unter der die Verbündeten angetreten waren. Diesen drei von rechts kommenden, im Bild herausgehobenen Galeeren entsprechen drei osmanische Galeeren unter Admiral Ali Pascha. Aus den unruhigen Gesten der osmanischen Kapitäne spricht die Anspannung des Moments. Soeben hat die von Venier geführte Galeere das osmanische Flaggschiff gerammt, die venezianischen Truppen entern und drängen die Gegner ins Meer, das bereits von Toten und Rettung suchenden Turbanträgern und Janitscharen übersät ist. Der Zusammenprall der Schiffe ist so heftig, dass die osmanischen Beobachter aus den Mastkörben katapultiert werden.

Wie bei Raffaels Konstantinsschlacht im Vatikan drängen sich am unteren Rand Kämpfer, die den Betrachter auf die Härte, ja Brutalität des Kampfs ›Mann gegen Mann‹, das Leiden der Unterlegenen, aber auch deren Tapferkeit und Durchhaltewillen einstimmen. Ein den Bidhänder schwingender Kämpfer ist von zwei Pfeilen in den Oberschenkel getroffen, was er nicht zu spüren scheint. Hier spiegelt sich im Kampf Einzelner der Konflikt der damaligen Weltmächte. Andrea Vicentino nutzte sein Repertoire, um beim Betrachter Schrecken und Mitleiden zu wecken, Gefühle, die das dichte Gewimmel im Mittelgrund nicht erregen kann. Ähnliche Bilder des Schreckens und extremer Affekte hat der Historiker Paolo Paruta in seiner Schilderung der Schlacht gewählt. Sollte der im Wasser scheinbar unberührt schwimmende, mit einer modischen Halskrause Angetane ein Selbstporträt des Malers sein?

Die *Einnahme und Zerstörung der türkischen Festung Margariti im Jahre 1571* (W10) über dem Fenster wurde in der zweiten Hälfte des 18. Jahrhunderts von Pietro Bellotti gemalt und ersetzt angeblich ein älteres Bild, das an dasselbe Ereignis erinnerte. Während der Feldherr befiehlt, wälzen Soldaten ein Pulverfass und arbeiten mit einem schweren Pickel.

Pietro Liberi: *Die Seeschlacht bei den Dardanellen im Jahre 1656* (W11, Abb. 132)

Erst 1656 wurde die hier leer gebliebene Wandfläche von Pietro Liberi gefüllt. In diesem Jahr siegten die Venezianer in den Dardanellen unter ihrem Kommandanten Lorenzo Marcello gegen eine türkische Flotte. Noch im gleichen Jahr waren gedruckte Berichte über das Ereignis erschienen, die ein Maler nutzen konnte. Der Senat veranlasste die für den Dogenpalast zuständigen ›Deputati sopra la fabbrica del palazzo‹, einen Wettbewerb zu veranstalten, aus dem Pietro Liberi erfolgreich hervorging. Dieser hatte sich bereits 1653 mit einem den Dogen Francesco Molin (1646–1655) rühmenden Bild in der Loggetta am Fuß des Campanile empfohlen.

Darzustellen, so der Auftrag, war der Ort der Schlacht, der Flottenaufmarsch, der Angriff und der Sieg. Der Senat behielt sich, unterstützt von den

132 Pietro Liberi: Die Seeschlacht bei den Dardanellen (1656)

Sala dello Scrutinio

›savi‹, das endgültige Urteil über die Entwürfe vor. In diesem Prozess führten Einwände zu Veränderungen.

Liberi schied im Vordergrund, auf einer Anhöhe über dem Meer, die Handelnden von dem Gewühl der Galeeren und somit dem ›Theater‹ der Schlacht. Der riesige nackte Kämpfer, an dessen Fuß noch eine Fessel des Galeerensklaven (?) hängt, steht in der Tradition von Kämpfergruppen des 16. Jahrhunderts. Rechts im Bild, stellvertretend wohl für das unterlegene türkische Heer, malte Liberi das Entsetzen, aber auch den verzweifelten Angriff einzelner Türken mit dem blanken Schwert.

Bilder an der Decke (Abb. 133) (Diagramm S. 162)

An der Decke wurden, nahe den Wänden, zwölf ›moralische‹ Tugenden gemalt, darunter die Religion und die selten dargestellte Militärische Disziplin zu See wie zu Lande. Weitere Personifikationen von Tugenden finden sich in den kleinen, unregelmässigen Rahmen. Schon vor dem Brand von 1577 hatten Tugenden, dargestellt von Giovanni Antonio Pordenone, eine monumentale Holzdecke geziert, die Sebastiano Serlio entworfen und deren Schnitzwerk er in seinem *IV. Buch zur Architektur* (1537) abgebildet hatte.

Als Chiaroscuri finden sich sodann in großen ovalen Rahmen Darstellungen tugendhaften Handelns venezianischer ›nobili‹, eine Aufzählung, die in der Sala del Maggior Consiglio fortgeführt wurde. In den kleinen ovalen Rahmen finden sich Trophäen.

Auf der Mittelachse der Decke, in fünf großen Bildern, wurde an Kriege gegen konkurrierende Seemächte wie Pisa (bei Rhodos 1098) und Genua (bei Akkon 1258, Trapani 1265 und Kaffa 1296) sowie an die Einnahme von Padua (1405) erinnert. Die Ursachen, die Absichten und die Rolle der Beteiligten zu schildern und schließlich deren Auswirkungen anzudeuten, blieb Domäne einer Geschichtsschreibung, die die Ereignisse in der Regel aus einer lokalen Perspektive zu erklären suchte. Die Autoren des Bildprogramms hatten Hinweise auf weiterführende Texte samt Seitenangaben gegeben, wohl in der Erwartung, die Maler informierten sich umfassend, wie Historiker, über ihren Gegenstand.

133   Flachdecke der Sala dello Scrutinio (Detail)

Andrea Vicentino: *Seesieg der Venezianer bei Rhodos gegen die Pisaner 1098* (D1)

Eine politisch brisante Schlacht, befanden sich doch die Venezianer, ebenso wie die Pisaner, auf einem Kriegszug gegen die Osmanen. Links im Bild die Venezianer, angeführt von ihrem ›capitano‹ hinter dem, fast verdeckt, der unbewaffnete Bischof Enrico Contarini zu erkennen ist. Ihnen gegenüber, auf gleicher Höhe, die streitbaren Genuesen.

Francesco Montemezzano: *Sieg der Venezianer und ihrer Pisaner Verbündeten über die Genuesen bei Akkon 1258* (D2)

Im Hintergrund werden die beiden ›Pfeiler von Akkon‹ als Trophäen abtransportiert, die nach venezianischer Lesart angeblich einmal zum Portal der dortigen Kirche Santa Saba gehörten. Sie stammen hingegen von der Polyeuktos-Kirche in Konstantinopel und stehen seit dem 13. Jahrhundert vor der Südfassade von San Marco.

Camillo Ballini: *Seesieg der Venezianer über die Genuesen bei Trapani 1265* (D3)

Galeren liegen im Hafen, die Sieger verlassen ihre Schiffe und versammeln sich in einem monumentalen Gebäude.

Giulio dal Moro: *Einnahme von Kaffa (Caffa) durch die Venezianer 1296* (D4)

Mehrere Schiffe und heftige Zweikämpfe bestimmen die untere Bildhälfte. Rote und gelbe Fahnen stehen wirkungsvoll für den militärischen Konflikt.

Francesco Bassano: *Einnahme von Padua durch die Venezianer 1405* (D5, Abb. 134)

Den venezianischen Truppen, angeführt von Beltramino da Vicenza, gelang es in der Nacht bei einem schweren Gewitter die Stadt einzunehmen. Hiermit war der erste Schritt auf die Terraferma getan und die Herrschaft der da Carrara beendet. Das Thema bot dem Maler Gelegenheit, eines der damals geschätzten Nachtstücke zu schaffen.

Der Triumphbogen für Francesco Morosini (W12, Abb. 135)

Die Konventionen des 16. Jahrhunderts, die das Rühmen eines Einzelnen ob seiner Verdienste für den Staat zuließen, aber zugleich auch beschränkten, waren gegen Ende des 17. Jahrhunderts nicht mehr verbindlich.

134 Francesco Bassano: Die Einnahme von Padua (1405)

Sala dello Scrutinio

135   Triumphbogen zu Ehren des Feldherrn und Dogen Francesco Morosini

Undenkbar wäre es gewesen, Sebastiano Venier, den Sieger von Lepanto (1571) und späteren Dogen, im Palast mit einem Triumphbogen zu ehren. Temporäre Triumphbögen waren im 16. Jahrhundert von den Zünften auf der Piazza beim feierlichen Einzug der Dogaressa und von der Republik beim Besuch fremder Herrscher, so 1574 beim Einzug Heinrichs III. von Frankreich bei San Nicolò al Lido, errichtet worden.

Der Triumphbogen für den Feldherrn und späteren Dogen Francesco Morosini um den Ein- und Ausgang der Sala dello Scrutinio dokumentiert auch eine gewandelte Auffassung von angemessener Rühmung eines Feldherrn und Dogen. Diese Ehrung des Peleponnesiaco, wie man ihn wegen seines Sieges gegen die Türken auf dem Peleponnes auch nannte, wurde vom Senat 1694 veranlasst, der sich durch eine Inschrift hierzu bekannte. Der Architekt Andrea Tirali wählte antikisierende Details und bereicherte die Kapitelle und Friese mit Trophäen, eine Huldigung des Feldherrn, für die es Parallelen nicht nur in der venezianischen Grabmalskunst gab. Den Auftrag für die Bilder erhielt Gregorio Lazzarini. Die Themen wurden mit Hilfe der damals immer noch gern konsultierten und wiederaufgelegten ikonologischen Handbücher des 16. Jahrhunderts formuliert. Im Bild unten rechts krönt die Personifikation des Friedens (Pax) die der Verteidigung (Difesa) und der Standhaftigkeit (Constantia), unten links bringt der siegreiche Feldherr die eroberte Halbinsel und somit das Königreich Morea der Venetia dar. In den beiden darüber angeordneten Bildern wird an die gewonnenen Schlachten von Leukas und die Einnahme der Festung Preveza (1684) und, gegenüber, an eine nächtliche Schlacht erinnert. Die Bilder der Attika illustrieren links päpstliche Ehrungen, sowie rechts, verbunden mit der Personifikation des Verdienstes (Merito), militärische und zivile Ehrungen wie Dogenamt und Generalstäbe.

Führungslinien suggerieren Zusammenhänge und räumliche Abfolgen, die den Funktionen meist nicht entsprechen und so die Erfahrung historischer Erschließungen erschweren. So auch im Dogenpalast. Der Weg vom Großen Rat in die Gefängniszellen birgt eine ungewollte Pointe, die auch nachdenklich machen könnte. So erlebt der Besucher ein Kontrastprogramm, bei dem ein eindrucksvoller Höhepunkt des Besuchs von den kargen und dunklen Gefängniszellen überlagert wird.

Vor dem Hinabsteigen in die Gefängniszellen sollten die Räume der Quarantia Criminal und insbesondere des Magistrato dei correttori alle Leggi besucht werden. (Plan S. 132) Sie liegen hinter der Ostfassade an einem Korridor, der die Scala dei Censori mit der Scala d'Oro und auch der Sala degli Scarlatti verbindet.

In der Quarantia Criminal werden barocke Wandschränke, Teppiche mit den Liebschaften Jupiters sowie Ledertapeten gezeigt.

In der Sala dei Cuoi, dem Raum der Ledertapeten, ist eine nicht aus dem Palast stammende, barocke Wandverkleidung aus Leder angebracht. Sie erinnert an die überaus erfolgreiche Produktion dieses Luxusguts in Venedig.

Magistrato dei Correttori alle Leggi

Dieser Magistrat wurde nur bei Bedarf konstituiert. Den Mitgliedern oblag die Anpassung und Koordinierung von Gesetzen sowie der Kompetenzen der Räte. In diesem Raum sind heute besonders kostbare Bilder ausgestellt.

Der Kamin mit dem Wappen des Dogen Francesco Venier (1554–1556) ähnelt dem ›dorischen Kamin‹ in Sebastiano Serlios *IV. Buch zur Architektur*, das 1537 in Venedig erschien.

Die Bilder des Hieronymus Bosch

Es gibt Indizien, dass sich Hieronymus Bosch (gest. 1516) um die Wende vom 15. zum 16. Jahrhundert in Venedig aufhielt. Überliefert ist, dass Boschs Bilder im Dogenpalast mit der Sammlung des Kardinals Giovanni Grimani 1523 der Republik gestiftet und ursprünglich in Räumen des Rats der Zehn aufbewahrt wurden.

Bosch: **Altar der Heiligen Julia von Korsika** (?)
(Abb. 136)

Die an ein Kreuz gebundene Heilige wurde selten dargestellt. Eusebius, der sie liebte, liegt ohnmächtig am Boden. Boschs Repertoire von ungewöhnlichen Physiognomien und exotisch wirkenden Gewändern findet man auch hier. Die Darstellungen der Seitentafeln (links: Antonius, rechts: Wanderer) verdecken Porträts.

Bosch: **Altar des Hieronymus**
(Abb. 137)

Der Heilige kniet vor einem Kruzifix in einer uns fremden Welt. Die Natur ebenso wie alles Menschenwerk ist verfremdet und nie gesehene, die Phantasie anregende Gegenstände und Lebewesen aus Boschs verrätselter Traumwelt finden sich allerorts.

136   Hieronymus Bosch: Altar der Heiligen Julia von Korsika (?)

137   Hieronymus Bosch: Altar des Heiligen Hieronymus

Boschs Figuren leben in einer Welt, in der scheinbar unbegrenzte Freiheiten ebenso wie die Rätsel grotesker Erscheinungen zu gelten scheinen. Kritiker der Grotesken als Dekorationsmotiv rügten die ›Traumwelt‹, aus der die bizarren, naturfernen, Ängste schürenden Mischwesen entstammen. Die Fürsprecher hingegen entwickelten Deutungen für all das, was in der Natur nicht zu finden ist. Ähnlich vielfältig und widersprüchlich sind die Erklärungsversuche von Boschs Bilderwelt, die von tiefenpsychologischen Deutungen über die ›devotio moderna‹ bis hin zu Vergleichen mit der Bilderwelt von Sekten wie der Katharer reichen.

Anonymer Maler um 1600: *Die Hölle* (alte Zuschreibung: Herri met de Bles, genannt Civetta)

Groteske Mischwesen quälen wie in einem nie endenden Albtraum die sündigen Menschen. Die Erde brennt und nur wenige werden, links oben im Bild, von Engeln zum Himmel getragen. Inmitten des Chaos steht in goldener Rüstung mit erhobenem Schwert, allein in einer höllischen Welt, der Engel des Jüngsten Gerichts. Der Maler verband hier Zitate nach Bildern von Bosch und Brueghel.

Quentin Massys (Metsys): *Die Verspottung Christi*

Der niederländische Maler hat den edlen, leidenden Christus hautnah zwischen die hässlichen Schergen gestellt. Pilatus, hervorgehoben durch seinen kostbaren Hut und eine goldene Kette, scheint die Folgen seiner Entscheidung nicht wahrnehmen zu wollen.

DIE GEFÄNGNISSE (PRIGIONI)

Derzeit wird der Besucher über die Quarantia Criminal in die Prigioni geleitet. Dabei kann man auf dem Hin- wie auf dem Rückweg durch die steinernen Fenstergitter (Transennen) der Seufzerbrücke blicken, die über den Rio della Canonica führt. Diese ›cavalcavia‹ wurde im Dogat Marino Grimanis (1595–1605) nach Entwürfen von Bartolomeo Manopola wohl von Antonio Contin errichtet und verbindet die Prigioni mit dem Dogenpalast.

Die zur Riva degli Schiavoni gelegenen Räume der Prigioni werden gelegentlich für Ausstellungen genutzt. So lassen sich der vordere Trakt für die Signori di Notte al Criminal und der Bereich des Hofs mit den vergitterten Zellen beim Besuch unterscheiden. Die Signori di Notte mussten sich jedoch die Zuständigkeit für die Zellen mit anderen Organen der Rechtspflege teilen. Beschreibungen können eine Vorstellung von den vor 1797 reich mit Bildern geschmückten Amtsräumen im vorderen Bauteil vermitteln, deren Wirkung heute von abweisenden Mauern bestimmt ist.

Über die Leiden der Eingekerkerten ist damals häufig nachgedacht worden. Die Gratwanderung zwischen angemessener Haft und dem grausamen, einen Menschen zerstörenden Wegschließen in ungesunden Zellen war den Verantwortlichen bewusst. Andrea Palladios Feststellung, ein Gefängnis diene der Verwahrung der Inhaftierten, nicht dazu, Unglückliche zu quälen, unterstreicht diese aufgeklärte Haltung. Die Zellen nahmen oft mehrere Gefangene auf, in privilegierten Zellen mit direktem oder indirektem Tageslicht waren Gefangene untergebracht, deren Vergehen eher als gering eingeschätzt wurden. Dabei war Folter, um Geständnisse zu erreichen, auch in Venedig ein Mittel der Wahl. Die Räumlichkeiten und entsprechende Vorrichtungen im Ostflügel werden, teilweise als Rekonstruktionen, gezeigt. Beim Rundgang durch die Zellen überzeugt die Sorgfalt, mit der die Spuren der Inhaftierten, vor allem Inschriften und Zeichnungen an Wänden und Gewölben, konserviert werden.

Die blühende antirepublikanische Literatur und Bildpropaganda hat während der französischen und österreichischen Herrschaft das Vorgehen der venezianischen Justiz und die Zustände in den venezianischen Gefängnissen als unmenschlich geschildert. Einprägsam für ein belesenes Publikum blieb Giacomo Casanovas Flucht aus den Bleikammern unter dem Dach des Dogenpalasts. Die teilweise rekonstruierten Zellen unter dem Dach sind eine Station der Itinerari segreti.

Die Räume von Magistraten im Ostflügel

Nach dem Verlassen des Gefängnisses und kurz vor dem Ende seines Rundgangs durchquert der Besucher Räume im Loggiengeschoss des 1553 vollendeten Ostflügels. Diese waren von Magistraturen genutzt, von denen sich einige der Durchsetzung des Ideals eines gerechten Staats widmeten. Manche der Räume zeigen noch Teile ihrer malerischen Ausstattung, die meist aus dem späten 16. und frühen 17. Jahrhundert stammt, in einigen Fällen aber auch bis ins 18. Jahrhundert hinein komplettiert wurde.

Die Räume der Magistrate waren von der Loggia aus zugänglich und zugleich miteinander durch Türen verbunden. Dieser Durchlässigkeit, die auch für die Ratssäle gilt, entspricht ein ausgeklügeltes System von Mehrfachmitgliedschaften und somit wechselseitiger Kontrollen. So konnte man für Venedig von einem gut funktionierenden ›System des Misstrauens‹ sprechen.

Die Bildprogramme in diesen Räumen ähneln sich, kaum eine Mitteilung, die nicht auch in einem benachbarten Raum möglich gewesen wäre. Die Ausschmückung folgt somit nicht einem raumübergreifenden, gar fortlaufend argumentierenden Bildprogramm. Die Gemeinsamkeiten werden bei den noch im 18. Jahrhundert beliebten Devotionsbildern an den Wänden besonders deutlich. Spielräume für individuelle Aussagen und letztlich tolerierte Verstöße gegen Konventionen bot dieser Bildtypus jedenfalls in ausreichendem Maße, was von intelligenten Malern wie Jacopo Tintoretto genutzt wurde. Die Amtsinhaber konnten dabei die bindende Kraft von Konventionen vor dem Hintergrund der weniger geregelten Zurschaustellung familiären oder persönlichen Selbstverständnisses im privaten Palast gut einschätzen.

Die Aufgaben der Beamten sind aus der Ausstattung der Amtsstuben nur selten zu erschließen. Meist sind es Inschriften die, wie in der Avogaria, Grundsätze festhalten. Es ging nicht darum, Besucher über Kompetenzen aufzuklären oder gar ein Aufgabenspektrum abzugrenzen. So beschränkte man sich in der Regel auf Beamtenporträts, meist verbunden mit den Wappen und Initialen der Amtsinhaber. Kleinformatige Wappen und Initialen konnten, wie in der Sala dei Censori, auch in einem Fries unterhalb der Beamtenporträts in chronologischer Folge zusammengefasst werden.

Venezianischen Beamte erfüllten sich gerne den Wunsch, eine anschauliche Spur ihres Wirkens an einem öffentlich zugänglichen Ort zu hinterlassen. Dies auch vor dem Hintergrund, dass etwa 860 Ämter an ›nobili‹ und hundert an ›cittadini‹ vergeben werden konnten und dass eine strikt gehandhabte Rotation bei deren Besetzung eine direkte Wiederwahl ins gleiche Amt verboten. Hinzu kamen Porträts im privaten Bereich, bei denen die Gelegenheit, an innegehabte Staatsämter zu erinnern, gerne genutzt wurde. Zahllose Porträts dieser Art, nicht immer von besonderer Qualität, bevölkern heute die Museen und deren Depots sowie private Sammlungen. Nur wenige befinden sich noch im Besitz der Familien, für die sie gemalt wurden.

Dabei bot das Porträt den Beamten nicht die einzige Möglichkeit, am öffentlichen Ort eine Erinnerung an sich zu schaffen. Auch Wappen, begleitet von Initialen über den Türen der Amtsräume, wurden nicht nur im Südflügel gerne gewählt. Die Wirren nach dem Fall der Republik und die wiederholten Umnutzungen der Räume haben dazu geführt, dass in den Amtsstuben heute meist nur noch Reste der einmal soviel reicheren Ausstattung, zu der auch das Mobiliar gehörte, zu sehen sind.

Bei den Stiftungen der Beamten handelt es sich nicht selten um künstlerisch beachtenswerte Werke. Dazu gehören Jacopo Sansovinos Madonna von 1534 mit den Wappen der drei ›patroni‹ des Arsenals (im Eingangsbereich des Arsenals) und ein aus Jacopos Werkstatt stammendes Madonnenrelief mit drei Stifterwappen im Magistrato dei Feudi im Dogenpalast (um 1562; heute Eingangsbereich der Denkmalpflege).

Schriftlich fixierte Regelungen, die den Einschränkungen bei der Darstellung des Dogen entsprochen hätten, scheint es für die Beamtenschaft nicht gegeben zu haben. Vermutlich erschienen solche Festlegungen in Venedig nicht notwendig. Francesco Sansovinos Feststellung, zwischen dem Dogen und den Beamten gebe es keinen Unterschied, überrascht nur bei eiliger Lektüre. Sansovino wollte vor allem klarstellen, dass der Doge, der nach außen hin wie ein absoluter Fürst erscheinen könne, nach der (ungeschriebenen) venezianischen Verfassung und den Festlegungen der Wahlkapitulation wie alle anderen Beamten an die Gesetze gebunden war.

So waren die Spielräume der Beamten für ihre Selbstdarstellung in Bildern in ihren Amtsräumen letztlich größer als die des Dogen. Sie konnten, wie im Palast der Steuerbehörde, dem Palazzo dei Camerlenghi am Rialto, als Heilige verkleidet und doch durch ihr Wappen und ihre Initialen identifizierbar, am Ende ihrer Amtszeit die Räume bevölkern. Tintoretto hat zwei der Schatzmeister auf seiner

138   Die Sala dei Censori

Schatzmeistermadonna (Gallerie dell'Accademia) verewigt und auf einem weiteren Bild aus dem Palazzo dei Camerlenghi vier Provveditori, darunter auch stehende, vor der Madonna (1553) dargestellt (Gallerie dell'Accademia). Bei den Beamtenporträts außerhalb der Stadt bestand die Kunst des Malers auch in Grenzüberschreitungen mit dem Ziel, dem Porträtierten zu huldigen. Die Stilmittel der Lobrede wurden dabei gern genutzt. Dies galt vor allem für die Residenzen der militärischen und zivilen Statthalter, der ›capitani‹ und des ›podestà‹. Das zu Beginn des 17. Jahrhunderts geschaffene, anmaßende Porträt des Angelo Correr, Podestà von Vicenza, muss auch bei Langmütigen auf Kritik gestoßen sein (Venedig, Palazzo Farsetti). Überaus kritische Äußerung in den Tagebüchern Gerolamo Priulis schon zu Beginn des 16. Jahrhunderts über die stolze Anmaßung der venezianischen Statthalter spiegeln die Ambitionen und das Auftreten mancher Vertreter der Republik wider. Dabei machte es sicher einen Unterschied, ob die Bilder für Venedig oder eine Stadt auf der Terraferma oder gar für eine der Residenzen im östlichen Mittelmeer gedacht waren.

DIE SALA DEI CENSORI   (Plan S. 178) (Abb. 138)

In der Sala dei Censori versammelten sich Beamte, zu deren Aufgabe es gehörte, Wahlschwindel zu untersuchen und zu unterbinden.

In diesem Raum ist, wenn auch stark abgetreten, ein Bodenbelag aus Pastellon erhalten. Die Möblierung stammt hingegen aus nachrepublikanischer Zeit.

In der Sala dei Censori offenbart sich das Scheitern Domenico Tintorettos an der Aufgabe, ein Gruppenporträt zu schaffen. Das banale Nebeneinander von aufgereihten Porträts mit christlichen Themen wie der Verkündigung ist entlarvend, auch für die Urteilskraft der Auftraggeber.

Unter den Bildern finden sich in einem niedrigen Fries Wappen und Initialen der Censori von 1517 bis 1632. Auf der Stirnwand ist ein Madonnenbild als ›Einsatzbild‹ von Porträts umgeben.

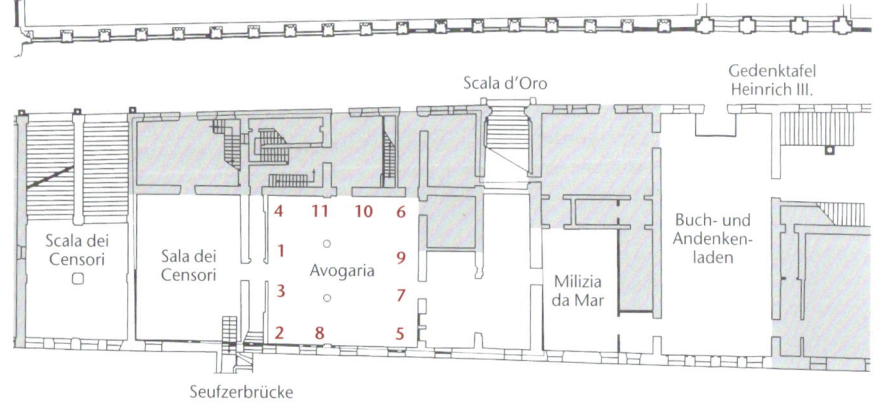

Die Sala der Avogadori di Comun

Vertreter dieses einflussreichen Magistrats nahmen an den Sitzungen aller Räte und zahlreicher Magistraturen teil, um die Beachtung der Gesetze zu überwachen. Sie konnten Mitglieder des Großen Rats anklagen, im Rat der Zehn war ihre Anwesenheit obligatorisch. Dabei wurde ihr Handeln von den ›capi‹, den Häuptern der Quarantia überwacht. Zur Avogaria gehören mehrere Räume.

Auch in den Räumen der Avogaria haben nach 1797 Eingriffe stattgefunden, die den heutigen, scheinbar ursprünglichen Zustand als Ergebnis einer geschickten musealen Inszenierung erkennen lassen. Auch die Anbringung der Bilder an den Wänden dieses Raums ist nicht ursprünglich. Eine von den Nachbarschaften unabhängige, chronologische Betrachtung kann Einsichten in Wandlungen, aber auch in Probleme der Beamtenporträts ermöglichen.

Jacopo Tintorettos Devotionsbild dreier Avogadoren und zweier Notare (1570/71 oder 1574/75, Abb. 139 und 140, 1) ist das künstlerisch herausragende und zugleich das früheste Bild in diesem Raum. Vielleicht schon bei der Anbringung des benachbarten Gemäldes (1606) wurde der inhaltlich wie kompositionell wichtige Teil mit den beiden Notaren (2) abgetrennt und, noch weiter beschnitten, auf die Fensterwand verbannt.

139/140 Jacopo Tintoretto: Devotionsbild dreier Avogadoren und zweier Notare (Fotomontage)

Links fährt Christus aus dem Grab auf. Helles Licht und Wolken umgeben ihn. Zwei Grabeswächter in ihren prachtvoll gemalten Rüstungen bleiben trotz allem in tiefem Schlaf gefangen. Ein Engel mit blauen, an den oberen Rändern rötlich schimmernden Flügeln verweist die rechts knienden Avogadoren Michele Bon, Francesco Pisani und Ottaviano Valier und uns auf das Wunder. Haltungen und Gebärden der Knienden zeigen, dass ihnen das Wunder gegenwärtig ist, auch wenn ihre Augen es nicht sehen. Keiner von ihnen blickt, wie so viele von Tintorettos Dogen in den Devotionsbildern, den Betrachter an. Tintoretto betrachtete bei den Beamten die wohl von ihm selbst für das

141   Leandro Bassano: Devotionsbild dreier Avogadoren

Devotionsbild der Dogen entwickelte Isolierung der Protagonisten nicht als angemessen.

Leandro Bassano ließ in einem überzeugenden Bild die Avogadoren ergriffen vor der Erscheinung der Madonna knien (Abb. 141, 3). Er hat dies Wunder einer intensiv erfahrenen Begegnung zum Thema gemacht.

Im Porträt von drei Avogadoren und drei Sekretären (4) hat Domenico Tintoretto das Entstehungsdatum (1606) ebenso wie die Wappen und Initialen der Porträtierten unnötig auffällig in den Blick gerückt. Markus mit den Attributen der Venetia, dem Schwert und der Waage, verweist auf etwas außerhalb des Bildes, die Gebärden der Stifter ähneln denen auf Jacopos Bild.

1623 malte Domenico drei mit ihren Namen und Wappen identifizierte, auf prallen Kissen kniende Avogadori (5). Ihr ernster Blick ist auf die Betrachter gerichtet. Rechts, auf Wolken, erscheint der Stadtpatron und unter diesem kauert der Löwe mit dem offenen Buch. Die Absicht, allen Porträtierten das gleiche Gewicht zu geben, kann die einfallslose Reihung erklären, aber nicht rechtfertigen. Einfallslos ist auch Domenicos Porträt dreier Avogadori von 1618 (6), auf dem im Himmel die Namenspatrone der Porträtierten Antonius, Petrus und Hieronymus erscheinen. Auch diese wenden sich, wie ihre Schützlinge, nach rechts. Vielleicht hätte die ursprüngliche Anbringung des Bildes die Gründe hierfür erkennbar werden lassen. 1627 malte Domenico drei Avogadori mit ihren Sekretären (7) vor ebenso anspruchsvollen wie verbrauchten architektonischen Motiven. Dabei gelang es ihm nicht, zwischen den drei Kniestücken und dem Hintergrund eine dichte Beziehung zu schaffen. Wappen ermöglichen auch hier die Identifizierung der Avogadori.

Ein Problem für die Maler bei Bildern dieser Gattung ist die Zuordnung der Porträts zu weiteren Themen. Im undatierten, Domenico Tintoretto zugeschriebenen Porträt dreier Avogadoren mit einem Notar spendet Christus sein Blut, das von Venetia in einem Kelch aufgefangen wird (Abb. 142, 8). Über ihr findet sich die auf Christus bezogene Inschrift: »Bis das ich komme« (DONEC VENIAM). Unterhalb Christi bedrohen mit Dolchen bewaffnete

142   Domenico Tintoretto: Venetia empfängt das Blut Christi und Porträts dreier Avogadoren mit einem Notar

143   Pietro Uberti: Porträt von Avogadoren

Furien die Stadtgöttin. Venetia kniet, begleitet vom Markuslöwen, auf dem riesigen Erdball. Ein Engel empfiehlt sie und die neben ihr schwebende Freiheit mit dem Pileus auf einem Stock. Venetia und die Freiheit greifen an ein Schriftband mit dem Text: »Mit deiner Kraft, Herr« (IN VIRTUTE TUA DOMINE).

Domenicos Bilder dokumentieren, dass ihn die Schwierigkeiten der Gattung kaum beunruhigten. Was Jacopo Tintoretto und Leandro Bassano auf unterschiedliche Weise sinnvoll verknüpften, fiel unter seinen Händen auseinander.

Mit dem fortschreitenden 17. Jahrhundert verzichtete man darauf, die Avogadori kniend darzustellen, ein Auftritt, der wohl dem Anspruch der Porträtierten nicht mehr genügte. Pietro Uberti (1671–1762) zeigte seine Avogadori stehend in prächtigen roten Roben, wallenden Perücken und mit sprachlosen Händen (Abb. 143, 9). Links im Bild ein Stillleben bestehend aus goldglänzendem Vorhang, blauem Tischtuch und einem kostbar eingebundenen Buch. Ein einzelnes Blatt verweist auf die für die Avogadori verbindlichen Gesetze. Erwähnt seien auch die zwei Avogadori von Sebastiano Bombelli (1635–1719, 10) wie auch das Tiberio Tinelli (1586–1638) zugeschriebene, jedoch offensichtlich zu verschiedenen Zeiten von verschiedenen Malern zusammengefügte Bildnis von sechs Avogadori (11).

Die Sala dello Scrigno

Hier wurde das von den Avogadoren geführte Goldene Buch mit den namen der ratsfähigen Nobili aufbewahrt und fortgeschrieben.

Die heutige Sala ist das Ergebnis von Umbauten. Porträts von Avogadoren des 17. und des 18. Jahrhunderts sind museal präsentiert. Einzig die Porträts des 18. Jahrhunderts über der hölzernen Wandverkleidung sind noch in ihrem ursprünglichen Zusammenhang erhalten.

144 Vincenzo Guarana (?): Die Königin von Saba vor Salomon

Die Sala della Milizia da Mar

Die Milizia da Mar war seit der Mitte des 16. Jahrhunderts für die Bewaffnung der Galeeren, die Anwerbung von Matrosen und Ruderern sowie der Verproviantierung der Flotte zuständig. Spezielle Aufgaben wurden stets Provveditori übertragen.

Das Fehlen von Wappen lässt vermuten, dass es sich bei den Bildern nicht um Stiftungen von Beamten handelt.

Die Königin von Saba vor Salomo wird Vincenzo Guarana (um 1753–1815) zugeschrieben (Abb. 144). Vermutlich war der Maler auf den am rechten Bildrand stehenden, mit einem pelzverbrämten Umhang und sonst violett bekleideten Mann besonders stolz, der die Szene durch ein Lorgnon aufmerksam betrachtet.

Unbekannt ist der Künstler der *Anbetung der Könige*, des *Heiligen Markus* und einer *Venetia* auf der Fensterwand.

Unzugänglich ist die museal eingerichtete Stanza della Bolla Ducale mit ihren Beamtenporträts, die zwischen der Loggia und dem vorgenannten Raum liegt.

Der Rundgang endet im Buch- und Andenkenladen, dem Museumsshop. Für ihn wurde eine ehemalige Cancellaria, ein Archiv, reserviert.

Von der Loggia aus wird man den Palast über die Scala dei Senatori und den Hof über den Andito Foscari und schließlich die Porta della Carta verlassen. Dieser Weg bietet noch einmal Gelegenheit, die Schönheiten der Loggia und des Hofs zu betrachten. Wer aber vor dem Verlassen des Palasts sich von den Anstrengungen und Freuden des Hinsehens ausruhen möchte, ist unter den Gewölben des Museumscafés im Erdgeschoss gut aufgehoben.

145 Die Ostfassade des Dogenpalastes

LITERATUR

Derzeit sind fast alle weiterführenden Titel zum Dogenpalast, auch die jüngeren Datums, nur noch in Bibliotheken oder auf dem Antiquariatsmarkt aufzuspüren.

Historische und kulturhistorische Zusammenhänge

Eine grandiose Bilanz bieten zwei Sammelpublikationen: Die *Storia della Cultura di Venezia*, Vicenza 1976–1986 (10 Bde.), und die das Bauen und die bildende Kunst einschließende *Storia di Venezia dalle origini alla caduta della Serenissima*, Rom 1992–1998 (14 Bde.). Venezianische Geschichte: Unübertroffen: H. Kretschmayr: *Geschichte von Venedig*, Gotha 1905/Stuttgart 1934. Lesenswert: E. S. und G. Rösch: *Venedig im Spätmittelalter, 1200–1500*, Freiburg/Würzburg 1991. Knapp: R. Lebe: *Als Markus nach Venedig kam. Venezianische Geschichte im Zeichen des Markuslöwen*, Stuttgart 1987. Für die Zeit der Gegenreformation: W. J. Bouwsma: *Venice and the Defence of Republican Liberty. Renaissance Values in the Age of Counterreformation*, Berkeley/Los Angeles 1968. Die materialreiche Kulturgeschichte von P. Molmenti: *La Storia di Venezia nella Vita privata, dalle origini alla caduta della Repubblica*, Bergamo 1927–1929 (9. Aufl.), bleibt ein Standardwerk. Zum urbanen Zusammenhang: N. Huse: *Venedig. Von der Kunst eine Stadt im Wasser zu bauen*, München 2005.

Geschichte des Dogenpalasts, der Funktion seiner Räume und seiner Ausstattung, Bilder und Skulpturen

Eine Bau- und Funktionsgeschichte auf der Basis der Archivalien und vor allem von Beobachtungen am Bau und unter Beteiligung von allen betroffenen Disziplinen, darunter auch Bauforscher, Historiker und Archivare, bleibt eine faszinierende Aufgabe. Grundlegend: F. Sansovino: *Venetia città nobilissima et singolare*, Venedig 1581, sowie die erweiterten Fassungen von 1604 (G. Stringa) und 1664 (G. Martinioni). Archivalien bis 1600 und ein Verzeichnis der ›Provveditori sopra la fabbrica del Palazzo‹ von 1533–1600 bei G. Lorenzi: *Monumenti per servire alla storia del Palazzo Ducale di Venezia, ovvero serie di atti pubblici dal 1253 al 1600*, Venedig 1868. Abschriften von Archivalien für den zweiten, noch unveröffentlichten Band für die Zeit von 1600 bis 1797 liegen in Venedig bei der Deputazione di Storia Patria. Zahlreiche Urkundenfunde zur Baugeschichte nach dem Brand von 1577 hat G. Zorzi in Zeitschriftenbeiträgen vor allem in *Arte Veneta* und den *Atti* des *Istituto Veneto di Scienze, Lettere ed Arti* veröffentlicht.

Als Monographie des Dogenpalasts immer noch unübertroffen: F. Zanotto: *Il Palazzo Ducale di Venezia*, Venedig 1842 ss (ersch. aber 1853–1861). Dort auch umfangreiches Material zur ursprünglichen Funktion aller Räume. Zur Ausmalung des 15. und 16. Jahrhunderts: S. Sinding-Larsen: *Christ in the Council Hall. Studies in the Religious Iconography of the Venetian Republic with a contribution of A. Kuhn*, Istitutum Romanium Norvegiae. Acta ad Archeologiam et Artium Historiam pertinentia V, Rom 1974, und W. Wolters:

Der Bilderschmuck des Dogenpalastes. Untersuchungen zur Selbstdarstellung der Republik Venedig im 16. Jahrhundert, Wiesbaden 1983 (ital.: *Storia e politica in Palazzo Ducale*, Venedig 1987). G. Tagliaferro: »Le forme della Vergine. La personificazione di Venezia nel processo creativo di Paolo Veronese«, in: *Venezia Cinquecento*, Nr. 30, 2005, S. 5–158. Zu den ›Itinerari segreti‹: U. Franzoi: *Itinerari segreti nel Palazzo Ducale di Venezia*, Treviso 1983. Zum gesamten Palast, nicht selten mit entlegenen Abbildungen: U. Franzoi / T. Pignatti / W. Wolters: *Il Palazzo Ducale di Venezia*, Treviso 1990. Zum Bauschmuck auch im Dogenpalast: W. Wolters: *Architektur und Ornament. Venezianischer Bauschmuck der Renaissance*, München 2000 (ital.: *Architettura e Ornamento. La decorazione nel Rinascimento veneziano*, Sommacampagna 2007).

Räte und Magistrat: Marin Sanudo il Giovane: *De origine, situ et magistratibus urbis venetae ovvero la città di Venetia (1493–1530)*, Kritische Ausgabe von A. Caracciolo Aricò, Mailand 1980. F. Sansovino: *Del governo et amministratione di diversi regni et repubbliche cosi antiche, come moderne (...) libri XXII*, Venedig 1583. G. Maranini: *La costituzione di Venezia*, Venedig 1927–1931 (Repr. Florenz 1974). A. Da Mosto: *L'Archivio di Stato di Venezia*, Rom 1937. Für den Senat: E. Besta: *Il Senato veneziano*, Miscellanea di Storia Veneta, Serie II, V, P. I, 1899, S. 1 ss. *Cartografia, disegni, miniature delle magistrature veneziane*. Mostra documentaria, 1984, Katalog, hrsg. v. M. F. Tiepolo. Eine Darstellung der manchmal schweren Konflikte zwischen dem Großen Rat, dem Senat und dem immer mächtiger werdenden Rat der Zehn im 16. Jahrhundert, die dem Idealbild eines harmonisch funktionierenden Staatswesens widersprechen, gibt Kretschmayr (1934), Bd. 3, S. 78 ff. Eine Untersuchung der Unterbringung der Magistrate im Dogenpalast und der verstreuten Ausstattung ihrer Amtsräume bleibt ein Desiderat. Vgl. aber Zanotto (1983) und Franzoi (1983).

Auf die genannten Arbeiten wird bei Fragen zu einzelnen Themen immer wieder zurückzugreifen sein. Untersuchungen zum Werk einzelner Künstler und Monographien können hier aus Platzgründen nicht genannt werden.

Zum **gotischen Dogenpalast** auf der Basis von historischer Bauforschung: M. Schuller: »Il Palazzo Ducale di Venezia. Le facciate medioevali«, in: *L'architettura gotica veneziana*, Venedig 2000, S. 351–431. Zur Kontroverse über den Architekten und Bildhauer Filippo Calendario: W. Wolters: *La scultura veneziana gotica, 1300–1460*, Venedig 1976, S. 40, 172–178. Zuletzt: L. Puppi: »Vischiosità della leggenda e levità della storia«, in: *Palazzo Ducale. Storia e restauri*, hrsg. v. G. Romanelli, s.l. 2004, S. 145–154. Arco Foscari: D. Pincus: *The Arco Foscari. The Building of a Triumphal Gateway in Fifteenth Century Venice*, New York/London 1976. Zu den Bauabschnitten der zweiten Hälfte des 15. und vom Beginn des 16. Jahrhunderts: P. Paoletti: *L'architettura e la scultura del Rinascimento a Venezia*, Venedig 1893.

Zu den späteren Bauteilen: E. Bassi: *L'architettura del Sei e Settecento a Venezia*, Neapel 1962. Die Chiesetta im 16. Jahrhundert: C. Davis: »Architecture and Light. Vincenzo Scamozzi's Statuary Installation in the Chiesetta of the Palazzo Ducale in Venice«, in: *Annali di Architettura* 14, 2002, S. 171–193; Kapitelle und Eckgruppen der Fassaden: Wolters (1976) und A. Lermer: *Der gotische ›Dogenpalast‹ in Venedig. Baugeschichte und Skulpturenprogramm des Palatium Communis Venetiarum*, Berlin 2005. Skulpturen an und im Palast: Wolters in: Franzoi/Pignatti/Wolters (2000), S. 117–224. Der Brand von 1577 und seine Folgen: Archivalien: G. Cadorin: *Pareri di XV architetti e notizie storiche intorno al Palazzo Ducale di Venezia*, Venedig 1838. Zum ideologischen Umfeld: W. Wolters: »Überlegungen zum Wiederaufbau stark zerstörter Gebäude im Cinquecento. Die Gutachten nach dem Brand des Dogenpalastes vom 20. Dezember 1577«, in: *Ad naturam adiuvans*, Festschrift für Matthias Winner, hrsg. v. V. von Fleming und S. Schütze, Mainz 1996, S. 327–333. Zur Bewältigung der bautechnischen Probleme: G. Lupo: »Principio murario e principio dei concatenamenti. I pareri sul restauro di Palazzo Ducale di Venezia dopo l'incendio del 1577«, in: *Rassegna di Architettura e Urbanistica* XXXII, Nr. 94, 1998, S. 17–34.

Restaurierungen und Neumöblierung vom 17. bis 19. Jahrhundert: Neben den von Lorenzi (im noch unveröffentlichten Manuskript zum zweiten Band) gesammelten Archivalien vgl.: L. Olivato: »Provvedimenti della Repubblica veneta per la salvaguardia del patrimonio pittorico nei secoli XVII e XVIII«, in: *Istituto Veneto di Scienze, Lettere ed Arti, Memorie* XXXVII, fasc. I, 1974. Detailstudien: P. Rossi: »Lavori settecenteschi a Palazzo Ducale nella Sala delle Quattro Porte«, in: *Arte Veneta* 49, 1996, II, S. 107–119. Dies.: »Lavori settecenteschi a Palazzo Ducale (II)«, in: *Arte Veneta* 50, 1997, S. 108–122. Dies.: »Restauri e rifacimenti settecenteschi a Palazzo Ducale di Venezia«, in: *Per sovrana risoluzione. Studi in ricordo di Amelio Tagliaferri* a cura di Giuseppe Maria Pilo (e) Bruno Polese, Venedig 1998, S. 529–537. Dies.: »Lavori settecenteschi per la Sala del Senato in Palazzo Ducale«, in: *Fotologie. Scritti in onore di Italo Zannier* a cura di Nico Stringa, Padua 2006, S. 339–344. Zu Restaurierungen in den Jahren nach der Überschwemmung 1966: *Quaderni della Soprintendenza ai beni Artistici e Storici di Venezia* 8, 1980. Eine Geschichte der Nutzungsänderungen seit 1797 und den weitreichenden Folgen für die Ausstattung der Räume fehlt. Wichtig: E. A. Cicogna: *Il forastiere guidato nel copioso appartamento in cui risiedeva il Gabinetto della Repubblica Veneta ed ora l'Imperial Regio tribunale Generale d'Appello*, Venedig 1817. Zu den Arbeiten nach 1875: A. Lermer: »Die Restaurierung des venezianischen Dogenpalastes 1875–1890«, in: *Studi Veneziani* NS XLV, 2003, S. 335–387, und F. M. Fresa: »Monumenti di carta, monumenti di pietra. I restauri del 1875–1890 alle ›principali facciate‹", in: *Palazzo Ducale. Storia e restauri*, hrsg. v. G. Romanelli, s.l. 2004, S. 205–222.

Bauelemente wie **Böden, Decken, Türen, Kamine** etc.: Wolters (2000). T. E. Cooper: *Palladio's Venice. Architecture and Society in a Renaissance Republic*, New Haven/ London 2005, widmet einzelne Kapitel dem Dogenpalast.

Unter den **Führern** ragen heraus: G. Lorenzetti: *Venezia ed il suo estuario, Guida storico-artistica*, Venedig 1926 (überarb. Neuaufl. 1963 und Repr. 1990) und E. Hubala: »Venedig«, in: *Oberitalien Ost (Reclams Kunstführer II)*, Stuttgart 1965, S. 607–1004 (auch als Separatdruck ersch.). Knapp und hilfreich: E. Bassi/E. R. Trincanato: *Guida alla visita del Palazzo Ducale di Venezia*, Mailand 1963. Ein Führer sui generis mit Analysen der Räume und einzelnen Werken: G. Fogolari: *Il Palazzo Ducale di Venezia*, Mailand o.J. (1926).

Abbildungen: Viele, aber nicht alle heute im Palast befindlichen Bilder, reproduziert in Schwarzweiß, sowie Transkriptionen der Inschriften finden sich bei U. Franzoi: *Storia e leggenda del Palazzo Ducale*, s.l. 1982; Graphik: U. Franzoi: *Il Palazzo Ducale di Venezia nella rappresentazione grafica dal XV al XIX secolo*, hrsg. v. E. Leonardi, Treviso 1989. Gute Farbabbildungen und wichtige Texte: *I Dogi*, hrsg. v. G. Benzoni, Mailand 1982; *Il Serenissimo Doge*, hrsg. v. U. Franzoi, Treviso 1986. **Ausstattung von Privatpalästen**: P. Fortini Brown: *Private Lives in Renaissance Venice, Art, architecture, and the family*, New Haven/London 2004. **Ballottino**: R. Hostetter Smith: »Providence and Political Innocence. The Ballottino in Venetia Art and Ideals«, in: *Explorations in Renaissance Culture* XXV, 1999, S. 40–66. **Baumaterial**: L. Lazzarini/Riccardo Strassoldo: »I marmi colorati del Palazzo«, in: *Palazzo Ducale, Storia e restauri*, 2004, S. 247–262. **Beamtenporträts**:

S. Moschini Marconi: *Gallerie dell' Accademia*, I–III, Rom 1955–1970. I. Kleinschmidt: *Gruppenvotivbilder venezianischer Beamter (1550–1630). Tintoretto und die Entwicklung einer Aufgabe*, Venedig 1977. **Beamtenporträts in venezianischen Territorien:** Eine zusammenhängende Bearbeitung fehlt. Vgl. aber V. Mancini: »›Sotto specie di laude‹. Immagini celebrative di magistrati in terraferma«, in: *Il buono e il cattivo governo. Rappresentazioni nelle arti del Medioevo al Novecento a cura di Giuseppe Pavanello*, Venedig 2004, S. 112–119. **Bildhauerwerkstatt:** S. Connell: *The Employment of Sculptors and Stonemasons in Venice in the Fifteenth Century*, New York/ London 1988. **Brunnen im Hof:** V. Avery: »State and Private Bronze Foundries in Cinquecento Venice. New Light on the Alberghetti and Conti Workshops«, in: *Large Bronzes in the Renaissance* (Studies in the History of Art 64), New Haven/London 2003, S. 241–275. **Cappella di S. Niccolò vor ihrem Abbruch:** R. Dellermann: »Die Fresken zum Frieden von Venedig (1177) in der mittelalterlichen Nikolauskapelle des Dogenpalasts und der Kodex Correr I, 383«, in: *Der unbestechliche Blick*, Festschrift zu Ehren von Wolfgang Wolters, hrsg. von M. Gaier, B. Nicolai, T. Weddigen, Trier 2005, S. 271–281. **Commissioni:** D.S. Chambers: »Merit and money. The Procurators of St. Mark and their ›commissioni‹, 1443–1605«, in: *Journal of the Warburg and Courtauld Institutes* LX, 1998, S. 23–88. **Deckendekorationen und Deckenbilder:** Bilder: J. Schulz: *Venetian Painted Ceilings of the Renaissance*, Berkeley/Los Angeles 1968. Plastische Dekorationen: W. Wolters: *Plastische Deckendekorationen des Cinquecento in Venedig und im Veneto*, Berlin 1968. Holzdecken im Dogenpalast 1480–1520: Ders.: »Pavimenti, volte e soffitti a Venezia. Alla ricerca del contributo di Tullio Lombardo«, in: *Tullio Lombardo scultore e architetto nella Venezia del Cinquecento (...) a cura di Matteo Ceriana*, Venedig 2007, S. 148–167. Schrägsicht: W. Schöne: Zur Bedeutung der Schrägsicht für die Deckenmalerei des Barock, in: Festschrift für Kurt Badt, Berlin 1961, S. 144–172. **Doge:** A. da Mosto: *I Dogi di Venezia nella vita pubblica e privata*, Mailand 1966, S. XI–XXI. *I Dogi*, hrsg. v. G. Benzoni, Mailand 1982. Dogengräber: A. da Mosto: *I dogi di Venezia con particolare riguardo alle loro tombe*, Venedig 1939. Für das 16. Jahrhundert: J. Simane: *Grabmonumente der Dogen. Venezianische Sepulkralkunst im Cinquecento*, Sigmaringen 1993 **Dogenporträts:** Da Mosto (1966). A. Weber: *Venezianische Dogenporträts des 16. Jahrhunderts*, Sigmaringen 1993. **Dogenwohnung:** L. Moretti: »Ambienti dogali«, in: *I dogi a cura di Gino Benzoni*, Mailand 1982, S. 249–284. **Fußboden (Terrazzo):** *I pavimenti alla veneziana a cura di Lorenzo Lazzarini*, Venedig/Verona 2008. **Gefängnisse:** Francesco Zanotto: *Antiche prigioni di Stato della Repubblica di Venezia*, Venedig 1876. U. Franzoi: *Le prigioni della Repubblica di Venezia*, Venedig 1966; G. Scarabello: *Carcerati e Carceri a Venezia nell'età moderna*, Rom o.J. S. Baldan: »I Signori di Notte al Criminal. Un'antica magistratura veneziana nel Settecento«, in: *Studi Veneziani* NS XLIX, 2005, S. 191–273. **Geschichtsschreibung (offizielle):** G. Cozzi: »Cultura politica e religione nella ›pubblica storiografia‹ veneziana del '500«, in: *Bollettino dell'Istituto di Storia della Società e dello Stato veneziano* V–VI, 1963–1964, S. 215 – 294. F. Gaeta: »Storiografia, coscienza nazionale e politica culturale nella Venezia del Rinascimento«, in: *Storia della Cultura Veneta* 3, I, Vicenza 1980, S. 1–91. **Herrschaftszeichen:** A. Pertusi: »Quedam regalia insignia. Ricerche sulle insegne del potere Ducale a Venezia durante il Medioevo«, in: *Studi Veneziani* VII, 1965, S. 3–123. **Historienbilder in Venedig:** P. Fortini Brown: *Venetian Narrative Painting in the Age of Carpaccio*, New Haven/London 1988. **Kamine im Dogenpalast:** L. Attardi: *Il camino veneto del Cinquecento. Struttura architettonica e decorazione scultorea*, s.l., 2002. C. Hope: »I Lombardo a Palazzo Ducale«, in: *I Lombardo. Architettura e scultura a Venezia tra '400 e '500*, hrsg. v. A. Guerra/M. Morresi/R. Schofield, Venedig 2006 (2007), S. 240–253. **Kapitelle des 14. und 15. Jahrhunderts und Eckgruppen:** A. Manno: *Il poema del tempo. I capitelli del Palazzo Ducale di Venezia. Storia e iconografia*, mit Beiträgen von G. Romanelli und G. Tigler, Venedig 1999. Besonders wichtig: G. Tigler: Le facciate del palazzo. L'ispirazione dell'artista. La cultura figurativa di ›Filippo Calendario‹. A. Lermer: *Der gotische ›Dogenpalast‹ in Venedig. Baugeschichte und Skulpturenprogramm des Palatium Communis Venetiarum*, Berlin 2005. **Landkarten**: Grundlegend: R. Gallo: »Le mappe geografiche del Palazzo Ducale di Venezia«, in: *Archivio Veneto*, V Ser. Bd. XXXII–XXXIII, 1943, S. 47–113. J. Schulz: *La cartografia tra scienza e arte. Carte e cartografi nel Rinascimento italiano*, Modena 1990. **Lepanto**: Für die Realienkunde: F. Sarre: »Die Seeschlacht von Lepanto. Ein unbekanntes Bild aus der Werkstatt Tintorettos. Mit einem Anhang über seine historische Bedeutung von Ottfried Neubecker«, in: *Jahrbuch der Preußischen Kunstsammlungen* LIX, 1938, S. 233–246. Zur Rolle Venedigs: *Venezia e la difesa del Levante. Da Lepanto a Candia*, Venedig 1986. G. Tagliaferro: »Martiri, Eroi, Principi e Beati. I patrizi veneziani e la pittura celebrativa nell'età di Lepanto«, in: *Guerre di Religione sulle Scene del Cinque-Seicento*, Rom 2006, S. 337–390. **Maler und die Inquisition**: L. Puppi: *Un trono di fuoco. Arte e martirio di un pittore eretico del Cinquecento*, Rom 1995. M. Firpo: *Artisti, gioiellieri, eretici. Il mondo di Lorenzo Lotto tra Riforma e Controriforma*, Bari 2001. R. Fontana: »Un nuovo paragrafo per la Storia dell'arte e dell'eresia a Venezia nel Cinquecento. Giovanni Battista Ponchino denunciato ›cercha la resia et cerca la sodomia‹«, in: *Venezia Arti* 17/18, 2003–2004 (2006), S. 31–40. **Maler und ihre Auftraggeber**: M. Hochmann: *Peintres et commanditaires à Venise (1540–1628)*, Rom 1992. **Markuslöwen**: A. Rizzi: *I Leoni di San Marco. Il simbolo della Repubblica veneta nella scultura e nella pittura*, Venedig 2001. **Mythos und Venetia**: Neuere Veröff.: J. Grubb: »When Myths Loose Power. Four Decades of Venetian Historiography« in: *The Journal of Modern History* LVIII, 1986, S. 43–94, 1986. M. Zanetto: ›*Mito di Venezia*‹ *ed* ›*antimito*‹ *negli scritti del Seicento veneziano*, Venedig 1991. D. Rosand: *Myths of Venice. The Figuration of a State*, The University of North Carolina Press 2001; G. Tagliaferro: »Le forme della Vergine. La personificazione di Venezia nel processo creativo di Paolo Veronese«, in: *Venezia Cinquecento. Studi di Storia dell'arte e della cultura*, XV, 2005, Nr. 30, S. 5–158. Auch für die häufige Beliebigkeit der Epitheta des Mythos: G. Benzoni: »Venezia, ossia il mito modulato«, in: *Studi Veneziani* NS XIX, 1990 (1991), S. 15–33. Zu den Widersprüchen der Lebenswirklichkeit und des Mythos: D. E. Queller: *The Venetian Patriciate. Reality versus Myth*, Urbana/Chicago 1986. Für die Wechselwirkung des Mythos mit politischen Programmen: R. Pecchioli: »Il ›mito‹ di Venezia e la crisi fiorentina intorno al 1500«, *Studi Storici* III, 3, 1962, S. 451–492, bes. S. 469 ss. Vgl. auch D. Raines: *L'invention du mythe aristocratique. L'image de soi du patriciat vénitien au temps de la Sérenissima*, Venedig 2006. Zum Venedig-Mythos in der Literatur: B. Dieterle: *Die versunkene Stadt. Sechs Kapitel zum literarischen Venedig-Mythos*, Frankfurt am Main 1995. Zum »Umweltmythos« vgl. die auch für aktuelle Debatten wichtige Arbeit von C. Mathieu: *Inselstadt Venedig. Umweltgeschichte eines Mythos in der frühen Neuzeit*, Köln, Weimar, Wien 2007. ›**Paradies**‹ **in der Sala del Maggior Consiglio**: Umfassend: *Le paradis de Tintoret. Un concours pour le Palais des Doges*, Paris 2006. Dort auch Fotomontagen der ›modelli‹ auf Fotos der Stirnwand. **Porträts der** ›**nobili**‹: Büsten: T. Martin: *Alessandro Vittoria and the Portrait Bust in Renaissance Venice*, Oxford 1998. M. Gaier: »Ius imaginis nihil esse aliud, quam ius nobilitatis. Bildpolitik und Machtanspruch im Patriziat Venedigs«, in: *Kopf / Bild. Die Büste im Mittelalter und Früher Neuzeit*, München/Berlin 2007, S. 255–282. **Prokuratoren**: F. Manfredi: *Degnità Procuratoria di San Marco (...)*, Venedig 1602. R. C. Mueller: »The Procurators of San Marco in the Thirteenth and Fourteenth Centuries. A study of the Office as a Financial and Trust Institution«, in: *Studi Veneziani* XIII, 1971, S. 105–220; D. S. Chambers: »Merit and Money. The Procurators of St. Mark and their ›commisioni‹, 1443–1605«, in: *Journal of the Warburg and Courtauld Insitutes* LX, 1998, S. 23–88. **Promissione Ducale**: E. Musatti: *Storia della Promissione Ducale*, Padua 1888 (Repr. Venedig 1983). ›**Proti**‹: M. Frank: »I proti veneziani del Seicento: Considerazioni su vicende private ed istituzionali«, in: ›*Architetto sia l'ingeniero che discorre‹. Ingegnieri, architetti e proti nell'età della Repubblica*, hrsg. v.

Giuliana Mazzi und Stefano Zaggia, Venedig 2004, S. 125–152. **Prozessionen und ›trionfi‹**. Ausführliche Beschreibungen von Prozessionen aus politischen Anlässen in den *Diarii* des Sanudo. E. Muir: *Civic Ritual in Renaissance Venice*, Princeton University Press 1981. P. Fortini Brown: »Measured Friendship, Calculated Pomp. The Ceremonial Welcomes of the Venetian Republic«, in: ›*All the World is a Stage‹. Art and Pageantry in the Renaissance and Baroque*, hrsg. v. B. Wisch und S. Munshower, University Park 1990, I, S. 136–186. M. Casini: *I gesti del Principe. La festa politica a Firenze e Venezia in età rinascimentale*, Venedig 1996; P. Helas: *Lebende Bilder in der italienischen Festkultur des 15. Jahrhunderts*, Berlin 1999. **Sale d'Armi**: Grundlegend: F. Berchet: »Le Sale d'Armi del Consiglio dei Dieci nel Palazzo Ducale di Venezia«, in: *Atti dell'Istituto Veneto di Scienze, Lettere ed Arti*, tomo LIX, P. II, 1899–1900, S. 113–201. Mit einem Katalog der Waffen: U. Franzoi: *L'armeria del Palazzo Ducale a Venezia*, Treviso 1990. Vgl. weiter: U. Franzoi: *Le sale d'armi in Palazzo Ducale di Venezia*, Venedig o.J. Für die Waffenmagazine und die Gedächtnismale des Arsenals: G. Bellavitis: *L'Arsenale di Venezia. Storia di una grande struttura urbana*, Venedig 1983, S. 157–163. **Sala dei Banchetti**: G. Knox: »The Sala dei Banchetti in the Ducal Palace. The Original Decorations and Francesco Guardi's ›Veduta ideate‹«, in: *Arte Veneta* XXXIV, 1980, S. 201–205. L. Moretti: »Appartamenti dogali«, in: *Il Doge*, hrsg. v. G. Benzoni, Mailand 1982, S. 274–279. L. Urban: *Banchetti veneziani dal Rinascimento al 1797*, S. Vito di Cadore 2007, bes. S. 14–26. **Sala del Maggior Consiglio**: Zur Ausmalung vor dem Brand von 1577: G. Agosti: »Sui teleri perduti del Maggior Consiglio«, in: *Ricerche di Storia dell'Arte*, Nr. 30, 1987, S. 61–87. A. Martindale: »The Venetian Sala del Gran Consiglio and its Fourteenth Century Decoration«, in: *Antiquaries Journal* LXXIII, 1993, S. 76–124; C. A. Wamsler: *Picturing Heaven. The Trecento Pictorial Program of the Sala del Maggior Consiglio in Venice*, Ph. D. New York, Columbia University 2006. **Sammlungen** (öffentliche): *Lo Statuario pubblico della Serenissima. Due secoli di collezionismo di antichità. 1596–1797*, Venedig 1997. **Scala d'Oro**: Zu den Kontroversen über den Einbau: R. Gallo: »Michele Sanmicheli a Venezia«, in: *Michele Sanmicheli. Studi raccolti dall'Accademia di Agricoltura Scienze e Lettere di Verona per la Celebrazione del IV centenario della morte*, Verona 1960, S. 95–160, bes. S. 134–136. Ein Versuch, deren Bildprogramm zu entziffern: N. Ivanoff: »La Scala d'Oro del Palazzo Ducale di Venezia«, in: *Critica d'Arte* VIII, Nr. 47, 1961, S. 27–41. **Schlachtenbilder**: Eine neuere Untersuchung des Genres fehlt. Wichtige Beiträge in: *Il ›perfetto capitano‹. Immagini e realtà (secoli XV–XVII). Atti (...) a cura di Marcello Fantoni*, Rom 2001. Zur Komplexität des Themas herausragend der einleitende Beitrag von Fantoni: Il ›perfetto capitano‹, Storia e mitografia. Zum Ablauf der Instandsetzung und zur Datierung von Deckenbildern im Maggior Consiglio: S. Mason Rinaldi: »Francesco Bassano e il soffitto del Maggior Consiglio in Palazzo Ducale«, in: *Arte Veneta* XXXIV (K), 1980, S. 214–219. **Staatsschriften**: Besonders wichtig: G. Contarini: *La Republica e i magistrati di Vinegia*, Venedig 1551 (1. Ausg. Paris 1543); D. Giannotti: *Libro de la Republica de' Venetiani*, Rom 1942. F. Sansovino: *Del governo* (1583). G. Botero: *Relatione della Republica Venetiana (...) al Ser.mo Prencipe (...) et Senato di Venezia (...)*, Venedig 1605. **Stadtgründung**: A. Carile: »Le origini di Venezia nella tradizione storiografica«, in: *Storia della Cultura Veneta I, Dalle origini al Trecento*, hrsg. v. G. Arnaldi, Vicenza 1976, S. 135 - 166. **Standbilder und Monumente an Kirchenfassaden**: H. Keutner: »Über die Entstehung und die Formen des Standbildes im Cinquecento«, in: *Münchner Jahrbuch der bildenden Kunst*, 3. Folge VII, 1956, S. 138–168. V. Bush: *The Colossal Sculpture of the Cinquecento*, New York/London 1976. D. Erben: *Bartolomeo Colleoni. Die künstlerische Repräsentation eines Condottiere im Quattrocento*, Sigmaringen 1996. M. Gaier: *Facciate sacre a scopo profano. Venezia e la politica dei monumenti dal Quattrocento al Settecento*, Venedig 2002. **Vierter Kreuzzug in der Sala del Maggior Consiglio**: W. Wolters: »Il ciclo della IV Crociata nella Sala del Maggior Consiglio di Palazzo Ducale a Venezia«, in: *Saggi e Memorie di Storia dell'Arte*, 28,

2004 (2005), S. 111–127. **Verstehbarkeit der Bilder, der Bildprogramme, die Rolle der Künstler und die Freiheiten des Interpreten:** C. Hope: *Veronese and the Venetian Tradition of Allegory, Procedings of the British Academy* LXXI, 1985, S. 389–428. E. McGrath: »›Il senso nostro‹. The Medici allegory applied to Vasari's Mythological Frescoes in the Palazzo Vecchio«, in: *Giorgio Vasari. Tra decorazione ambientale e storiografia artistica*, hrsg. v. G. C. Garfagnini, Florenz 1985, S. 117–134. J. Kliemann: »Programme, Inschriften und Texte zu Bildern. Einige Bemerkungen zur Praxis der profanen Wandmalerei des Cinquecento«, in: *Text und Bild, Bild und Text*, hrsg. v. W. Harms, Stuttgart 1990, S. 79–95. Ders.: »Programme ou interprétation? A propos des fresques de Vasari à la Cancelleria«, in: *A travers l'image. Lecture iconographique et sens de l'œuvre*, Actes du Séminaire CNRS, Paris 1991, Klincksieck 1994, S. 75–92. Nicht nur für die ›visual exegesis‹ wichtig: P. Berdini: *The Religious Art of Jacopo Bassano,* Cambridge University Press 1997. Programmerklärungen als Produkte der ›ars memoriae‹: V. Biermann: »Strategien städtischer Identitätsstiftung. Der ›luogo di memoria‹ und Jacopo Sansovinos Loggetta in Venedig. Das ›Gedächtnis der Stadt‹ und Aldo Rossis Quartier Schützenstraße in Berlin. Eine Gegenüberstellung«. in: *Georges Bloch-Jahrbuch des Kunsthistorischen Instituts der Universität Zürich*, 7, 2000, S. 214–231. Vgl. auch T. Frangenberg: »›One could invent not one but a hundred further meanings‹. Francesco Bracciolini on the early state of Pietro da Cortona's Barberini Ceiling«, in: *Antoinette Roesler-Friedenthal–Johannes Nathan. The Enduring Instant. Time and the Spectator in the Visual Arts (...)*, Berlin 2003, S. 285–295. A. Pinelli: »›Intenzione, invenzione, artifizio‹. Spunti per una teoria della ricezione dei cicli figurativi di età rinascimentale«, in: *Ricerche di Storia dell'arte* 91–92, 2007, S. 7–42. *Programme et invention dans l'art de la Renaissance*, hrsg. v. Michel Hochmann / Julian Kliemann / Jérémie Koering / Philippe Morel, Rom/Paris 2008. Bei nicht wenigen dieser Untersuchungen blieb die Republik ausgeklammert. **Werkstatt der Maler:** H. D. Huber: *Paolo Veronese. Kunst als soziales System*, München 2005.

Räume und Aussenansichten

Atrio Quadrato 72–77

Aussenfassaden...11–26
Balkon der Sala dello Scrutinio....................................25–26
Balkon der Südfassade 19–20
Porta della Carta 20–22

Chiesetta und Antichiesetta............................112–115

Dogenwohnung...58–70
Sala Corner 68
Sala Erizzo 66
Sala dei Filosofi...67
Sala Grimani...64–66
Sala dei Ritratti..68–69
Sala degli Scarlatti 61–62
Sala degli Scudieri 69
Sala dello Scudo..62–64
Sala degli Stucchi..66–67

Gefängnisse 174–175

Hof 33–49
Außentreppe...43
Brunnen..46–49
Cappella di San Niccolò...36–37
Nordseite..34–36
Ostflügel 38–43
Pflasterung..45
Südfassade 33
Treppe der Giganten (Scala dei Giganti) 43–44
Westfassade 34
Uhrfassade..37–38

Magistrate...173–181

Museo dell'Opera...26–33

Ostflügel 49–58
Gefängniszellen 49–50
Goldene Treppe (Scala d'Oro) 55–57
Loggia 52–55
Sala del Piovego 51

Räume des Grossen Rats (Maggior Consiglio) 130–162
Quarantia Civil Vecchia 133–134
Saal des Großen Rats 136–162
Sala dell'Armamento 135–136
Vorraum zum Saal des Großen Rats 131–133

Räume des Rats der Zehn 115–125
Raum der Drei Häupter des Rats der Zehn 123–124
Raum der Staatsinquisitoren 124
Sala della Bussola 121–123
Sala dell'Udienza (der Anhörungen) 116–121

Sala dell'Anticollegio 88–95

Sala del Collegio 95–103

Sala delle Quattro Porte 78–88

Sala dello Scrutinio 162–173

Sala del Senato 103–112

Waffensammlung 125–129

Abbildungsnachweis
Alle farbigen Aufnahmen aus dem Inneren des Dogenpalasts
© Cameraphoto Arte, Venezia
Frontispiz, Abb. 24, 26, 29, 38 © Markus Hilbich
Umschlagabbildung, Abb. 2–3, 5–20, 22–23, 25, 27, 30–37, 145 © Wolfgang Wolters
Abb. 1, 4, 21, 28, 46, 94, 95, 99, 102 entstammen dem Archiv des Autors

Dank schulde ich den Direktoren des Dogenpalasts. Umberto Franzoi hat dem Neugierigen manche Tür und die Photoarchive des Palasts geöffnet sowie das Studium der Ostfassade zum Hof von den Gerüsten während einer Restaurierung ermöglicht. Sein Nachfolger Giandomenico Romanelli hat mir verschlossene Räume und eine Transkription der Urkundensammlung von Giambattista Lorenzi (›Lorenzi II‹) zugänglich gemacht. Die Vorlagen für die Pläne stellte die Verwaltung des Dogenpalasts zur Verfügung, die Diagramme der Decken basieren auf den 1968 von Jürgen Schulz veröffentlichten. Für Gespräche, Hinweise und Hilfen bei der Abfassung des Textes danke ich Annalisa Bristot Piana, Wolfger Bulst, Martin Gaier, Norbert Huse, Jürgen Schulz und Giorgio Tagliaferro. Alle Ungereimtheiten und Irrtümer gehen auf meine Kappe.

Maurizio Miele, der Verleger der italienischen Ausgabe, gab den Anstoß, ein solches Buch für seine Leser zu schreiben, Gabi und Norbert Miller regten die Veröffentlichung einer deutschen und englischen Fassung im Deutschen Kunstverlag an. Die Betreuung durch Martin Steinbrück und Sieghard Hawemann hätte besser nicht sein können.

Berlin, 2010
Wolfgang Wolters

Bibliografische Information Der Deutschen Nationalbibliothek
Die Deutsche Nationalbibliothek verzeichnet diese Publikation in der Deutschen Nationalbibliografie; detaillierte bibliografische Daten sind im Internet über http://dnb.d-nb.de abrufbar.

Lektorat: Martin Steinbrück
Herstellung: Jens Möbius
Umschlagentwurf, Layout: M&S Hawemann, Berlin
Druck und Bindung: Cierre Grafica, Caselle di Sommacampagna (VR), Italien

© 2010 Deutscher Kunstverlag Berlin München
ISBN 978-3-422-06904-6